DAS REICH OTTOS DES GROSSEN

Helmut Hiller

Otto der Große

Helmut Hiller

OTTO DER GROSSE
und seine Zeit

Lizenzausgabe mit Genehmigung der
Paul List Verlag GmbH & Co. KG, München
für die Deutsche Buch-Gemeinschaft
C. A. Koch's Verlag Nachf., Berlin · Darmstadt · Wien.
Diese Lizenz gilt auch für:
die Bertelsmann Club GmbH, Gütersloh,
die Europäische Bildungsgemeinschaft Verlags GmbH, Stuttgart,
die Buchgemeinschaft Donauland Kremayr & Scherau, Wien
und die Buch- und Schallplattenfreunde GmbH, Zug/Schweiz.

Umschlagentwurf: Wolfgang Lauter
Umschlagbild: Archiv für Kunst und Geschichte
Vorsatzkarte: Christel Aumann
Gesamtherstellung May + Co., Darmstadt
Printed in Germany · Buch-Nr. 04545 0

Inhalt

Vorwort

Otto der Große hat im 10. Jahrhundert die Grundlagen des Abendlandes für die folgenden tausend Jahre geschaffen: Mit der Schlacht auf dem Lechfeld hat er 955 die mitteleuropäischen Grenzen im Südosten festgelegt, im Osten hat er die Marken bis zur Oder vorgeschoben, und im Norden wurden die Dänen auf Grund seiner Initiative christianisiert. Im Westen hat sich – möglicherweise gegen seinen Willen – die Trennung von Ost- und Westfranken manifestiert, aber im Süden hat Otto Sarazenen und Byzantiner zurückgedrängt und ihren weiteren Einbruch in das Abendland verhindert.
Polen ist zur Zeit Ottos des Großen entstanden, und die Böhmen strebten zunehmend nach Selbständigkeit – verschiedentlich bringt man sogar die Geburt Österreichs mit der Schlacht auf dem Lechfeld in Verbindung.
Gegenüber den Bischöfen und dem Papst hat Otto die kaiserliche Position außerordentlich stärken können. Den rund hundert Jahre später ausgebrochenen Investiturstreit kann man als eine Reaktion auf die ottonische Machtentfaltung gegenüber der Kirche ansehen. Aber das von Otto dem Großen geschaffene Reichskirchensystem hatte Bestand bis zum Reichsdeputationshauptschluß 1803 und der nachfolgenden Säkularisierung der geistlichen Fürstentümer.
Trotz verschiedener Rückschläge hat Otto der Große eine erstaunliche Geschlossenheit der deutschen Stämme erreicht. Die rund vierundfünfzigjährige Kontinuität und Festigkeit der Politik unter Heinrich I. und seinem Sohn Otto I. ist in der deutschen Geschichte einmalig, aber unter Otto II. und Otto III. wurde sie leider nicht aufrechterhalten.
Da die Darstellungen der Chronisten des 10. Jahrhunderts wie auch die der neueren Geschichtsforschung wiederholt voneinander abweichen, habe ich mehrfach Varianten aufgezeigt. Der Leser soll nicht den Eindruck erhalten, die Überlieferung sei eindeutig, wenn sie in Wirklichkeit recht widersprüchlich ist. Die Berücksichtigung nur einer Version wäre in derartigen Fällen gleichbedeutend mit einer ideologisierten Lebensbeschrei-

bung. Das gilt zum Beispiel für die Bewertung von Ottos Verhältnis zu Byzanz und dem römischen Kaisertum, wozu ich sowohl Meinungen von Mediävisten als auch solche von Byzantinisten heranziehe.

Ich hoffe, ebenso wie mit meinen Büchern über Friedrich I. Barbarossa und Heinrich den Löwen auch mit dem vorliegenden einige neue Überlegungen beitragen zu können. Grundsätzlich habe ich mich eng an die vorliegenden Quellen gehalten und den neuesten Stand der Forschung möglichst vollständig berücksichtigt.

Da auch die Duden-Redaktion die prinzipielle Schreibung von »so daß« in zwei Wörtern zu den Inkonsequenzen unserer Rechtschreibung zählt, wie mir brieflich mitgeteilt wurde, weiche ich in diesem Punkt von der amtlichen Regel ab.

Professor J. Fleckenstein, der Direktor des Max-Planck-Institutes für Geschichte in Göttingen, schrieb 1973, das Bild Ottos des Großen scheine in der Öffentlichkeit zum Verkümmern verurteilt zu sein. In der Tat ist nach 1945 keine Biographie Ottos des Großen für einen allgemein interessierten Leserkreis erschienen, auch nicht 1973 gelegentlich seines 1000. Todesjahres.

Helmut Hiller

Zeittafel für Otto den Großen
(in Klammern Seitenhinweise)

912	am 23. November geboren (55)
929	Heinrich I. bestimmt Otto zum Nachfolger (48)
	Ottos vorehelicher Sohn Wilhelm geboren (55)
	englische Königstochter Edgitha geheiratet (55)
930/931	Sohn Liudolf und Tochter Liudgard geboren (56)
936	am 7. August wird Otto in Aachen gekrönt (58)
	erste Kämpfe mit Slawen (61)
937	Thronfolgekämpfe gegen Brüder Thankmar und Heinrich beginnen (62)
	Raubzug der Ungarn durch Schwaben, Franken und Lothringen (62)
	in Magdeburg Gründung des Moritzklosters (64)
938	Otto zieht zweimal gegen Bayern und siegt (65/70)
939	Sieg über Heinrich und Giselbert bei Birten (74)
	Otto überwindet seinen Bruder Heinrich in Merseburg (75)
	Belagerung von Breisach (79-81)
	Herzöge Giselbert und Eberhard bei Andernach umgekommen (81)
	Herzogtum Franken der Krone unterstellt (84)
940	Otto läßt sich im Westfrankenreich huldigen (82)
	Araber im schwäbischen Herzogtum (Chur) (85)
	Otto stellt Burgund unter seine Oberhoheit (86)
941	Mordplan Heinrichs gegen Otto gescheitert (88)
942	Ludwig IV. von Frankreich verzichtet auf Lothringen und Burgund (93)
944	Konrad der Rote in Lothringen als Herzog (94)
946	Gemahlin Edgitha gestorben (98)
	Feldzug in das Westreich zur Unterstützung Ludwigs IV. (97)
948	Bistümer Brandenburg und Havelberg sowie drei Suffraganbistümer zu Hamburg in Dänemark gegründet (105 und 108)
	Bruder Heinrich in Bayern als Herzog (102)

	Synode zu Ingelheim über westfränkische Lage (102)
949	Liudolf in Schwaben als Herzog eingesetzt (113)
950	Böhmen unterworfen (115)
951	1. Italienzug, Otto König der Langobarden (123)
	Hochzeit mit Adelheid von Burgund (124)
	Kalif von Cordoba bietet ein Bündnis an (157)
952	Berengar als König von Italien eingesetzt (133)
953/954	Empörung der Herzöge Liudolf und Konrad der Rote (135-156)
953	Belagerung von Mainz (140-143)
	Bruder Brun wird Erzbischof von Köln und Statthalter in Lothringen (141 und 143)
	Erste Belagerung von Regensburg(143-146)
954	Raubzug der Ungarn durch Bayern, Schwaben und Lothringen (146)
	Zweite Belagerung von Regensburg (151-153)
	Sohn Wilhelm wird Erzbischof von Mainz (156)
955	10. 8. Sieg über die Ungarn auf dem Lechfeld (164)
	16. 10. Sieg über die Slawen an der Recknitz (170)
959	Friedensbund mit König Edgar von England (192)
	Olga von Kiew bittet Otto um Missionare (202)
961	2. Italienzug (206–227)
962	am 2. Februar Kaiserkrönung in Rom (208)
963	Otto setzt Papst Johannes XII. ab (220)
	Mieszko von Polen wird mit einem Teil seines Landes tributpflichtig (222)
965	Rückkehr nach Deutschland (227)
966	3. Italienzug (240 bis 265)
967	Venedig wird Otto tributpflichtig (248)
	Otto II. wird in Rom zum Kaiser gekrönt (249)
968	Erzbistum Magdeburg gegründet (254)
968/970	Otto zieht dreimal in das byzantinische Apulien (252–260)
972	Heirat Ottos II. mit Theophano von Byzanz (263)
	Rückkehr nach Deutschland (265)
	Otto reduziert die bayerische Herzogsmacht (266)
973	am 7. 5. stirbt Otto d. Gr. in Memleben

Das Leben zur Zeit Ottos des Großen

Zwischen dem, was wir über das politische Wirken der Kaiser und Könige im Mittelalter wissen und dem, was uns vom Leben der Bauern, Handwerker und Kaufleute in dieser Epoche überliefert ist, besteht ein enormes Gefälle. Jedes Lebensbild eines einzelnen Menschen ist aber unvollständig, wenn wir ihn nicht in seinen Beziehungen zur Umwelt betrachten. Wenn wir seinen Alltag nicht kennen, steht er für uns gleichsam in einem luftleeren Raum. Deshalb soll trotz der spärlichen Quellen einleitend versucht werden, die Umwelt Ottos des Großen zu schildern.

Finster, wie es das oft zitierte, unpräzise Schlagwort über das Mittelalter sagt, waren allenfalls die ersten Jahrhunderte: Zwischen dem 10. und 12. Jahrhundert ging ein beträchtlicher Wandel vor sich. Aber da wie dort lebte man in nur spärlich beleuchteten Häusern, in denen es auch tagsüber düster blieb, weil in den unverglasten Fensteröffnungen Fetthäute oder Holzläden nicht nur Regen und Kälte abhielten, sondern auch das Licht. Diese Finsternis ist jedoch mit der erwähnten Redensart nicht gemeint, sondern mehr die geistige, psychische Situation der damaligen Menschen.

Männer und Frauen, Junge und Alte, Reiche und Arme fühlten sich zur Zeit Ottos des Großen wohl zumeist fest in der Hand und im Schutz ihres christlichen Gottes. Das war nach dem damaligen Verständnis ein strenger, herrischer Gott, der in einem ständigen Kampf mit dem Teufel, dem Bösen stand. Die Überwindung und Ausschaltung des Bösen durch Gott, die der Apostel Paulus ursprünglich gepredigt hatte, war von der Kirche längst verworfen worden. Gäbe es keinen Teufel, hätten die Menschen nichts zu fürchten, und jeder täte nur das, wozu er Lust hat. Der große Kirchenlehrer Augustinus hat deshalb im 5. Jahrhundert verkündet, daß der Teufel ewig die Herrschaft Gottes anfechten und alle die an sich reißen werde, die nicht nach den Geboten Gottes lebten. Vor allem Papst Gregor der Große hat im 6. Jahrhundert diese Auffassung durchgesetzt. Nach seiner Auslegung war schon eine Erkrankung eine Strafe

Gottes. Gregor wollte die Menschen durch die Bedrohung mit den Qualen der Hölle, mit der ewigen Verdammnis bessern und wehe, wenn sie sich die Freuden des Himmels nicht verdienten!
Der Glaube an den christlichen Gott hatte nördlich der Alpen die germanischen Götter noch keineswegs völlig aus dem Bewußtsein der Menschen des 10. Jahrhunderts verdrängt. Ängste vor den Dämonen, die durch den Glauben an Christus vertrieben wurden und beleidigt sein könnten, werden immer wieder deutlich. Nicht selten wurde versucht, den neuen mit dem alten Glauben zu verquicken, sei es, weil man sich die Gunst der germanischen Götter ebenso wie die des christlichen Gottes erhalten wollte, oder einfach, weil man die beiden Glaubenswelten noch nicht auseinanderhalten konnte. So wird auch in dem im 9. Jahrhundert auf Anregung Kaiser Ludwigs des Frommen entstandenen »Heliand« Christus als ein germanischer Volkskönig dargestellt und die Apostel als adelige Gefolgsleute. In der Erzählung über die letzten Tage der Welt klingen im »Heliand« viele Ansichten an, die auch in den Chroniken des frühen und hohen Mittelalters immer wiederkehren, wenn etwa Christus zu den Aposteln spricht:

Doch erzählen will ich euch, welche Zeichen zuvor
Wundersam werden, eh er in diese Welt kommt
An dem mächtigen Tage. Das wird am Monde kund
Und auch an der Sonne. Sie schwärzen sich beide,
Von Finsternis befangen, die Sterne fallen,
Die schimmernden Himmelslichter, die Erde erschüttert
Die breite Welt erbebt. Solcher Zeichen bieten sich viel;
Die große See ergrimmt, der tiefe Golfstrom des Meers
Bringt mit seinen Wogen den Erdenwohnern Grausen.
Dann erstarren die Sterblichen vor des Sturmes Zwang,
Alles Volk vor Furcht. Dann ist nirgends Friede,
Waffenkampf wird weit über diese Welt,
Heißgrimm erhoben, die Herrschaft breitet
Volk über Volk, die Fürsten befehden sich
In mächtiger Heerfahrt, die Menge erliegt
Im offenen Allkrieg. Das ist ein ängstlich Ding,
Daß Menschen müssen solchen Mord erheben.
Weit wütet Pest auch über diese Welt,

So groß Menschensterben, als nie auf diesen Mittelkreis
Seuche senkte. Dann sieht man Sieche liegen,
Zum Tode taumeln, ihre Tage enden,
Mit ihrem Leben füllen. Dann fährt unleidlicher
Hunger heißgrimm über die Heldenkinder,
Die quälendste Kostgier. Das ist nicht das kleinste
Weh in dieser Welt, das da werden soll
Vor dem Unheilstage. Wenn ihr das alles
Seht auf Erden geschehen, so mögt ihr sicher wissen,
Daß der letzte Tag den Leuten nah ist,
Der mächtige, den Menschen, und die Macht Gottes,
Der Himmelskraft Bewegung, der Heiligen Kunst
Des Herrn in seiner Herrlichkeit.

Hier im »Heliand« wie auch in der Umgebung Ottos des Großen wird immer wieder deutlich, wie stark und verbreitet der Glaube an Naturerscheinungen und ihre Wirkkraft war. Die christliche Religion hatte noch mit vielen Widrigkeiten aus alter Zeit zu kämpfen. Sie beherrschte die Menschen noch keineswegs so vollständig, wie man immer wieder annimmt. Und schon tauchen in Verbindung mit dem christlichen Glauben auch neue Formeln des Aberglaubens auf, wie das Beispiel der Zahl Elf beweist, die nun zu einem Symbol der Sünde wurde, weil sie die zehn christlichen Gebote »übertritt«. Zahlen-Mystik und Zahlen-Symbolik gehörten bekanntlich zu den ältesten und verbreitetsten Formen des Aberglaubens.

Verständlicherweise war in einem solchen geistigen Klima auch die Bereitschaft sehr groß, an Wunder zu glauben. Das alemannische Georgslied, die früheste deutschsprachige Legende, ist damals entstanden, und dem Augsburger Bischof Ulrich, einem der treuesten Paladine Ottos I., sagte man Heilungen von Blinden und Epileptikern nach. Er soll auch durch die Hochwasser führende Wertach geritten sein, ohne naß zu werden, und die Donau in einem lecken Boot überquert haben.

Der Adel war ein wichtiger Wegbereiter für den »neuen Glauben«, der im 10. Jahrhundert allerdings nicht mehr so sehr neu war. Der Wunsch der führenden Schichten, sich als fortschrittlich zu erweisen, mag dabei teilweise mitgespielt haben. Und bei den Bauern mögen es da und dort ganz handfeste Überlebenswünsche gewesen sein, die sie zum Christentum hingeführt haben, denn noch aus dem 9. Jahrhundert ist der Aufruf eines Bischofs überliefert, doch keine christlichen Sklaven an die Ungläubigen zu verkaufen. Solange einer ungetauft war, hatte er die Kirche nicht als Fürsprecher, und die Sklavenhändler griffen zu, wo sich ihnen zwischen den weit auseinander liegenden Siedlungen Gelegenheit bot.

Kaiser Otto der Große tat alles in seiner Macht Stehende, um die christliche Religion zu verbreiten. Sein Glaube an die ständige Gegenwart Gottes war grenzenlos, wie die oft wiederkehrende Anrufung von Gottesurteilen etwa durch Zweikämpfe zeigt. Sogar dem Papst wollte Otto mit einem Zweikampf zwischen Rittern seine Aufrichtigkeit beweisen, indem er dabei auf die Lenkung Gottes vertraute.

Glaube und Gefühle standen bei den mittelalterlichen Menschen überhaupt sehr im Vordergrund – im Guten wie im Bösen. Mehrmals wird von Otto berichtet, er sei in aller Öffentlichkeit in Tränen ausgebrochen. Aber er hat andererseits erbarmungslos Hunderte von Gefangenen grauenhaft erschlagen lassen. Mit dem christlichen Glauben hat sich das durchaus vertragen, denn den »Heiden« durfte man alles antun, weil sie keine Menschen, sondern Teufel waren.

In den deutschen Landen lebten im 10. Jahrhundert schätzungsweise etwa fünf Millionen Menschen – aber es gibt auch Schätzungen, die nur von drei bis vier Millionen sprechen. Die Dörfer mit ihren wenigen Bewohnern waren nur da und dort in die endlosen Wälder eingestreut und sehr durch Unwetter, Bären und Wölfe gefährdet. Kein Wunder also, daß sich viele »Freie« unter den Schutz größerer Grundherren stellten und ihre Freiheit aufgaben, um in der Gemeinschaft sicherer leben zu können. Sturm, Regen, Winterkälte und Raubtiere machten den Bauern ebenso zu schaffen wie Überschwemmungen, Mißernten, Hungersnöte und Epidemien. Sie waren diesen Katastrophen ungleich schutzloser ausgeliefert als wir. Das alles erzeugte viel Fatalismus

auf der einen Seite und eine unmittelbare, überschwengliche Freude dann, wenn es etwas zu feiern gab.
Diese Hingabe an den Augenblick, dieses Anpassen an die Verhältnisse wird auch in Bereichen erkennbar, die uns heute geradezu verblüffen, weil wir sie uns einfach nur noch geregelt und genormt vorstellen können. Wir wissen wohl von der Elle als einem oft zitierten Längenmaß – aber ist es uns auch immer klar, daß dieses Maß recht unterschiedlich und individuell gehandhabt wurde? Mit anderen Maßen wie etwa dem Fuß, dem Klafter – die Spannweite der seitwärts ausgestreckten Arme von einer Mittelfingerspitze zur anderen –, der Meile verhält es sich ebenso: auch sie waren keineswegs gleichmäßig, sondern wurden zunächst einmal von jedem einzelnen nach seinen individuellen Maßen gemessen. Und in der Landwirtschaft war eine Hufe auch nicht ein eindeutig bestimmtes, gleich großes Stück Land, sondern sie differierte je nach der Bodenbeschaffenheit, denn die Hufe mußte primär für die Ernährung einer Familie ausreichen. Noch deutlicher – wenn das noch möglich oder nötig ist – wird die Beziehung zum Menschen beim Malter – einem Hohlmaß zum Beispiel für zu mahlendes Getreide – und beim Tagwerk oder Morgen. Ihre Größe richtete sich ursprünglich nach der individuellen Arbeitsleistung, die natürlich auch von dem zur Verfügung stehenden Material und Werkzeug abhängig war. Naturgemäß wurden die Tagewerke, die an einem Tag gepflügten Flächen größer, als man mehr und mehr die langsamen Ochsen durch schnellere Pferde als Zugtiere ersetzte.
Gewohnt haben die Menschen damals in Häusern, die wir uns wohl als grob gezimmerte kleine, eingeschossige Fachwerkhäuser mit einem Rahmen aus hölzernen Balken vorstellen können, der mit Reisig, Stroh oder Schilf ausgefüllt wurde, wozu dann Lehm als Binde- und Füllmaterial verwendet wurde. Die Herrenhäuser der Wohlhabenden, der *nobiles*, traten durch ihre Größe, vielleicht auch schon mit einem Palas hervor. Steine als Baumaterial wurden allenfalls für Kirchen und königliche Pfalzen verwendet. Obgleich schon die Römer die Fenster ihrer Häuser mit Glasscheiben

versehen hatten, war dieser »Komfort« in der Zwischenzeit wieder in Vergessenheit geraten, und es dauerte noch Jahrhunderte, bis man ihn sich wieder zunutze machte. Wie spärlich das menschliche Leben damals war, zeigt ein Bericht aus dem Kloster St. Gallen, wo sich ein Mönch durch die »sehr schwierige Erstellung eines Abortes« bleibende Verdienste erwerben konnte. Die sanitären Einrichtungen waren sicher auch andernorts noch ähnlich rar, und den hygienischen »Luxus« mit Taschentüchern hat man sich bis ins 16. Jahrhundert nicht geleistet. Aber das häusliche Baden in der Bütte scheint nicht selten gewesen zu sein. Jedenfalls wird aus dem 10. Jahrhundert berichtet, daß der von der Kirche analog dem Fasten geforderte zeitweilige Verzicht auf das Baden vielfach recht schwergefallen sei.

Auch zur Ernährung der damaligen Menschen erfahren wir aus St. Gallen Interessantes: Haferbrei war offenbar die Regel und »Korn von reinem Spelt« – vermutlich Dinkel, eine anspruchslose Weizenart – galt als beträchtliche Verbesserung. Ob Brot im 10. Jahrhundert noch etwas so Seltenes war, wie man teilweise glaubt, erscheint zweifelhaft. Insgesamt dürften die landschaftlichen Unterschiede recht erheblich gewesen sein. Sicher lebte man mit dem Fleisch von Haustieren und Wild weitgehend von der Hand in den Mund, aber so sehr beschränkt waren die Möglichkeiten der Vorratshaltung vielleicht doch nicht, wie wir oft meinen. Immerhin kannte man in den Weingegenden den Essig seit dem Altertum, in den niederdeutschen Gebieten hat man vielleicht mehr eingepökelt, und Räuchern und Einlagern in Erdgruben boten weitere Möglichkeiten der Vorratshaltung. Eintönig war das Essen zweifellos, denn man kannte weder Suppen noch Salate und kaum Gemüse. Gewürze, vor allem Salz, waren sehr begehrt, um den Speisen mehr Geschmack zu geben. Gabeln und Löffel waren noch weithin unbekannt, und man aß das gebratene Fleisch mit dem Messer und den Fingern. Man freute sich immer über das Vorhandene und genoß es, da man doch nie sicher sein konnte, ob und was man am nächsten Tag zu essen haben würde. Örtliche Hungersnöte waren

nicht selten, und es war kaum ein Austausch zwischen Überfluß- und Mangelgebieten möglich, wenn eine Mißernte die Versorgung mit Nahrung unterbrochen hat.
Honig war noch für viele Jahrhunderte das einzige Süßungsmittel, und die Immen waren daher hochgeschätzt, wie ein Bienensegen aus dem 9. Jahrhundert erkennen läßt, der dann auch in einer Handschrift des Klosters Lorsch aus dem 10. Jahrhundert zu finden ist:

> Sitze, sitze Biene da, dir gebot es Sancta Maria:
> Urlaub nicht habest du, in den Wald nicht fliege du,
> nicht sollst du entrinnen, noch dich entwinden.
> Sitze im Stillen, wirke Gottes Willen!

Die Kleidung diente in dieser rauhen Zeit in erster Linie dem Schutz vor der Witterung. Im Winter trug man häufig Schaffelle, um sich die Kälte vom Leib zu halten, die vielfach auch in den kaum heizbaren Häusern herrschte. Selbstverständlich gab es aber gerade bei der Kleidung auch landschaftliche Eigenheiten, zu denen nicht nur die bekannten Strohhüte der Sachsen zählten. Seide aus dem Orient und seltenere Pelze wurden nur in hochgestellten Kreisen getragen. Die Schafwolle wurde noch von Hand gesponnen – das Spinnrad ist erst im 13. Jahrhundert aufgekommen – aber für das Weben hatte man Handwebstühle seit der Jungsteinzeit.
Die Männer waren im allgemeinen bartlos, weshalb der wallende Vollbart Ottos des Großen besonders auffiel und in die Geschichte eingegangen ist. In ritterlichen und adeligen Kreisen trug man auch längeres Kopfhaar als bei den Bauern.
Geheiratet wurde im 10. Jahrhundert zumeist noch recht formlos vor dem jeweils Ältesten der Sippe. Zwar hat schon Karl der Große die Mitwirkung der Priester bei der Eheschließung gefordert, aber die Kirche selbst hat die Einsegnung der Ehen erst im 16. Jahrhundert auf dem Tridentinischen Konzil vorgeschrieben. Heiraten zwischen Adeligen und Bauerntöchtern waren verfemt und galten als Zeichen des Abstiegs des Adeligen.
So ungeklärt die Entstehung des adeligen Standes ist, so leicht konnte ein Adeliger doch seine Würde verlieren, wenn er sie

wirtschaftlich nicht mehr stützen konnte. Im Mittelalter war man der Meinung, daß Besitz auch zu besonderen Leistungen für die Allgemeinheit verpflichtet. Seit etwa Mitte des 8. Jahrhunderts neben den Fußtruppen auch berittene Streitkräfte aufkamen, wurde es für die Wohlhabenden, die *nobiles*, mehr und mehr Pflicht, mit einem Pferd – einem Hengst – in den Krieg zu ziehen. Die berittenen Kämpfer waren den Fußtruppen klar überlegen, sowohl an Kampfkraft als auch an Mobilität. Aber dazu war es erforderlich, Roß und Reiter in ständiger Übung zu halten. Es entstand also ein Heer von Berufskriegern, die vom Land, von der übrigen Bevölkerung, erhalten werden mußten. Um in den Kämpfen Mann gegen Mann und Roß gegen Roß bestehen zu können, mußten Reiter und Pferde immer mehr gerüstet und gepanzert werden. Die Kosten für diese Ausrüstung einschließlich des Pferdes werden mit dem Gegenwert von fünfundvierzig Kühen oder zwanzig Ochsen oder zwölf Stuten veranschlagt. Ob die Grundlagen für diese Schätzwerte, also die Art der Rüstung, immer gleich waren, sei dahingestellt.
Jedenfalls waren die Kosten enorm und für einen Bauern nicht erschwinglich – ganz abgesehen davon, daß sich ein Bauer um seinen Hof und seine Felder kümmern mußte und nicht das ganze Jahr über mit den Waffen trainieren konnte, wie dies für die Ritter erforderlich war. Dieses Berufskriegertum, aus dem sich im 10. Jahrhundert das Rittertum als Stand entwickelt hat, war aus wirtschaftlichen Gründen nur für große, reiche Lehnsherren zugänglich, die unter ihren Dienstmännern ausreichend Helfer für die Zucht der notwendigen Pferde, für die Herstellung der Rüstung und Waffen, aber auch für die Beschaffung des ganzen Lebensunterhaltes hatten. Wer aber wirtschaftlich nicht imstande war, den Kriegsdienst zu Pferd zu leisten, der wurde sehr schnell nicht mehr zu den *nobiles*, zu den Mächtigen und Wohlhabenden gezählt und mußte eine entsprechende Minderung seiner rechtlichen Position hinnehmen. Die Klasse der Berufskrieger, der Ritter – die nicht mit dem Adel identisch war – hatte zwar besondere Pflichten, aber es entwickelten sich für

sie auch besondere Rechte, parallel zu den Vorrechten des Adels. In zwei königlichen Erlassen aus dem 9. Jahrhundert wurde schon von »Freien, die sich aus eigenen Mitteln nicht vollständig bewaffnen können« und schließlich von »Freien zweiten Ranges« gesprochen.

Ottos des Großen Regierungszeit fiel also mitten in eine Ära des Umbruches sowohl der Militärverfassung als auch der Bewaffnung der Ritter und der Ausrüstung der Pferde. Der zeitliche Ablauf ist nicht zuverlässig zu bestimmen, er war sicher auch nicht im ganzen Abendland einheitlich. Aber wir wissen, daß man um diese Zeit begonnen hat, die Pferde mit Hufeisen zu beschlagen und mit Steigbügeln auszustatten. Damit wurden einerseits die Pferde trittsicherer, andererseits bekamen die Reiter einen wesentlich besseren Halt auf ihren Pferden. Hand in Hand damit kam die Einführung der langen Lanzen, die im Gegensatz zu den Schwertern als Stoßwaffen benutzt wurden und den besseren Halt auf den Pferden voraussetzten.

Die Kriegführung erhielt um die Zeit Ottos des Großen also ein völlig neues Gesicht. Allerdings wurde schon aus dem Jahre 891 von einem großen Reitersieg der Ostfranken über die Normannen berichtet, und in diesem Zusammenhang heißt es, daß »die Franken nicht an den Kampf zu Fuß gewöhnt« gewesen seien. Es gibt sogar Meinungen, daß schon das Heer Karls des Großen zum guten Teil beritten gewesen sei – aber das ist sehr umstritten. Zweifelhaft erscheint es aber auch, ob im 10. Jahrhundert die Bauern überhaupt keinen Kriegsdienst mehr zu leisten brauchten, wie verschiedentlich behauptet wird.

Der Stand der Ritter entwickelte eine sehr spezifische Ethik, die zunächst von dem gegenseitigen Schutz- und Treue-Verhältnis zwischen dem Herrn und seinem ritterlichen Vasallen sowie von dem Kampfesmut und der Bereitschaft des Ritters zur Aufopferung für seinen Herrn geprägt war. Da jedoch diese Berufskrieger ihre Waffen immer öfter in Fehden auch gegen ihre eigenen Standesgenossen wandten, trat der Gedanke des Gottesfriedens in den Vordergrund. Mit ihm war der

Wunsch verbunden, die unbewaffneten Bauern, Geistlichen, Frauen und Kinder vor den Fehden zu schützen. Die Kirche nahm mit Schwertsegen und Ritterweihe zunehmend Einfluß auf die Ritter und konnte sie zum Dienst für Gott und alle Schwachen gewinnen. Ein bekannter Schwertsegen aus dem 10. Jahrhundert bringt dies zum Ausdruck: »Erhöre, so bitten wir dich, Herr, unsere Gebete und mache dieses Schwert deiner wert, womit dein Diener sich zu umgürten wünscht, indem du es mit der rechten Hand deiner Majestät segnest, damit es zur Verteidigung und zum Schutz von Kirchen, Witwen, Waisen und allen, die Gott dienen, gegen die Wildheit der Heiden gereichen kann und damit es anderen Feinden Angst, Schrecken und Entsetzen einflößt.«

Die Bauern, deren Anteil an der Gesamtbevölkerung auf neun Zehntel zu veranschlagen sein dürfte, konnten sich sukzessive, aber wohl landschaftlich unterschiedlich, ihre Arbeit erleichtern. Im 10. Jahrhundert hat man vermutlich noch größtenteils mit Ochsen gearbeitet, und der Übergang zu den schnelleren, aber auch anspruchsvolleren Pferden ging nur sehr langsam vor sich. Voraussetzung dafür waren größere Ernten von Futtergetreide, aber auch die Einführung des Kummets, mit dessen Hilfe und den beschlagenen Hufen die Pferde erheblich schwerere Lasten ziehen konnten. Sowohl das Kummet wie der Hufbeschlag scheinen im Abendland im späten 9. Jahrhundert bekannt geworden zu sein, aber es dauerte wohl das ganze 10. Jahrhundert, bis sie allgemein gebräuchlich wurden, zumal ja auch die meisten Bauern noch lange mit den genügsameren und somit auch billigeren Ochsen pflügten und ernteten.

Für das Schneiden des Korns verwendete man mehr und mehr die schon etwa seit der Zeitwende bekannten Sensen, mit denen man bisher nur das Gras gemäht hatte, während für das Korn Sicheln verwendet worden waren. Sicher kann man in der zunehmenden Verwendung der Sensen ein Indiz für die Ausbreitung der Ackerwirtschaft und für die größer werdenden Getreidefelder sehen – jedenfalls war das Mähen mit der Sense Männerarbeit, während das Sicheln Frauenarbeit war. Allerdings dürfen wir uns die Zunahme des bebauten Landes nicht allzu rapide vorstellen. Dazu gab es viel zu wenig Menschen, und die Hilfsmittel waren viel zu mangelhaft. Der Wald – vornehmlich Eichen und Buchen – nahm mehr als die Hälfte des Landes ein, und zum Roden mußten auch im 10. Jahrhundert noch die Hemmungen überwunden werden, die die Verehrung der Bäume nach dem germanischen Naturglauben verursachte.

Im frühen Mittelalter mußten die Bauern bei Winterbeginn häufig viel Vieh schlachten, weil sie keine ausreichenden Futtervorräte hatten. Aber die Dreifelderwirtschaft brachte mit der Frühjahrsaussaat zunehmend größere Erträge. Hinzu kam, daß die allmähliche Einführung des großen Räderpfluges, zunächst in Sachsen, die Bearbeitung auch schwerer Böden ermöglichte, sodaß das kultivierte Land langsam zunahm. Der große dreiteilige Pflug, der dank der waagrecht arbeitenden Pflugschar und dem Streichbrett den Boden wirklich wenden konnte und nicht nur aufriß, erforderte zumeist sechs bis acht Ochsen zum Vorspannen. Da kaum ein einzelner Bauer über so viele Zugtiere verfügte, wurden Arbeitsgemeinschaften gebildet.

Die Klöster der Benediktiner trugen viel zur Verbreitung besserer Arbeitsmethoden und neuer Pflanzensorten bei. Der mit dem heraufkommenden Rittertum verstärkt entstehenden Geringschätzung körperlicher Arbeit wirkten die Mönche mit ihrem alten Leitspruch »bete und arbeite« kräftig entgegen.

Die Bauern bildeten zweifellos den größten Teil der Unfreien, die ihrerseits wohl die Hälfte der etwa fünf Millionen Bewohner der deutschen Lande zur Zeit Ottos des Großen stellten. Aber die wenigsten Bauern waren rechtlos, sondern standen in einem halbfreien Hörigkeits-Verhältnis zu ihren Grundherren. Die Hörigen (Grundholden, Hintersassen) waren fest mit ihrem Gut verbunden, und dieses konnte zum Beispiel nur mit ihnen verkauft werden. Sie hatten an ihren Grundherren bestimmte Abgaben und Dienste (Fronarbeiten) zu leisten. Aber die Menschen der damaligen Zeit haben

die Unfreiheit nicht als Belastung oder Einschränkung empfunden, denn sie brachte ihnen doch auf der anderen Seite sehr viel persönlichen Schutz und Sicherheit. Und infolge der Verbesserung der Arbeitsmethoden und Erweiterung der Anbauflächen konnten fleißige Bauern die feststehenden Abgaben an ihre Herren immer leichter entrichten. Die Gemeinschaftseinrichtungen wie Mühle, Backhaus und Schmiede, die dem Grund- oder Dorfherrn, zum Beispiel einem Grafen, gehörten und die von den Bauern benutzt werden mußten, waren im allgemeinen zu ihrem Vorteil.
Die mittelalterliche Feudalgesellschaft mit ihren von Stufe zu Stufe aufsteigenden Lehnsmännern und Lehnsherren bildete eine fest verflochtene Gemeinschaft gegenseitiger Treue- und Schutzverpflichtungen. An oberster Stelle stand der König, der als einziger ausschließlich Lehnsherr war. Alle unter ihm stehenden Lehnsherren sollten seine Lehnsmänner sein. Diese Lehnsordnung hat sich zur Zeit Ottos des Großen nach fränkischem Vorbild entwickelt, wie überhaupt für Otto das Reich Karls des Großen das fortwährende Vorbild war, obgleich die politische Verfassung kaum noch mit der zur Zeit des Karolingers verglichen werden konnte.
Dem Lehnsherrn stand in der Regel auch die Rechtsprechung über seine Lehnsmänner und deren Angehörige zu. Kleinere Vergehen konnten von der Dorfgemeinschaft abgeurteilt werden. Schwere Verbrechen und besonders die Blutsgerichtsbarkeit waren jedoch dem Grafen vorbehalten, der allerdings vielfach die zuständigen Schöffen für die Urteilsfindung heranzog und letztlich nur den Spruch fällte sowie die Befolgung des Urteils überwachte. Die verschiedenen Stände entwickelten zunehmend ihre eigenen Rechte; schon bei den Römern und Germanen waren keineswegs alle Menschen gleichberechtigt gewesen. Oft wurden Gottesurteile versucht, denn man war überzeugt, daß Gott dem Recht zum Sieg verhelfen und die Wahrheit zu erkennen geben würde. Wer in einem Zweikampf siegte, war im Recht oder unschuldig, denn sein Sieg war ein Gotteszeichen. Wer aus kochendem Wasser mit der bloßen Hand einen Gegenstand

herausholen konnte, ohne sich zu verbrennen, den hatte Gott als den Wahrhaftigen bezeichnet. Ähnliches galt, wenn einer ein glühendes Eisenstück tragen konnte oder gefesselt in einer mit Wasser gefüllten Bütte nicht unterging.
Der Hausherr oder Sippenälteste hatte die Munt, das war die Schutz- und Fürsorgeherrschaft über seine Ehefrau und Kinder sowie über das Gesinde, die er allein vor Gericht vertreten und verteidigen konnte. Er hatte ein Straf- und Züchtigungsrecht über alle seiner Munt unterstehenden Personen. Der Mann verwaltete das Hab und Gut seiner Frau und entschied über Verlobung und Verheiratung seiner Töchter. Ein Spottvers des 10. Jahrhunderts aus einer St. Gallener Handschrift lautet:

Leubene stiftete Hochzeitsbier
Und gab seine Tochter her
da kam aber Sterzgefieder
Bracht ihm seine Tochter wieder

Zum Schutz der Frauen wurden immer wieder Gesetze erlassen, und Otto der Große hat mit einigen Rückgriffen auf frühere kirchliche Verordnungen 951 bestimmt: »Es darf keine Vergewaltigung von Jungfrauen und Witwen noch Frauenraub durch irgendwelche Menschen geschehen. Wer eine Frau unter dem Vorwand gemeinsamen Wohnens raubt, der soll, wenn er Geistlicher ist, seinen Stand verlieren, wenn er aber Laie ist, soll er exkommuniziert werden. Die Helfershelfer und Begünstiger sind in gleicher Weise zu bestrafen. Den Frauenräubern soll für immer die Eheschließung verboten sein. Wenn sich einer aber doch herausnehmen sollte, später zu heiraten, soll er mit seiner Frau exkommuniziert werden.« Die Exkommunikationen hatten sich allerdings früher schon als ziemlich wirkungslos erwiesen, weshalb bereits 844 auf einem Konzil zusätzliche strenge weltliche Gesetze verlangt worden waren.
Erstaunlich waren aus heutiger Sicht verschiedene Fähigkeiten einzelner Heilkundiger im 10. Jahrhundert, wie etwa das Erkennen einer Schwangerschaft aus dem Harn. Darüber ist

aus dem Umkreis Ottos des Großen eine hübsche Episode zu berichten und ebenso über einen geglückten Kaiserschnitt. Puls und Harn waren die wichtigsten Quellen der damaligen Diagnostik, wohl nicht zuletzt auf Grund einer Schrift des Byzantiners Theophilos aus dem 7. Jahrhundert. Vor allem die benediktinischen Mönche übernahmen antike naturkundliche Kenntnisse, entwickelten sie weiter und verbreiteten sie im Abendland. Wieweit sie die Schriften und Erkenntnisse arabischer und byzantinischer Autoren im einzelnen auswerten konnten, wieweit sich deren Einflüsse bemerkbar machten, ist kaum zu entscheiden. Aber die umfassende Heilmittellehre des griechischen Arztes Dioskurides Pedanios aus dem 1. Jahrhundert nach Chr. war sicher eine wichtige Grundlage für alle pharmakologischen Kenntnisse. Die Klöster trugen zur Zeit Ottos des Großen jedenfalls entscheidend zur Verbreitung heilkundlicher Praktiken bei. Im südlichen Italien begann die medizinische Schule zu Salerno bereits ihren ersten Ruhm auszustrahlen.
Die Verbindung und der Austausch mit anderen Kulturkreisen wie dem von Byzanz oder dem der spanischen Mauren hat im 10. Jahrhundert mancherlei Bewegung gebracht. Otto der Große hat schon gelegentlich seines ersten Italienzuges den Gelehrten Gunzo von Novara mit dessen Bücherschatz in die deutschen Lande geholt, und in seinen späteren Jahren hatte der Kaiser offenbar ein lebhaftes Interesse für den jungen Gerbert von Aurillac und dessen Forschungen, die wohl stark von den Mauren beeinflußt waren. Aus den Berichten Liudprands von Cremona über seine Erlebnisse in Konstantinopel wie auch aus den Geschenken fremder Potentaten für den fränkischen Kaiser ist zu erschließen, wie die Erfindungen und künstlerischen Schöpfungen ferner Völker Eingang in das Abendland gefunden und hier die Fertigkeiten der Handwerker befruchtet haben. Allerdings war der Fluß der Informationen noch sehr sporadisch und fand nur durch einzelne Mittler Eingang – aber um so begieriger wurde alles Neue aufgenommen, und die Wirkungen blieben auf die Dauer nicht aus.

Auch der Handel war in dem dünn besiedelten Land noch sehr bescheiden, zumal jede Dorfgemeinschaft, jede Domäne und jedes Kloster im großen und ganzen alles Notwendige selbst produzierte. Trotzdem gab es schon einen Fernhandel: Ganz obenauf stand das Salz, dazu Wachs, Honig, Wein, Öl, Tuche, Pelze, Schmuck und Waffen. Größere Landtransporte waren noch schwierig, denn die »Straßen« waren nur ausgetretene Trampelpfade, ausgenommen die Römerstraßen hinter dem früheren Limes, die jedoch nicht gepflegt wurden. Als Transportmittel dienten Packpferde und zweirädrige Karren, da vierrädrige Wagen anscheinend erst im 11. oder 12. Jahrhundert konstruiert wurden. Aber die Flüsse boten gute Beförderungsmöglichkeiten, und vor allem im Westen waren Maas, Rhein, Saône, Schelde usw. wichtige Handelswege, an denen bedeutende Marktorte entstanden. Elbe und Donau entwickelten sich im 10. Jahrhundert ebenfalls zu vielbefahrenen Schiffahrtsstraßen. Auch nach Norden über Haithabu und nach Osten zu den Slawen erfolgte bereits ein Austausch von Gütern – und Menschen, denn zu jener Zeit hat man ganze Sklavenherden verschachert, vor allem Slawen an die Araber in Spanien.
Die geographischen Kenntnisse reichten kaum über das Abendland hinaus und endeten oft schon vor dessen Grenzen in phantastischen Vorstellungen. Die Erde dachte man sich als eine von Wasser umgebene Scheibe, in deren Mittelpunkt Jerusalem lag, wie es in der Bibel steht. Ägypten erscheint bei dem gelehrten St. Gallener Mönch Notker Labeo als das Land der Magier und Babylon war schon das des Teufels. Die gleichzeitigen Entdeckungen Grönlands, Islands und Nordamerikas durch die Normannen fanden keine Aufmerksamkeit. Die antiken Anschauungen haben die Vorstellungen der damaligen Zeit nicht unbeeinflußt gelassen, und so finden sich bei Notker die Sätze: »Alle, die etwas von Astronomie verstehen, erklären, daß der Äquator den Himmel in zwei Teile teilt und es von ihm aus auf jeder Hälfte gleich weit zum nördlichen und zum südlichen Himmelspol ist. Also ist die Erde rund.«

Aber die Erde galt als der Mittelpunkt des Weltalls, um den die Gestirne binnen vierundzwanzig Stunden einmal kreisen. Trotzdem wußten Gebildete bereits, daß der Mond sein Licht von der Sonne erhält, daß damit die Zu- und Abnahme seiner Erscheinung auf der Erde zusammenhängt, man wußte auch, daß Merkur der sonnennächste Planet ist und hat das bleiche Licht des Saturn beobachtet. In einer St. Gallener Bilderhandschrift des 10. Jahrhunderts ist ein Mann an einem Himmelsfernrohr abgebildet. Gerbert von Aurillac, der dem alten Otto dem Großen 970 in Rom noch begegnet ist, fertigte eine Himmelskugel und demonstrierte damit seinen Schülern den Lauf der Gestirne. Nicht nur antike Einflüsse, sondern auch solche der Araber machten sich bemerkbar. Einer der meistgelesenen Autoren im Mittelalter, der römische Philosoph Boethius, hatte im 6. Jahrhundert über die Erde und das Weltall geschrieben: »Dies ist wohlbekannt, die ganze Erde verhält sich zum Himmel wie das Maß eines Punktes, wie du lerntest in der Astronomie. Ich meine, daß sie Größe nicht hat im Vergleich zur Größe des Himmels. Aristoteles lehrt in den Kategorien, daß ein Punkt Anfang und Ende der Linie sei und daß ihre Teile durch die Punkte bezeichnet werden und daß doch ein Punkt wegen seiner Kleinheit kein Teil der Linie sei. Was mag kleiner sein als das, was weder Länge hat noch Breite? Da der Punkt an der Linie, deren Ende er ist, keinen Teil hat, so ist er auch kein Teil des Kreises, dessen Mitte er ist. In der selben Art hat auch die Erde keine Größe im Vergleich mit dem Himmel, dessen Punkt sie ist.«

Die Arithmetik war mit den römischen Zahlen noch recht schwerfällig. Gerbert von Aurillac soll zwar ein Meister im Umgang mit dem Abakus gewesen sein, aber üblicherweise kam man mit den Fingern der beiden Hände aus, wenn es im Alltag etwas zu rechnen gab. Für die Geometrie, die der gelehrte Hrabanus Maurus im 9. Jahrhundert als »Erdmeßkunst« definiert hatte, verwendete man zum Beispiel in der Klosterschule St. Gallen Schriften von Boethius, Isidor von Sevilla und Cassiodor aus dem 6./7. Jahrhundert. Aber selbst diese für uns heute so rationalen, exakten Fächer hat man zur

Zeit Ottos des Großen mit viel Mystik und Symbolik gesehen. Das Dreieck bedeutete die Heilige Dreieinigkeit. Die Zahl Sieben war schon seit Jahrtausenden ein Symbol des Glückes und der Vollkommenheit. Da drei und vier in ihr ebenso enthalten sind wie in zwölf, galten auch die zwölf Apostel als vollkommen. Es wird auch noch auf die große Rolle der Zahl Zwölf bei der Reichskrone hinzuweisen sein. Die ungeraden Zahlen entsprachen dem Mann, denn beide galten »stärker als gleich« und als »unspaltbar«. Den weicheren Frauen dagegen sollten die geschmeidigeren geraden Zahlen entsprechen.

Von Otto dem Großen wird berichtet, daß er das Tricktrackspiel, ein im Mittelalter verbreitetes Brettspiel mit Würfel geliebt habe. Auch Schach- und Damespiel waren im Abendland bereits bekannt. Und das Knobeln mit Würfeln wurde als eines der ältesten Glücksspiele sicher eifrig betrieben. Kartenspiele waren dagegen im Abendland ebensowenig wie das Papier bekannt. Die Herren erfreuten sich auf der Jagd – die freilich nicht nur Vergnügen, sondern auch wichtige Nahrungsbeschaffung war: für die hohen und niederen Herren genauso wie für die Bauern. Die Großen erfreuten sich auch bei allerlei Reiterspielen, aber Turniere im späteren Sinne hat es zur Zeit der Ottonen noch nicht gegeben.

Im 10. Jahrhundert sind die Anfänge des mittelalterlichen Dramas zu finden. In den Klöstern St. Gallen und Reichenau erlebte der Gregorianische Kirchengesang um das Jahr 900 eine eigene, dem germanischen Volkscharakter entsprechende Ausgestaltung. Um den Gläubigen einzelne biblische Episoden und Teile der Liturgie näherzubringen, stellten sie Geistliche in den Kirchen szenisch dar. Das waren die ersten christlichen Mysterienspiele, die später zu ganzen Spielzyklen ausgebaut wurden. Roswitha von Gandersheim, die adelige sächsische Nonne, schrieb mehrere, für das frühe Mittelalter einzigartige christliche Dramen, die allerdings nicht für eine Aufführung, sondern nur zum Lesen gedacht waren. Sie wollte damit den bis dahin in den Klöstern viel gelesenen Römer Terenz durch christliche Lektüre verdrängen. Ros-

witha hat aber auch eine sehr frühe Gestaltung der Faust-Sage niedergeschrieben, und aus ihrem lateinischen Epos »Die Taten Ottos« werden in diesem Buch einige Stellen zitiert.
Der Gregorianische Kirchengesang, der vermutlich auf griechisch-römische sowie syrisch-jüdische Vorbilder zurückging, hat fast alle mittelalterliche Musik beeinflußt. Er war zunächst nur einstimmig, wurde aber etwa ab dem 9. Jahrhundert auch zweistimmig ausgeschmückt. Ab dem 9. Jahrhundert wurde die schon bei den Griechen bekannte Orgel im Abendland wieder gespielt. Und in einem musikalischen Traktat – möglicherweise aus dem Kloster Cluny – ist von einem Instrument die Rede, bei dem einige Saiten mit Hilfe eines drehbaren beharzten Rades zum Erklingen gebracht wurden. Musikalische Betätigung ist aus dem 10. Jahrhundert zwar nur aus dem kirchlichen Bereich und sogar in mehreren Abhandlungen überliefert, aber es ist wohl vorstellbar, daß die Menschen zur Zeit Ottos des Großen auch zu Hause bei der Arbeit und in den Mußestunden gesungen haben.
Gesprochen wurde in den deutschen Landen – die Bezeichnung »Deutschland« ist erst im 16. Jahrhundert aufgekommen – zur Zeit Ottos des Großen das, was wir heute »althochdeutsch« nennen. Die damaligen Stämme haben aber keineswegs einheitlich gesprochen, wie unsere Sammelbezeichnung vermuten ließe, sondern die Bayern, Franken, Sachsen usw. hatten bereits ihre eigenen Mundarten. Aber von außen, im Westfrankenreich, faßte man die Mundarten damals schon zusammen und sagte, die Ostfranken sprechen *thiutisk*, das heißt »volkstümlich« im Gegensatz zum Lateinischen. Aus der Zeit Ottos des Großen ist ein Reisehandbüchlein überliefert, in dem Bezeichnungen für Körperteile, Kleidungsstücke sowie Redensarten für Dienstleistungen in der Herberge, Umgang mit Dienstboten, Gespräche mit Fremden usw. zweisprachig althochdeutsch (rheinfränkisch) und lateinisch-romanisch enthalten sind. Aber auch im Ostfrankenreich war Latein die Sprache der Kleriker, der Gebildeten und ein Verständigungsmittel mit den Italienern, den Burgundern, Franzosen usw. Otto der Große hat nur seine säch-

sische Mundart fließend gesprochen und mußte sich alles Lateinische übersetzen lassen. Aus *thiutisk*, das man spätestens seit Karl dem Großen in der Bedeutung von »volkstümlich« für die Sprache im östlichen Teil seines Reiches gebrauchte, hat sich *theodiskus* als zusammenfassende Bezeichnung für die Stämme der Franken, Sachsen, Bayern, Alemannen, Thüringer und Friesen entwickelt. Etwa Mitte des 9. Jahrhunderts begann man dann vereinzelt vom *regnum teutonicorum*, vom Deutschen Reich, zu sprechen, wenn man das ostfränkische Reich meinte.

Der König dieses Reiches nannte sich *rex francorum*, denn die deutschen Könige wollten sehr betont die Nachfolger Karls des Großen und seines Frankenreiches sein – in Konkurrenz zu den französischen Königen, die im Gegensatz zu den deutschen noch bis 987 aus der karolingischen Dynastie stammten. Der Bruch bei den deutschen Königen geschah 911, als der letzte Karolinger, Ludwig das Kind, achtzehnjährig starb. Da einigten sich die ostfränkischen Stämme auf einen König aus dem Geschlecht der Konradiner, Konrad I.

Der König wurde bei den Ostfranken vom hohen Adel gewählt. Aber dazu gab es sehr eigenartige Ansichten und Strömungen. Schon bei den Germanen hatte der König als von Gott bestimmter oberster Diener Gottes gegolten. Diese Anschauung war in die christliche Zeit übernommen worden. Wie sollte Gott den ihm zusagenden Mann bestimmen? In einem Zweikampf? Oder mit Hilfe eines der sonst schon genannten Gottesurteile? Man folgte der Designation durch den vorhergehenden König, denn er war ja auch ein Vertrauter Gottes, ein von Gott Bevorzugter, und durch ihn äußerte Gott nach dem damaligen Glauben zweifellos auch, wen er künftig als seinen Beauftragten auf dem Thron sehen wollte. Gerade bei Otto I. zeigte sich aber, daß seine Brüder und deren Parteigänger keineswegs an seine göttliche Berufung glaubten, sondern sein Königtum heftig anfochten – obgleich er von seinem Vater, König Heinrich I., eindeutig zum König designiert worden war. In jahrelangen Kämpfen und schließlich vor allem in der Schlacht gegen die Ungarn 955

auf dem Lechfeld erwies es sich aber, daß Gott auf der Seite Ottos I. stand, der seine Stellung damit innenpolitisch und auch nach außen allmählich festigen konnte.
Der deutsche König war im allgemeinen der reichste bäuerliche Herr in seinem Reich. Der Grundbesitz war die wichtigste Quelle seiner Einkünfte. Einzelne Historiker (A. Borst) halten es für möglich, daß das Wort »Adel« ursprünglich Grundbesitz bedeutet hat. Adelsherrschaft war jedenfalls Grundherrschaft.
Der König besaß zahlreiche Fronhöfe mit dazugehörenden Bauernhöfen. Die abhängigen Bauern hatten auf dem jeweiligen Fronhof festgelegte Fronden zu leisten. Das konnten Spanndienste sein, wobei ein Bauer einen oder mehrere Äkker bestellen oder Holz und andere Baumaterialien transportieren mußte. Das konnten aber auch Handdienste sein, zum Beispiel Erntearbeiten, Hilfe bei der Jagd usw. Die Fronhöfe waren mit ihrem Personal und mit ihrer Arbeitseinteilung darauf angelegt, daß die notwendigen Arbeiten zu einem bestimmten Teil von den abhängigen Bauern ausgeführt wurden. Die Bauern konnten auch Knechte zur Ableistung der Frondienste entsenden.
Neben den Fronhöfen unterstanden dem König und seiner Schutz- und Gerichtsherrschaft auch viele freie Bauern. Sie mußten dem Monarchen für den gewährten Schutz Abgaben entrichten. Die Könige jener Zeit waren ständig zu Pferd unterwegs, um bei ihren Untergebenen nicht nur das Gefühl des Beherrschtwerdens wachzuhalten, sondern um ihnen auch die Sicherheit des königlichen Schutzes zu vermitteln. Die Könige führten auf diese Weise ein sehr strapaziöses Leben, zumal das Land mit schätzungsweise acht bis zehn Bewohnern pro Quadratkilometer nur außerordentlich dünn besiedelt war.
Nach der Teilung des karolingischen Reiches zu Verdun 843 und der rapiden Schwächung der königlichen Macht in der zweiten Hälfte des 9. Jahrhunderts ging den Monarchen die Gewalt über das Krongut weitgehend verloren. Einige Epileptiker auf dem Thron gaben ungetreuen regionalen Herren

Gelegenheit, sich zu bereichern. Dazu kamen die immer wiederkehrenden Einfälle der Normannen seit der Zeit Ludwigs des Frommen bis zum Ende des 9. Jahrhunderts. Dann setzten die Raubzüge der Ungarn ein. Die Normannen drangen von Norden bis Köln, Bonn, Trier, Paris und sogar bis Burgund vor, während die Ungarn bis hinauf zur Nordseeküste und weit in das Westfrankenreich hinein raubten und mordeten. Die Araber fielen von ihrem Stützpunkt Fraxinetum bei Toulon aus wiederholt in Burgund und in das Herzogtum Schwaben ein. Diese bitteren Vergewaltigungen haben nicht nur die königliche Macht zerstört, sondern auch den Fatalismus des Volkes gefördert.

In neuerer Zeit glaubt man (G. Duby) auch an positive Auswirkungen der Einfälle der Normannen, Sarazenen und Ungarn. Die Bewohner, vor allem Abhängige und Unfreie, konnten sich durch die Flucht von ihren Herrschaften entfernen und anderwärts ein neues Dienstverhältnis eingehen, wo sie vielleicht weniger ausgebeutet wurden. Die Grundherren waren zu Konzessionen genötigt, um in dem allgemeinen Wirrwarr neue Arbeitskräfte zur Bewirtschaftung ihrer Güter zu bekommen. Derartige Umschichtungen als Folge der feindlichen Überfälle sind mindestens vorstellbar und mögen zu einer Lockerung und Belebung der erstarrten Ordnungen geführt haben.

Heinrich I. hat es ab 919 verstanden, die Ausplünderung des Krongutes nicht nur zum Stillstand zu bringen, sondern sie sogar rückgängig zu machen. Er hat zahlreiche Domänen wieder in seine Hand gebracht, und sein Sohn Otto I. setzte die Stärkung des Königtums und den Ausbau seiner materiellen Grundlage mit viel Energie und Erfolg fort.

Die Einkünfte der Könige wurden durch die Geschenke der Besucher bei Hof beträchtlich vermehrt, denn niemand näherte sich dem Monarchen ohne eine Gabe, um ihn sich gewogen zu machen. Für die zahlreichen Privilegien, wie Überlassung von Markt-, Zoll- und Münzrechten sowie der Gerichtsbarkeit, die der König den verschiedenen Großen seines Reiches verlieh, standen ihm naturgemäß auch Gegenleistungen zu, die er teilweise während seiner vielen Reisen mit seinem Gefolge in Naturalien – Speise und Trank, Unterkunft sowie Versorgung der Pferde – erhielt. Je mächtiger und angesehener der König war, um so mehr Geschenke und Tributzahlungen erhielt er.

Man kann aber nicht von einer reinen Naturalwirtschaft sprechen. Gemünztes Geld hat es schon im Altertum gegeben und es ist niemals mehr verschwunden. Im 10. Jahrhundert kannte man die Denare oder Pfennige aus Silber. Zwölf Denare waren ein Schilling oder Solidus, und das Zwanzigfache war ein Pfund. Nach der Münzordnung Karls des Großen hatte ein Pfund den Wert von 409 Gramm Silber. Pfund und Schilling waren jedoch nur Recheneinheiten, geprägte Münzen gab es davon nicht. Ganz im Gegenteil war oft schon ein Denar oder Pfennig zuviel, weshalb man die kleine Münze dann kurzerhand auseinanderhackte, um den halben oder Viertelwert zu bekommen.

Der König jedoch, der zwar aus seinen Besitzungen Einkünfte bezog, der von den Freien Abgaben erhielt und von den Bittstellern und Besuchern Geschenke, der auch von den Kriegszügen reiche Beute nach Hause brachte – der König mußte auch immer wieder geben. Ein bedeutender Empfänger Ottos des Großen war die Kirche, nicht nur, weil der Monarch an sein Seelenheil dachte und glaubte, sich Gott durch Schenkungen an die Kirche gnädig stimmen zu können, sondern auch, weil Otto die Unterstützung der Kleriker bei seinen Auseinandersetzungen mit den Herzögen und Grafen brauchte. Der König wollte sich auch viele weltliche Herren, große und kleine, verpflichten und sie an sich binden. Es war ein umfassendes Nehmen und Geben, in das der König durch die Tradition gestellt war und deren Überlieferung er nicht mißachten durfte, ohne seinen Ruf als von Gott Berufener aufs Spiel zu setzen.

Die Entstehung des deutschen Reiches

Nach dem Tod Karls des Großen im Jahre 814 hatten bald Erbstreitigkeiten begonnen, die das ganze weitere 9. Jahrhundert über anhielten. 843 hat man das Frankenreich im Vertrag von Verdun zwar in drei Teile geteilt, aber das war nur die Basis weiterer Zwistigkeiten. Karl der Kahle stand über viele Jahrzehnte hinweg im Mittelpunkt dieser Auseinandersetzungen. Seine wie auch anderer Fürsten Versuche, das Reich Karls des Großen wiederherzustellen, blieben fast immer vergeblich.
Nur ein Zufall brachte dieses karolingische Reich unter Karl III. 887 nochmals für einige Monate zusammen. Aber dieser Karl, den man später ungerechtfertigterweise den Dicken nannte, litt an Epilepsie. Er konnte den über die Nordsee einfallenden Normannen deshalb nicht den notwendigen Widerstand entgegensetzen. Seinem Nachfolger Arnulf erging es nach anfänglichen Erfolgen nicht anders.
Die Schwächung der Zentralgewalt durch Thronstreitigkeiten und Einfälle fremder Streitkräfte von Norden, Süden und Südosten riefen regionale Führer auf den Plan. Die Stammesherzogtümer, die von Karl Martell, Pippin dem Jüngeren und Karl dem Großen ehedem zur Stärkung ihrer eigenen zentralistischen Macht zerschlagen worden waren, entstanden neu, vor allem in Bayern und Sachsen, um die Angriffe der Ungarn abzuwehren. Seit diese 906 das großmährische Reich, den Riegel vor dem Ostfrankenreich überwunden und 907 die bayerische Ostmark unterhalb der Enns erobert hatten, betrachteten sie das Frankenreich als eine unerschöpfliche Quelle für reiche Beute aller Art.
Als im Ostreich der letzte karolingische König, Ludwig das Kind, im September 911 ohne Erben verstorben war, konnten sich die deutschen Fürsten nicht entschließen, den regierenden westfränkischen Karolinger zu ihrem Oberhaupt zu wählen, obgleich die Kontinuität der Dynastie damals sehr viel galt. Man wollte lieber einen ostfränkischen König. Traditionsgemäß gab man den Franken eine Führerrolle über die anderen Stämme, und so wurde von Franken und Sachsen am 10. No-

vember 911 in Forchheim nördlich von Nürnberg der fränkische Herzog Konrad aus dem Geschlecht der Konradiner zum König gewählt. Der mächtige Sachsenherzog Otto aus dem Geschlecht der Liudolfinger hat offenbar zugunsten des Franken gestimmt. Es war zweifellos seine Loyalität gegenüber der fränkischen Monarchie, die zur Wahl des Konradiners geführt hat. Der Mönch Widukind von Corvey berichtet sogar, daß der Sachsenherzog zunächst zum König begehrt worden sei. Aber vielleicht hat der Sachse Widukind das geschrieben, was er gerne geglaubt hat.

Es wird kaum so gewesen sein, wie man häufig annimmt, daß ein Gefühl der Zusammengehörigkeit zu dieser Wahl geführt hat. Vielmehr war es wohl der Wunsch, für die Abwehr der Eindringlinge aus Nord, Süd und Ost einen König zu haben, der stets in den gefährdeten Gegenden anwesend wäre und das Vorgehen gegen die Feinde koordinieren könnte. Die notwendige Abwendung von Gefahren hat also zur Wahl Konrads den Anstoß gegeben, und es war eine der wenigen echten Wahlen eines Königs in der deutschen Geschichte, frei von Erbzwängen und Designation.

Man war sich in dem Hin und Her kaum bewußt, daß diese Wahl einmal als der Beginn des deutschen Reiches betrachtet werden könnte, wie man das heute allgemein tut. Allerdings sollte man die Entstehung des Reiches als einen langdauernden Prozeß ansehen, der 843 mit dem Teilungsvertrag von Verdun begonnen hat und für den die Wahl von 911 als Abschluß betrachtet werden kann. Die Bayern und Schwaben nahmen an der Wahl überhaupt nicht teil, aber man glaubt doch, daß sie in Forchheim durch Abgesandte vertreten waren. Jedenfalls hatte Konrad I., wie sich der neue König nannte, im weiteren Verlauf keine Schwierigkeiten, auch von den Bayern und Schwaben anerkannt zu werden.

Anders verhielten sich die Lothringer. Sie hatten es nicht vergessen, daß sie vor nicht allzu langer Zeit unter Lothar II. und auch später noch ein eigenes Königreich gebildet hatten. Vor allem aber fühlten sich ihre Führer – voran der mächtige und ehrgeizige Graf Reginar I. Langhals von Hennegau – offenbar stark den Karolingern verbunden. Deshalb unterstellte sich Lothringen dem Westreich. Man lud Karl den Einfältigen zu sich und huldigte ihm als dem neuen Oberhaupt. Karl glaubte für sich eine günstige Konstellation zu erspähen und besetzte mit seiner Streitmacht auch gleich noch das Elsaß, das damals zum Herzogtum Schwaben gehörte. Konrad I. konnte den Karolinger wenige Wochen später im Winter 911/12 wieder aus dem Elsaß vertreiben. Lothringen hingegen blieb beim Westreich, und Konrad konnte daran auch mit drei Feldzügen nichts ändern.

Der gesalbte und gekrönte Konradiner erlag einem schwerwiegenden Irrtum, als er glaubte, die Stämme und ihre Aristokratie seiner zentralistischen Macht unterstellen zu können wie einst die Karolinger in ihren besten Zeiten. Die Herzöge, die den König gewählt hatten, waren nicht bereit, sich dessen Regiment willenlos zu beugen, sondern beanspruchten ein Mitspracherecht bei wichtigen Entscheidungen. Vom König erwarteten sie vor allem, daß er den Kampf gegen die magyarischen Eindringlinge leite.

Die Meinungen über die vordringlichen Aufgaben des Monarchen gingen also vollständig auseinander. Konrad blieb denn auch gänzlich tatenlos, als die Ungarn 912 in Franken und Thüringen einfielen, 913 Bayern und Schwaben verwüsteten, 915 Sachsen, Thüringen und wieder Schwaben heimsuchten, das sie auch 917 erneut überfielen, wobei sie dann bis ins Elsaß und nach Lothringen vordrangen.

So hatte man sich das in den deutschen Landen nicht vorgestellt, als man glaubte, einen tatkräftigen König gewählt zu haben. Konrad arbeitete nur darauf hin, seine Herrschaft im Inneren zu stärken. Der Tod des Sachsenherzogs Otto, Ende November 912, seines großen Förderers bei der Wahl im Jahr zuvor, raubte dem König den Mann, der immer wieder ausgleichend für ihn gewirkt hat.

Die Bischöfe traten für die Stärkung der königlichen Gewalt ein, um den Ansprüchen der regionalen Fürsten leichter entgehen zu können. Es lag nahe, daß sich Konrad und die Geistlichkeit mit ihren übereinstimmenden Wünschen rasch zusammenfanden. Vor allem der Mainzer Erzbischof Hatto, der schon Arnulf und Ludwig viel beraten hatte, und der Konstanzer Bischof Salomon III. gewannen großen Einfluß auf Konrad.

Unter solchen Umständen geriet der König bald mit den verschiedenen Stammesherzögen in Streit. Zuerst war zum vielseitigen Erstaunen Heinrich von Sachsen an der Reihe, dem der König das thüringische Lehen seines Vaters wegnehmen wollte, um seine Macht zu schmälern. Hätte Heinrich nicht einen Dank für die Unterstützung erwarten können, die Konrad von dem alten Otto von Sachsen erhalten hatte? In Schwaben, wo einige Geschlechter noch um die Besetzung des Herzogsstuhles rangen, glaubte der König leichtes Spiel zu haben. Aber seine Auseinandersetzungen mit den verschiedenen Anwärtern auf die Herzogswürde nahmen ihn jahrelang in Anspruch und brachten ihm doch nicht die erstrebte Oberherrschaft. Im Gegenteil: Der Sachsenherzog konnte dem König 915 die Anerkennung seiner unbeschränkten Stellung in seinem Stammesgebiet abringen, und im gleichen Jahr riefen die Schwaben gegen den Willen des Königs auch ihren neuen Herzog Erchanger aus. Dieser Entwicklung wollte Konrad mit Hilfe der Bischöfe entgegentreten. Er berief eine Synode nach Hohenaltheim (bei Nördlingen) ein, wo von den Karolingern eine Königspfalz stand und wo heute noch verwitterte Steinsitze einer alten Gerichtsstätte zu sehen sind. Die Bischöfe aus Bayern, Schwaben und Franken stellten sich zwar voll auf die Seite des Königs, aber trotzdem war das für Konrad nur ein Teilerfolg, denn die sächsischen Bischöfe waren überhaupt nicht erschienen.

Der Schwabenherzog wurde zusammen mit seinem Bruder von der Synode zu lebenslänglicher Klosterhaft verurteilt. Als die beiden in die Hände des Königs fielen, ließ er sie jedoch im Januar 917 hinrichten. Aber Konrad kämpfte in Schwaben gleichsam gegen eine vielköpfige Hydra, denn es dauerte nicht lange, bis dort ein neuer Herzog aufstand und herrschte.

Der bayerische Herzog Arnulf, Sohn des 907 im Kampf gegen die Magyaren gefallenen Liutpold, hatte zwar 914 vor dem anrückenden Konrad zu den Ungarn fliehen und 916 dem König seine Hauptstadt Regensburg überlassen müssen, aber schließlich konnte er sich doch eindeutig als Herzog des bayerischen Stammes behaupten, obgleich ihn der König abgesetzt hatte. Arnulf vergalt die Parteinahme der bayerischen Kirchenfürsten für den König durch umfangreiche Säkularisationen. Damit bestätigte er zwar die Befürchtungen der Bischöfe vor dem Regiment der Regionalgewalten, aber das ließ den Herzog kalt. Wichtig war ihm allein, daß er damit seine Position festigen konnte.

In gewisser Hinsicht wollte Konrad I. das Rad der Geschichte noch einmal zurückdrehen und gleich seinen karolingischen Vorgängern unter Ausschaltung der Herzöge regieren. Aber die Verhältnisse waren andere als im 8. und 9. Jahrhundert, und als Konrad am 23. Dezember 918 starb, mußte er seine Pläne als mißlungen erkennen. Statt sein Regiment über das ostfränkische Reich auszuüben, war er auf sein ursprüngliches Stammesherzogtum Franken beschränkt. Hätte er sein Reich vor den Ungarn geschützt, so hätte er sich dadurch als ein starker König erwiesen, dem der Respekt der Herzöge sicher nicht versagt geblieben wäre. Aber davon konnte bei dem ausschließlich innenpolitischen Machtinteresse Konrads I. keine Rede sein.

War es doch noch Dankbarkeit gegenüber dem Sachsenherzog Otto oder waren es politische Überlegungen, daß Konrad gegen Ende seines Lebens den Herzog Heinrich der Sachsen zu seinem Nachfolger designierte? Vielleicht haben sogar diejenigen recht, die vermuten, der König habe vom Sachsenherzog mit dem Versprechen der Designation während der letzten Jahre den Frieden erkauft? Widukind von Corvey berichtet, daß der kinderlose Konrad seinen Bruder Eberhard überredet habe, seine Erbansprüche auf die Königskrone fallen zu lassen. Widukind überliefert dazu Worte von Konrad, die zwar aufschlußreich sein könnten, aber wahrscheinlich nicht authentisch sind: »Wir haben viele Getreue und ein großes Volk, das uns im Kriege folgt, wir haben Burgen und Waffen, in unseren Händen sind die Reichsinsignien und es umgibt uns aller Glanz des Königtums. Aber es fehlt uns das Glück und das rechte Geschick. Das Glück, mein Bruder, und die herrlichste Befähigung ist Heinrich zuteil geworden, die Zukunft des Reiches steht bei den Sachsen. Nimm also diese königlichen Abzeichen, die Heilige Lanze, die goldenen Spangen mit dem Königsmantel, das Schwert und die Krone unserer alten Könige, gehe hin zu Heinrich und mache deinen Frieden mit ihm, damit du ihn zum Freund hast. Oder soll das ganze Frankenvolk mit dir von seinem Schwerte fallen? Denn wahrlich, er wird ein König und Herr vieler Völker sein.«

Widukind erzählt, daß Eberhard nur unter Tränen die Ausführung versprochen habe. Es sei dahingestellt, wieweit die Einzelheiten den Tatsachen entsprochen haben und wieweit das dramatische Talent Widukinds zur Ausschmückung des Berichtes beigetragen hat. Skepsis ist jedenfalls angebracht. Einig ist sich die Forschung, daß die Heilige Lanze entgegen Widukinds Zitat noch nicht im Besitz Konrads I. gewesen, sondern erst von Heinrich I. erworben worden ist.

Konrad I. hat die Wahl seines Nachfolgers jedenfalls entscheidend beeinflußt und die Interessen des Reiches vor diejenigen seines Hauses gestellt. Das ist sehr bemerkenswert, denn die mörderischen dreißigjährigen Kämpfe zwischen Franken und Sachsen gut hundert Jahre vorher unter Karl dem Großen, Herzog Widukind u. a. waren allseits in den Erzählungen und Erinnerungen noch lebendig, und wenn jetzt die Franken hinter den Sachsen zurücktraten, so war dies ein beachtlicher Verzicht auf eigene Vorteile und ein schönes Zugeständnis zugunsten des Reiches.

So kam also der von Konrad ob seiner Fähigkeiten und seines Glückes gepriesene Sachsenherzog Heinrich auf den deutschen Königsthron und mit ihm ein kraftvoller und tatkräftiger Mann, wie ihn das Reich zu dieser Zeit dringend benötigte. Franken und Sachsen trafen sich im Mai 919 in dem hoch über der Eder gelegenen Fritzlar, wo der Tradition entsprechend auf fränkischem Boden der neue König inthronisiert wurde. Als er jedoch von Erzbischof Heriger von Mainz gekrönt und gesalbt werden sollte, hat Heinrich – nach dem Bericht Widukinds von Corvey – geantwortet: »Es genügt mir, vor meinen Ahnen das voraus zu haben, daß ich König heiße und dazu ernannt worden bin, da es Gottes Gnade und eure Huld so will. Salbung und Krone aber möge Würdigeren als mir zuteil werden, solcher Ehre halte ich mich für unwert.«

Es wird viel gerätselt, welche Motive Heinrich für diese Zurückweisung hatte. Bescheidenheit, wie sie aus den von Widukind überlieferten Worten spricht, war es kaum. Waren es persönliche Gründe, weil die Kirche die erste Ehe Heinrichs mit Hatheburg, einer Tochter des Merseburger Grafen, für gottlos und nichtig und den gemeinsamen Sohn für unehelich erklärt hatte? Offenbar hatte Heinrich sich mit Hatheburg entsprechend den alten sächsischen Sitten vor der Christianisierung ohne den Segen der Kirche verbunden.

Oder war Heinrich während Konrads Regierungszeit zu der Überzeugung gelangt, daß die allzu enge Verbindung des Königs mit der Kirche bei Hintanstellung der weltlichen Fürsten nicht zweckmäßig ist?

Ein persönlicher Groll wegen der von der Kirche erzwungenen Trennung von Hatheburg kommt wohl kaum in Betracht. Wenn wir dem allerdings rund hundert Jahre späteren Bericht des Bischofs Thietmar von Merseburg glauben dürfen, dann war Heinrich jener Einspruch der Kirche gar nicht so unrecht, denn er liebte Hatheburg ohnedies nicht mehr, sondern war »für die Schönheit und die Besitzungen einer Jungfrau namens Mathilde heimlich entbrannt«. Jetzt, bei der Thronbesteigung, war der etwa 43jährige Heinrich schon seit zehn Jahren mit seiner zweiten Gemahlin Mathilde aus dem alten Geschlecht des Sachsenherzogs Widukind verheiratet, und der Ehe waren nicht nur Otto, der spätere Nachfolger entsprossen, sondern auch zwei Töchter. Von seiner ersten Gemahlin hatte Heinrich die beträchtliche Mitgift behalten, und die Heirat mit Mathilde aus Widukinds Geschlecht hat ihm und seinem Haus die überragende Stellung im sächsischen Adel gebracht.

Es bleiben also nur politische Motive für Heinrichs Zurückweisung der kirchlichen Krönung und Salbung. Besonders mit der Salbung war seit den Karolingern die kirchliche Weihe des Königs verbunden, die die von Gott verliehene Macht des Monarchen symbolisierte. Es ist doch erstaunlich, daß Heinrich auf

diese Hervorhebung und Absicherung seiner Stellung verzichtete. Dieses Verhalten zeugt von einem beträchtlichen Selbstbewußtsein des neuen Königs. Eigentlich war diese Demonstration kaum nötig, um die neue Linie aufzuzeigen. Heinrich wollte sich im Gegensatz zu Konrad bei seiner Herrschaft vornehmlich auf die Herzöge und Grafen und nicht auf die Bischöfe stützen.
Fürs erste half diese Kundgebung dem König jedoch überhaupt nichts, denn die Herzöge von Schwaben und Bayern stellten sich gegen ihn – nur Konrads Nachfolger Eberhard von Franken huldigte Heinrich. Arnulf von Bayern ließ sich von seinen Aristokraten sogar zum König erheben und zwar nicht etwa nur zum König von Bayern, sondern eindeutig zum deutschen Gegenkönig! Und von den Schwaben mit ihrem Herzog Burchard II. wurde der norddeutsche Heinrich auch nicht anerkannt.
Was sollte Heinrich I. also tun, da ihn die Herzöge, mit denen er zusammenwirken wollte, nicht mochten? Die Situation war für den neuen König ungleich schwieriger als neun Jahre vorher für Konrad. Aber der Sachse Heinrich war von anderer Art als der Konradiner. Er zog wenige Monate nach seiner Thronbesteigung mit einem starken Heer nach Schwaben und konnte Herzog Burchard im Sommer 919 »mit allen seinen Burgen und seinem ganzen Volk« zur Unterwerfung zwingen, wie Widukind von Corvey schreibt. Burchard lag im Streit mit König Rudolf II. von Hochburgund und konnte sich keinen Zweifrontenkrieg leisten. Daraus zog Heinrich seinen Vorteil. Aber auch Burchard gewann mit des Königs Rückendeckung und nahm dem Burgunder noch im gleichen Jahr Zürich ab, wo die Karolinger an der Stelle eines römischen Kastells eine Königspfalz errichtet hatten, wo es um diese Zeit bereits vier Kirchen gab und wo man Märkte abhielt und Münzen prägte. Zürich wurde rasch und für längere Zeit die bedeutendste Stadt in Schwaben.
Nachdem sich also der König den Schwabenherzog untertan gemacht hatte, widersetzte sich nur noch der Bayer, der Gegenkönig! Aber zu einem Zug gegen Arnulf ließ sich der Sachse

zwei Jahre Zeit, während derer er wahrscheinlich – aber nicht beweisbar – in Verhandlungen versucht hat, den Bayern zum Einlenken zu bewegen. Im Jahre 921 zog Heinrich mit seinem Heer nach dem Süden und belagerte seinen Gegner in Regensburg, wohin sich Arnulf zurückgezogen hatte. Man einigte sich schließlich ohne Kampf ähnlich wie in Schwaben: Arnulf anerkannte Heinrich als König und wurde von diesem ehrenvoll aufgenommen. Burchard wie auch Arnulf waren damit Vasallen des Königs, der ihnen jedoch die Bestimmung über die Bistümer, eines der wichtigsten königlichen Rechte, überließ. Arnulf war wieder der Herzog seines bayerischen Stammes.

So war nun der Liudolfinger Heinrich I. im ganzen *regno teutonicorum*, im ganzen Reich der Deutschen, wie es in den zeitgenössischen Salzburger Annalen heißt, anerkannt – nur Lothringen fehlte noch, das sich freilich nicht zum Ostreich zählen wollte, wie zur Zeit Konrads I. offenkundig geworden war. Diese Tendenz hatte sich während der letzten Jahre erhärtet, denn Giselbert, der Sohn des langhalsigen Reginar und Nachkomme Kaiser Lothars, war seit 915 die stärkste Kraft in Lothringen. Er hatte es 920 fertiggebracht, sogar zum König ausgerufen zu werden. Aber er lavierte zwischen zwei Fronten, Karl dem Einfältigen und Heinrich I. Die beiden trafen sich am 7. November 921 bei Bonn auf einem mitten im Rhein verankerten Schiff, das die Grenze zwischen den beiden Reichen bildete. Man war damals der Ansicht, daß nur ein sich unterlegen fühlender Herrscher den anderen in dessen Reich aufsuchen würde – aber unterlegen fühlte sich weder der Karolinger noch der Liudolfinger.

Die beiden Könige schlossen einen Freundschaftsvertrag und bestätigten sich damit gegenseitig in ihren Reichen, wobei Lothringen dem Westreich zugerechnet wurde. Von »König« Giselbert und seinem Königreich war keine Rede. Für den Liudolfinger Heinrich aber war es wichtig, daß ihn der Karolinger als König der Ostfranken akzeptierte und damit den Dynastiewechsel anerkannte.

Der westfränkische Karl konnte sich über diese Regelung nicht lange freuen. Schon bald hatte er gegen eine Rebellion in Loth-

ringen und gegen den kapetingischen Gegenkönig Robert zu kämpfen, der jedoch kurze Zeit später in einer Schlacht den Tod fand. Karl der Einfältige aber wurde 923 abgesetzt, und die lothringischen Großen riefen den König des Ostreiches ins Land. Heinrich gelang 925 die Unterwerfung und Befriedung des unruhigen Landes zwischen den beiden Reichen. Lothringen wurde dem Reich der Deutschen angegliedert, womit der erst 921 geschlossene Bonner Vertrag erledigt war. König Heinrich bemühte sich während der folgenden Jahre sehr, die Lothringer mit Hilfe einer intensiven Familienpolitik an das Ostreich zu binden.
Ab 925 verfügte Heinrich I. also über insgesamt fünf Herzogtümer. Er hatte den Niedergang und den drohenden Zerfall des Ostreiches innerhalb weniger Jahre mit starker Hand in einen bemerkenswerten Aufstieg umgekehrt. In Schwaben und Bayern unterhielt er zwar keine offiziellen Beziehungen zur Kirche, aber Heinrich ließ es sich sehr angelegen sein, mit den Bischöfen und Äbten seines ganzen Reiches gute persönliche Kontakte zu pflegen. Nachdem er die Herzöge in seinem Sinn und zum Nutzen des Reiches hatte harmonisieren können, wollte er auch die kirchlichen Oberen für seine Ziele gewinnen, um das Gleichgewicht der Kräfte herzustellen. Im Jahre 922 bestellte der König den Mainzer Erzbischof Heriger zu seinem Erzkapellan, und dieser machte sich sogleich an den Ausbau einer gut funktionierenden Kanzlei.
Alle innenpolitischen Maßnahmen König Heinrichs wurden von den anhaltenden Attacken und Bedrohungen der Ungarn und der Slawen gestört. Schon im Jahr seiner Thronbesteigung 919 und wieder 924 hatten die schnellen magyarischen Reiter Heinrichs Reich plündernd und brennend durchzogen und waren bis nach Sachsen vorgedrungen – 919 hatten sie sogar Bremen geplündert. Bayern verschonten sie auf Grund eines Vertrages, den Herzog Arnulf 913 mit ihnen geschlossen hatte. Die deutschen Abwehrmöglichkeiten reichten gegen diese Angreifer, die mit ihren wendigen Pferden verwachsen schienen und ihre Pfeile so ungemein treffsicher abschossen, nicht aus. Wie sehr die Zeitgenossen sich den Ungarnstürmen ausgeliefert sa-

hen, machen die resignierten Worte Widukinds von Corvey deutlich, die er einige Jahrzehnte später geschrieben hat: »Welche Verheerung die Ungarn damals angerichtet und wieviele Klöster sie in Brand gesteckt haben, wollen wir lieber verschweigen, als unser Unglück nochmals in Worten zu wiederholen.« Viele Äcker wurden als Folge der Schreckenseindrücke bei den Ungarneinfällen nicht mehr bearbeitet, und weite Bezirke fielen wieder in den Naturzustand zurück. Verminderte Nahrungsmittelversorgung brachte bald auch eine Abnahme der Bevölkerung.

So sehr Heinrich I. großes Geschick bei der Lösung der innenpolitischen Komplikationen und der Probleme an der Westgrenze seines Reiches bewiesen hatte, so war doch alles nichts wert, wenn es ihm nicht gelingen würde, die Ungarneinfälle abzuwehren. Da lieferte ein glücklicher Zufall dem König bei einem neuerlichen Beutezug der Ungarn 926 einen ihrer bedeutendsten Führer in die Hände, als sich Heinrich an der Oker schon verzweifelt in seine Burg Werla zurückgezogen hatte. Den Magyaren war sehr viel daran gelegen, ihren gefangenen Anführer wieder frei zu bekommen, und so konnte der König in Verhandlungen die Zusicherung erreichen, daß die Ungarn während der folgenden neun Jahre nicht mehr angreifen würden, wenn sie ihren Führer lebend zurückerhielten. Allerdings verlangten sie für diesen Waffenstillstand zusätzlich hohe Tributzahlungen.

Wohl oder übel mußte Heinrich auf diese Forderung eingehen, wenn er nicht die Zerstörung seines ganzen Reiches riskieren wollte – die Ungarn waren in diesem Jahr nicht nur in Sachsen eingefallen, sondern auch in Schwaben, wo sie unter anderem St. Gallen und Konstanz geplündert und gebrandschatzt hatten. Zu den verhaßten Tributzahlungen mußten alle Herzogtümer beitragen. Aber König Heinrich machte sich Hoffnungen, während des neunjährigen Waffenstillstandes sein Reich soweit rüsten zu können, daß es dann weiteren Überfällen der wilden Reiterscharen standhalten könnte.

Schon im November 926, sogleich nach dem Abzug der Ungarn, wurde während eines großen Reichstages zu Worms eine

Burgenordnung beschlossen. Die Grenzgebiete wurden in Burgwarde eingeteilt, das waren Bezirke mit jeweils einem befestigten Ort, einer Burg, als Mittelpunkt. Für diese Burgen wurde neben Wall und Graben der Bau von Steinmauern vorgeschrieben, wofür die noch aus der Römerzeit vorhandene Mauer zu Worms vermutlich den Anstoß gegeben hat. Innerhalb der Burgwarde mußte ein Teil der Bauern für den Ausbau und die Ausstattung der Burgen sorgen, während die anderen ihre Felder und Höfe mitbetreuen mußten. Auch dafür gab es in Worms das Vorbild, denn dort hatte man einige Jahrzehnte zuvor eine Mauerbauordnung mit genauer Aufteilung der Pflichten der Bürger beschlossen. Für den Notfall mußten in den Burgen Nahrungsmittelvorräte gespeichert werden. In Friedenszeiten dienten die Burgen als Versammlungs- und Gerichtsstätten, damit möglichst viele Männer mit den Einrichtungen vertraut wurden und im Ernstfall damit umzugehen wußten. Man kehrte damit zum System der germanischen Fluchtburgen zurück.
Während des Wormser Reichstages konnte der König seine zunehmende Verfügungsgewalt über die Herzöge demonstrieren. Nachdem Burchard II. von Schwaben im Frühjahr 926 in Kämpfen bei Novara gefallen war, zerbrach der Monarch sowohl die Ansprüche der Erben des bisherigen Herzogs als auch die der schwäbischen Adeligen und ernannte in Worms den fränkischen Konradiner Hermann zum neuen Herzog. Für die Schwaben war es ein unerfreuliches Novum, daß ihnen der König einen Herzog, noch dazu einen Fremden, vorsetzte. Unter Konrad I. hatten sie ihre Herzöge selbst gekürt, sogar gegen den Willen des Königs. Der stammesfremde neue Herzog bekam die Abneigung der Schwaben deutlich zu spüren. Er beeilte sich deshalb, die Witwe seines Vorgängers zu heiraten und übernahm auch dessen Burgen und Vasallen aus der Hand des Königs, der seit der Unterwerfung Burchards II. 919 der oberste Lehnsherr in Schwaben war. Nun ging auch die Verfügung über die Kirche in Schwaben auf König Heinrich über, und die außenpolitischen Aktivitäten des alten Herzogs gegenüber Burgund und Italien durfte der Konradiner auf Geheiß des

Monarchen nicht fortsetzen. Möglicherweise hat der König aber 926 das Elsaß von Lothringen abgetrennt und dem Herzog von Schwaben als ein besonderes Herzogtum unterstellt.
Um das Stillhalten des Bayernherzogs Arnulf zu den Schmälerungen der Herzogsgewalt in Schwaben zu erreichen, stimmte König Heinrich der Ausdehnung Bayerns auf Kosten der Schwaben im Vintschgau und im Engadin zu.
Der burgundische König Rudolf II. war zu dem Reichstag nach Worms gekommen. Er hatte im Sommer 926 seine italienische Königskrone an Hugo von der Provence verloren und suchte nun beim deutschen König Anlehnung. Wahrscheinlich – aber für diesen Zeitpunkt nicht nachweisbar – hat König Rudolf dem deutschen Herrscher ein besonders kostbares und symbolträchtiges Geschenk mit nach Worms gebracht. Es handelte sich um die Heilige Lanze, mit der der gekreuzigte Christus von einem Kriegsknecht in die Seite gestochen worden sein soll. Sie war der Sage nach mit mindestens einem Nagel vom Kreuz Christi beschlagen und sollte dem Besitzer besonderes Kriegsglück bringen. Die Heilige Lanze war deshalb eine begehrte Reliquie. König Rudolf hatte sie von einem italienischen Grafen erhalten und war von Heinrich schon seit längerer Zeit darum bedrängt worden. Der Sachse gab dem Burgunder für dieses Heiligtum nicht nur Gold und Silber, sondern er bestätigte ihm auch ein Gebiet des Herzogtums Schwaben mit der Stadt Basel, das der Burgunder anscheinend schon längere Zeit in der Hand hatte.
Nach Liudprand von Cremona, einem nicht immer zuverlässigen Chronisten, hat der burgundische Rudolf bei der Übergabe der Lanze dem deutschen König gehuldigt und zwar in Form der Kommendation, bei der der Huldigende ein Lehnsverhältnis eingeht und kniend seine gefalteten Hände in die seines Lehnsherren legt mit dem Versprechen, treu, ergeben und allezeit für seinen Herrn kampfbereit zu sein. Somit anerkannte König Rudolf also die Oberherrschaft des deutschen Königs über Burgund. Die Heilige Lanze kann damit nicht nur als ein Symbol der Herrschaft über das langobardische Reich, sondern auch über Burgund betrachtet werden. Man hat sie verschie-

dentlich sogar als ein Zeichen für Anrechte auf die Kaiserkrone bewertet, indem man ihre Herkunft auf Konstantin den Großen und dessen Erben, das Imperium, zurückführte. Erwähnenswert ist auch die Hypothese, die Heilige Lanze stamme vom Heiligen Mauritius. Heute befindet sich die Lanze, die zu den Reichskleinodien gehört, in Wien.
Nach den Beschlüssen des Wormser Reichstages von 926 wurden Quedlinburg, Merseburg, die Eresburg, Werla, die Steterburg, die Klöster Hersfeld und Corvey sowie viele andere Burgen und Orte erheblich befestigt, um sie gegen künftige Ungarneinfälle zu schützen. Nach Merseburg, dem schon in frühgermanischer Zeit bezeugten Ort an der Saale, den die Karolinger weiter ausgebaut hatten, ließ Heinrich straffällige Verbrecher bringen, die bei besonders gefährlichen Kämpfen eingesetzt werden sollten und dafür Haftverschonung erhielten. Der König reorganisierte in Sachsen den Heerbann und verpflichtete alle über dreizehn Jahre alten Männer zur Verteidigung des Landes, wie Liudprand schreibt. Vor allem verstärkte der König die Reiterei, denn es war klar, daß die Übermacht der Feinde nur mit berittenen Streitkräften gebrochen werden konnte. Der König verlangte von seinen Vasallen, sich und ihre Leute mit tüchtigen Pferden für das Aufgebot bereitzuhalten. Das war eine enorme Belastung für das Land, denn noch war die Dreifelderwirtschaft mit ihrem großen Haferanbau nicht überall eingeführt, weshalb Pferde relativ rar waren. Zu jedem Streitroß, das nur im Kampf benutzt wurde, gehörte ein Marschpferd, und jeder Ritter brauchte einen berittenen Knappen, der beim Anlegen der Rüstung half und die Pferde versorgte. Jeder Ritter bildete also mit seinen drei Pferden, seiner Rüstung und seinem Knappen gewissermaßen eine kleine Kriegsmaschine.
Mit diesen gewaltigen Rüstungs-Anstrengungen wollte König Heinrich den Ungarn eine schlagkräftigere Abwehr entgegenstellen als bisher. Bereits im Jahre 928 erhielten die deutschen Streitkräfte Gelegenheit, ihre Kampfkraft in einem Krieg gegen die Slawen zu erproben. Grenzkämpfe zwischen den verschiedenen Stämmen der Slawen und ihren westlichen Nachbarn, den Sachsen und Thüringern, gab es immer wieder. Nachdem

er sein Reich im Westen 928 durch die Erhebung Giselberts zum Herzog oder Statthalter in Lothringen – die Überlieferung ist nicht eindeutig – und durch die Verheiratung seiner Tochter Gerberga mit Giselbert gesichert hatte, überschritt der König im Herbst des gleichen Jahres mit seinem Heer die Elbe und belagerte im Winter die rings von der Havel umgebene Brennaburg der Heveller, das spätere Brandenburg. Widukind von Corvey berichtet über einen außerordentlich strengen Winter, der die Belagerer zwang, auf dem Eis zu kampieren. Hunger und Kälte machte die Burgbesatzung schließlich mürbe, und mit ihr brachte Heinrich das ganze Land der Heveller in seinen Besitz. Auch die früher schon einmal überwältigten Daleminzier, die ihre Gelöbnisse nicht gehalten hatten, unterwarf Heinrich aufs neue. Um sie für ihre Treulosigkeit zu bestrafen, ließ der König alle Erwachsenen erschlagen und die Knaben und Mädchen in die Sklaverei führen. Zur stärkeren Sicherung seiner Herrschaft über dieses Gebiet gründete Heinrich mitten im Sorbenland an der Elbe die Burg Meißen.

Im Frühjahr 929 zog König Heinrich mit seinem Heer gegen den böhmischen Herzog Wenzel in Prag. Die Böhmen waren den fränkischen Königen schon seit Karl dem Großen tributpflichtig, aber sie »vergaßen« immer wieder zu bezahlen. Der bayerische Herzog Arnulf zog mit Heinrich, denn er war an den Beziehungen zu dem benachbarten Stamm besonders interessiert. Böhmen war auch als Bollwerk gegen die Ungarn, die immer wieder im Westen einfielen, von großer Bedeutung. Wenzel unterwarf sich ohne Kampf und versprach weitere Tributzahlungen. Wegen dieser Nachgiebigkeit gegenüber dem Feind wurde Wenzel wenige Monate später im Auftrag seines Bruders Boleslaw ermordet. Später wurde Wenzel heiliggesprochen und zum Schutzpatron Böhmens erhoben, da er sich für die Christianisierung seines Volkes eingesetzt hatte.

Während sich Heinrich mit diesen südlichen slawischen Völkern herumschlug, konnten seine Grafen im Norden auch die Obodriten, Wilzen und Redarier unter die deutsche Oberhoheit zwingen. Aber kaum glaubte man, diese Stämme unter Kontrolle zu haben, da erhoben sich die Redarier wieder und

vernichteten südlich der Elbe die starke sächsische Festung Walsleben mit allen ihren Bewohnern. Damals war die Elbgrenze also für die Sachsen noch keineswegs gesichert. Den aufständischen Redariern schlossen sich auch andere slawische Stämme an. Die Deutschen mußten erneut zu den Waffen greifen und konnten die Slawen in einer großen Schlacht bei Lenzen (rechts der Elbe, nordöstlich des heutigen Gorleben) im September 929 schlagen. Dabei bewährte sich, wie Widukind berichtet, besonders die Umrüstung der Sachsen auf ein fast ausschließlich berittenes Heer, dem die größtenteils zu Fuß kämpfenden Slawen weitaus unterlegen waren. Die von Widukind genannten hunderttausend gefallenen Wenden sind aber zweifellos, wie so viele Schätzungen, erheblich zu hoch gegriffen. Diese runde Zahl wurde von Widukind gerne gebraucht, wenn es sich um schwer überschaubare Mengen handelte. Zweifellos spielte bei Widukind auch sein Wunschdenken mit, ähnlich wie bei der Legende von angeblich hunderttausend getöteten Normannen vor Paris im Jahre 886.
Nach den kriegerischen Ereignissen der zurückliegenden Jahre und in Anbetracht der zu erwartenden Kämpfe hielt es Heinrich für richtig, seine Nachfolge zu regeln. Er war damals bereits über fünfzig Jahre alt, sein ältester Sohn Otto aus der Ehe mit Mathilde zählte siebzehn Jahre. Auf einem Hoftag zu Quedlinburg, auf dem der Sieg über die Slawen gefeiert wurde, bestimmte Heinrich im September 929 seinen Sohn Otto im Einvernehmen mit den Großen des Reiches zum Thronfolger. Heinrich wich damit von den Erbfolgeregelungen der Karolinger ab. Diese hatten stets allen Söhnen des Königs einen Teil der Herrschaft und des Herrschaftsgebietes zukommen lassen. Dabei wurden die Anteile immer kleiner, wenn nicht durch Heirat, Sterbefälle oder Kämpfe Veränderungen eintraten. Heinrich schloß nun mit der Designation Ottos die übrigen Söhne – er hatte inzwischen neben dem unehelichen Thankmar von Hatheburg noch zwei Söhne von Mathilde – von der Herrschaft aus und demonstrierte damit seinen Wunsch, daß das Reich der Deutschen und die Herrschaft darüber nicht geteilt werden solle. Ob die Designation Ottos tatsächlich schon 929 erfolgt ist,

ist allerdings nicht unbestritten (H. Hoffmann). Unzweifelhaft ist jedoch, daß Heinrich in Quedlinburg für den Fall seines Todes seiner Frau Mathilde ein Wittum ausgesetzt hat. Es wäre widersinnig, wenn der König zwar für seine Witwe gesorgt hätte, nicht jedoch für seine Nachfolge.

Im Westen setzte Heinrich seine Familienpolitik fort, die er mit der Verheiratung seiner Tochter Gerberga an den lothringischen Giselbert begonnen hatte. Nach dem Tod des Trierer Erzbischofs investierte er 931 Rotbert, den Bruder seiner Gemahlin, in dieser lothringischen Kirchenprovinz. Die Stadt Trier lag damals, nach den Plünderungen und der Brandschatzung durch die Normannen fünfzig Jahre vorher, noch weithin darnieder.

Im Osten konnte Heinrich 932 an der oberen Spree auch noch die Lausitzer unterwerfen und tributpflichtig machen. Ähnlich wie unter Karl dem Großen war dadurch die Ostgrenze durch ein Vorfeld abhängiger Völker gesichert. Nun konnte der König im Juni 932 zu Erfurt auf einer Reichsversammlung beschließen lassen, die Tributzahlungen an die Ungarn einzustellen. Heinrich erklärte in Erfurt, er müsse die Kirchenschätze angreifen, wenn weiter Zins an die Ungarn bezahlt würde. Der neunjährige Waffenstillstand lief zwar erst drei Jahre später ab, aber Heinrich glaubte sich stark genug, den demütigenden Vertrag brechen zu können. Die Abgesandten aus Franken, Sachsen und Schwaben und ebenso der Trierer Erzbischof willigten ein. Die Bayern beschlossen wenige Wochen später auf einer Synode zu Dingolfing ebenfalls ihre Zustimmung. Heinrich hatte eine Einmütigkeit erreicht, die wenige Jahre vorher kaum vorstellbar gewesen wäre.

Die Ungarn beantworteten das Ausbleiben der Tributzahlungen mit einem neuen Kriegszug. Im Frühjahr 933 ritten sie mit einer starken Streitmacht nach Norden. Schon von den Slawen bekamen sie jedoch statt der erwarteten Hilfe nur einen feisten Hund vor die Füße geworfen. Plündernd und brennend ritten die Magyaren weiter gegen Sachsen. Hier aber lauerte der König mit Truppen aus dem ganzen Reich auf den Feind. Heinrich hatte sein Heer geteilt und etwa an der Werra und in der

Gegend der Unstrut plaziert. Die Eindringlinge durchschauten rasch die Strategie und teilten sich ebenfalls in zwei Gruppen. Den Verteidigern gelang es trotzdem sehr schnell, die kleinere der beiden feindlichen Abteilungen aufzuhalten, sie schließlich sogar aufzulösen und in die Flucht zu jagen.
Auf die Deutschen wirkte das ebenso aufmunternd, wie es die Ungarn noch Schlimmeres fürchten ließ. Wenige Tage später stießen die beiden Hauptheere bei Riade (vermutlich in der östlichen Goldenen Aue, nahe der Mündung der Helme in die Unstrut) zusammen. Zunächst schickte der König den Feinden eine Abteilung Thüringer mit nur wenigen Reitern entgegen, um die Ungarn zum Angriff zu locken. Als aber dann die deutsche Hauptmacht in den Kampf eingriff, erfaßte die Ungarn schon beim Anblick der gepanzerten Reiter ein solcher Horror, daß sie ihre kleinen, schnellen Pferde rasch wendeten und das Schlachtfeld in wilder Flucht verließen. Deshalb konnten die Verteidiger zwar nur wenige Eindringlinge gefangennehmen, aber sie stürmten ihr Lager und befreiten sämtliche gefangenen Sachsen.
Die Schlacht bei Riade am 15. März 933 wurde rasch berühmt und überall in den deutschen Landen gepriesen. Der König wurde als Vater des Vaterlandes bejubelt. Nun war wirklich zu hoffen, daß man den fürchterlichen Angriffen der Ungarn widerstehen könnte. Obwohl der größte Teil der Magyaren an der Unstrut hatte entkommen können, ließen sie sich während der nächsten Jahre im Reich Heinrichs I. nicht mehr sehen.
Im Norden hatten die Dänen seit längerer Zeit Teile des karolingischen Reiches an sich gerissen. Durch Raubzüge bei den Friesen neuerdings alarmiert, zog Heinrich 934 über die Elbe nach Norden und zwang den in Haithabu sitzenden dänischen Kleinkönig Knuba zur Unterwerfung und zur christlichen Taufe. Haithabu war seit mehr als hundert Jahren ein wichtiger Umschlagplatz am Handelsweg vom Niederrhein in die Ostseeländer. Zwischen Eider und Schlei errichtete Heinrich wieder die alte dänische Mark und machte Haithabu zum Ostseehafen des Reiches. Damit hat Heinrich I. die Normannengefahr endgültig beseitigt. Das Danewerk, ein zur Zeit Karls des Gro-

ßen von den Dänen errichteter Wall, gewann als Verteidigungslinie für die Nordmänner neue Bedeutung, da sie aus der Offensive wieder in die Defensive gedrängt worden waren.
Im gleichen Jahr, in dem Heinrich I. sein Reich im Norden so glücklich stärken konnte, verursachte ihm der Bayernherzog Arnulf im Süden beträchtlichen Ärger. Mit den Herzögen von Franken, Schwaben und Lothringen war die Zusammenarbeit reibungslos. Der Bayernherzog hatte sich zwar 929 und 933 bei den Feldzügen gegen die Böhmen und Ungarn auf die Seite des Reiches gestellt – wohl, weil das seinen eigenen Interessen entsprach –, nun aber pochte er wieder auf seine 921 vereinbarte Selbständigkeit. Arnulf hatte wohl die Beziehungen seines Stammes zu den Langobarden im Auge, wie sie zur Zeit Herzog Tassilos im 8. Jahrhundert bestanden, als er 934 mit einer Streitmacht über die Alpen zog, um für seinen ältesten Sohn Eberhard die Krone des Langobardenreiches zu erkämpfen. Er kam nur bis Verona, wo er von König Hugo geschlagen und zur Umkehr gezwungen wurde.
Die eigenmächtige Italienpolitik des bayerischen Herzogs war für König Heinrich I. sehr unerquicklich, weil sie seinen Vorstellungen von der Reichseinheit zuwiderlief. Eine Revision der Vereinbarungen von 921 wäre, ähnlich wie in Schwaben, nur durch den Tod des bayerischen Herzogs möglich gewesen. Aber Arnulf tat dem König nicht den Gefallen zu sterben – im Gegenteil: 935 designierte er ohne Zustimmung des Königs seinen Sohn Eberhard zu seinem Nachfolger und ließ ihm in Salzburg von den Großen seines Landes sogar huldigen.
Diese Eigenmächtigkeiten des Bayernherzogs konnten indes die hegemoniale Stellung Heinrichs I. im Abendland nicht mehr erschüttern. Besonders deutlich wurde das bei einem Königstreffen, das im Juni 935 an der Maas in der Nähe von Sedan zwischen Heinrich, Rudolf von Westfranken und Rudolf II. von Burgund stattfand. Heinrich war von den beiden Kontrahenten im innenpolitischen Machtkampf um das Westreich als Schlichter aufgerufen worden und konnte die Streitigkeiten während des von ihm vorgeschlagenen Treffens tatsächlich be-

enden. Bei dieser Gelegenheit wurden seine eigenen Ansprüche auf Lothringen bestätigt. Die drei Könige schlossen mehrseitige Freundschaftsbündnisse, und es ist möglich, daß Heinrich erst bei dieser Gelegenheit von dem Burgunderkönig die Heilige Lanze überreicht bekommen hat. Die innen- und außenpolitischen Erfolge Heinrichs I. wurden allseits mit Respekt und Bewunderung honoriert. Er war als der führende Herrscher des Abendlandes anerkannt.

So ist es vorstellbar, wenn auch nicht zu beweisen, daß sich Heinrich I. nun mit Plänen für einen Zug nach Rom und für den Erwerb der Kaiserkrone beschäftigt hat. Die Heilige Lanze in seinem Besitz symbolisierte doch Ansprüche und Anrechte auf Italien und die imperatorische Würde. Aber zur Ausführung dieser Pläne sollte es nicht mehr kommen, denn Ende 935 erlitt der König einen Schlaganfall, von dem er sich nicht mehr erholte. Er war damals etwa sechzig Jahre alt. Auf einem Hoftag zu Erfurt beriet Heinrich I. im Frühjahr 936 mit den Großen über die Lage des Reiches und ließ sich bei dieser Gelegenheit nochmals die Nachfolge seines Sohnes Otto bestätigen.

Widukind von Corvey berichtet von einigen merkwürdigen Naturerscheinungen, die angeblich das baldige Ende des Königs ankündigten. Der Berg, auf dem der Herrscher nachmals begraben werden sollte, habe an verschiedenen Stellen Flammen ausgespien, einigen Kometen soll eine ungeheure Überschwemmung und schließlich eine Rinderseuche gefolgt sein, und der Schein der Sonne soll blutrot in die Häuser gedrungen, aber im Freien selbst bei heiterem Himmel kaum zu sehen gewesen sein.

Am 2. Juli 936 ist Heinrich I. in seiner Pfalz zu Memleben an der Unstrut verschieden.

Der sächsische, liudolfingische König Heinrich I. hatte eine entscheidende Wende in der Entwicklung des deutschen Reiches herbeiführen können. Innenpolitisch erreichte er eine erhebliche Stärkung der königlichen Zentralgewalt gegenüber den Herzögen, und mit dem Klerus pflegte er nach anfänglichen Schwierigkeiten gute Beziehungen. Auf dieser Basis konnte Heinrich außenpolitisch eine starke Sicherung gegen die Ungarneinfälle aufbauen, die Normannen in die Defensive zwingen und die Grenzen zu den slawischen Völkern sichern. Lothringen gewann er für das ostfränkische, das deutsche Reich zurück. Es verwundert daher nicht, daß man verschiedentlich in Heinrich I. den eigentlichen Begründer des deutschen Reiches sieht. Jedenfalls aber hat dieser große König das Reich, das er in einem solch zerbrechlichen Zustand übernommen hatte, seinem Sohn Otto I. in einer gefestigten Verfassung hinterlassen.

Die Anfänge Ottos des Großen

Das Erbe und die Königswahl

Mit großer Wahrscheinlichkeit hat der am 23. November 912 geborene Otto die Slawenfeldzüge der Jahre 928/929 mitgemacht. Eine in Gefangenschaft geratene vornehme Slawin hat dem damals Siebzehnjährigen einen Sohn geboren, den man Wilhelm taufte.

Kurz nach dem Quedlinburger Hoftag im September 929 hat Otto auf Wunsch seines Vaters Heinrich I. die Schwester Edgitha des kraftvollen englischen Königs Athelstan geheiratet. Das genaue Datum sowie der Ort der Hochzeit sind nicht überliefert. Otto schenkte seiner jungen Gemahlin den bedeutenden Handelsplatz Magdeburg an der mittleren Elbe als Morgengabe. Nach altem deutschen Recht stand der Frau ein solches Geschenk nach dem ersten Beilager zu, damit sie versorgt war, wenn ihr Ehemann vor ihr starb. Häufig wurde die Morgengabe schon vor der Eheschließung festgelegt. Starb die Ehefrau vor dem Mann und war die Ehe kinderlos geblieben, fiel die Morgengabe an die Sippe des Mannes zurück.

Roswitha von Gandersheim schreibt in ihrem Epos über die Taten Ottos von seiner Gemahlin (Übertragung von H. Homeyer):

> Diese Jungfrau, von der diese Verse berichten,
> durfte sich früh eines glänzenden Rufes bei allen erfreuen.
> Vornehmer Abkunft, geziert mit besondern Verdiensten,
> hatte sie Ahnen, die mächtige Könige waren.
> Ihre adligen Züge erstrahlten in herrlicher Schönheit
> ihre vornehme Herkunft gar wunderbar spiegelnd;
> dank ihres vollkomm'nen Wesens und Wandels
> ward sie im eignen Land so gepriesen,
> daß nach dem einmüt'gen Urteil des Volkes
> sie als die herrlichste galt unter sämtlichen Frauen.
> Niemand wird sich ob ihrer Vollkommenheit wundern,
> da sie gar heiligen Ahnen entsprossen,
> denn man berichtet, daß Edith von Oswald abstamme,
> jenem König, des' Lob das Erdenrund kündet,
> da er das eigene Leben geopfert für Christus.

Auf einem Umritt wurde Otto allen Stämmen im Reich der Deutschen vorgestellt. Dann nahm das junge Paar seinen Wohnsitz in Magdeburg, das tatsächlich in Ottos Besitz geblieben war, da dem Mann die Verwaltung und Nutznießung des Vermögens seiner Ehefrau zustand. Magdeburg hatte schon seit der Zeit Karls des Großen eine wichtige Rolle im Handel mit den slawischen Stämmen gespielt. 930 und 931 brachte Edgitha zunächst den Sohn Liudolf und hernach die Tochter Liudgard zur Welt. Otto blieb mit seiner Gemahlin anscheinend während der Jahre bis zum Tod seines Vaters in Magdeburg und baute die Stadt beträchtlich aus. Vor allem verlegte er die Kaufmannssiedlung vom Ufer der Elbe auf eine höhergelegene, vor Hochwasser geschützte Stelle und gliederte sie in die Befestigungen ein.
Nach dem Tod Heinrichs I. konnte Otto reibungslos die Herrschaft übernehmen. Noch an der Bahre des Vaters wurde die Wahlversammlung nach Aachen einberufen.
Die Stadt Karls des Großen war erst 925 unter Heinrich I. mit Lothringen zusammen wieder zum Reich der Deutschen gekommen. Mit der Wahl und Krönung Ottos in Aachen sollte gegenüber den Westfranken deutlich sein Anspruch auf die Nachfolge des großen Karl herausgestellt werden. Wenige Tage vor Heinrichs Tod war zu Laon Ludwig IV. (»der Überseeische«), ein Sohn Karls des Einfältigen, also ein Karolinger, gekrönt worden. Deshalb war es wichtig, vor allem dem Volk die Vormachtstellung des ostfränkischen Königs zu demonstrieren und auch die Lothringer davon zu überzeugen, daß sie zum Reich der Deutschen gehörten. Wäre der Karolinger im Westreich geschickt vorgegangen und hätte es verstanden, seine dynastischen Vorteile auszuspielen, dann hätte der Liudolfinger im Ostreich einen schweren Stand gehabt, denn die Zugehörigkeit zur richtigen Dynastie galt mehr als alles andere.
Ludwig IV. war erst fünfzehn Jahre alt und noch nicht raffiniert genug, um seine Chancen wahrzunehmen. Daß seine Mutter und Ottos Gemahlin Schwestern waren, konnte für die Zukunft ebenso vorteilhaft wie nachteilig sein.

Als Otto sich auf den Weg nach Aachen machte, bestimmte er in Sachsen den Merseburger Grafen Siegfried als seinen Statthalter. Er sollte ein Auge auf Ottos jüngeren Bruder Heinrich haben, da dieser womöglich Ottos Thronfolge gefährden konnte. Dafür war nicht zuletzt die Mutter Mathilde die treibende Kraft, denn sie bevorzugte stets den jüngeren der beiden Brüder. Heinrich wurde auch von einer sächsischen Adelsgruppe favorisiert, weil er nach byzantinischen Bräuchen königlicher Abstammung war, während Otto noch zu der Zeit geboren war, als sein Vater nur Herzog gewesen war. Ein Vorzugsrecht des Erstgeborenen war den deutschen Anschauungen jener Zeit noch fremd, und das von den Karolingern überlieferte Erbrecht anerkannte sämtliche Söhne eines Herrschers als gleichermaßen erbberechtigt. Trotzdem hat sich parallel zu Byzanz im 10. Jahrhundert die Individual-Sukzession, bei der nur ein Erbe die Thronfolge antritt, durchgesetzt. Seit Otto I. erfolgte im Ostreich nie mehr eine Erbteilung. Allerdings werden byzantinische Einflüsse auf die Änderung des deutschen Erbrechtes von verschiedenen Historikern abgelehnt und statt dessen eine zunehmende Institutionalisierung der Herrschaftsordnungen im Abendland hervorgehoben (G. Tellenbach). Im Laufe von Ottos Regierung sind jedoch wiederholt Parallelen zu byzantinischen Gebräuchen feststellbar.

Otto konnte seinen Anspruch auf den Thron einzig und allein mit der Designation durch seinen Vater rechtfertigen und hatte daher allen Grund, wachsam zu sein, als er im August 936 Sachsen verließ. Man glaubt sogar, daß auch der Merseburger Graf Siegfried zu seinen Gegnern zählte (H. Mitteis). Jedenfalls war ihm auch sein Halbbruder Thankmar aus der Verbindung seines Vaters mit Hatheburg nicht wohl gesonnen.

Heinrich I. hatte also sehr genau gewußt, weshalb er die Designation seines Sohnes Otto als Nachfolger so fest verankerte. Er war sich freilich darüber im klaren, daß sein Wunsch nach seinem Tod allzu leicht nur noch Wunsch bleiben konnte, über den sich die Großen des Reiches unschwer hin-

wegsetzen würden. Deshalb hatte Heinrich I. dafür gesorgt, daß die Designation Ottos die Zustimmung der Herzöge und der Kirchenfürsten erhielt, denn dies war letztlich für Ottos Inthronisation entscheidend.
Als die Großen des Reiches fünf Wochen nach Heinrichs Tod in Aachen zusammentrafen, wurde alles so ausgeführt, wie zu Lebzeiten des alten Königs beschlossen worden war. Widukind von Corvey berichtet, daß am 7. August 936 zunächst im Säulenvorhof des Münsters die weltlichen Fürsten, an ihrer Spitze die Herzöge, den neuen Herrscher »nach ihrem Brauch« auf einen Thron setzten und ihm mit Handschlag ihre Treue und Hilfe gegen alle Feinde gelobten. Otto trug ein eng anliegendes fränkisches Gewand, um damit der Auffassung zu huldigen, er könne die Krone in der Nachfolge Karls des Großen nur als Franke auf fränkischem Boden empfangen. Die Thronsetzung fand vor einer großen Anzahl von Männern statt, denn in dem Atrium des Münsters hatten etwa 1500 bis 2000 Menschen Platz (J. Ramackers).
Nach der weltlichen Zeremonie folgte die kirchliche, zu der Otto von dem Mainzer Erzbischof Hildebert an der Spitze der Geistlichkeit im Münster erwartet wurde. Der Metropolit mit einem der neuen, noch nicht lange gebräuchlichen Krummstäbe, führte den jungen König in die Mitte des dicht vom Volk gefüllten achteckigen Raumes zum Grabstein Karls des Großen. Hier konnte Otto von allen Anwesenden gesehen werden, und Hildebert rief laut in die Runde: »Seht, ich bringe euch Otto, den Gott zu eurem König gewählt und König Heinrich designiert hat und den alle Fürsten erhoben haben. Wenn euch diese Wahl gefällt, so erhebt eure Rechte zum Himmel.« Alle erhoben ihre Hände und riefen: »Heil und Segen dem Herrscher!« Nach dieser jubelnd dargebrachten Huldigung schritt Erzbischof Hildebert zusammen mit König Otto zum Altar, wo die Insignien des Herrschers niedergelegt waren, um ihm überreicht zu werden: Schwert und Wehrgehenk zur Bekämpfung aller Widersacher Christi, den langen, bis zum Boden reichenden Mantel mit den Spangen als Mahnung an den Glauben und für die Sorge um den Frie-

den, Zepter und Stab zur väterlichen Züchtigung der Untergebenen und zum Schutze der Bedürftigen. Zusammen mit dem Kölner Erzbischof Wigfrid salbte und krönte der Mainzer Metropolit sodann den König.
Der Herrscher begab sich sodann auf die Empore des Münsters und bestieg mit der goldenen Krone auf dem Haupt den Thron Karls des Großen, zu dem wie zu Salomos Thron sechs Stufen hinaufführten. Der schlichte Thron bestand aus Marmorplatten, die anderwärts schon verwendet worden waren, und er war in Anlehnung an Salomos Thron mit Seitenlehnen und einer oben gerundeten Rückwand gestaltet. Diese Thronsetzung war an die Stelle der germanischen Schilderhebung des Königs getreten und da Otto nun auf dem Erzthron – dem archisolium – des Reiches saß, »besaß« er das Reich. Alle Vorgänge dieses Krönungstages zu Aachen zeugen davon, wie sehr bedeutsam dem mittelalterlichen Menschen die Symbolik feierlicher Handlungen war. Man sollte nirgends »leere Formalitäten« sehen, wozu wir Heutigen leicht geneigt sind.
Von seinem Thron konnte Otto den Altar des Münsters sowie den Grabstein Karls des Großen und viele der Anwesenden sehen, und diese konnten zu ihm aufblicken. Während der anschließenden Messe blieb der Monarch auf seinem Thron. Die kirchliche Feier hatte zweifellos bei der Planung erhebliche Probleme aufgeworfen, nicht nur, weil die Erzbischöfe von Mainz, Köln und Trier darum wetteiferten, die Krönung vornehmen zu dürfen, sondern weil in Erinnerung an die Verweigerung Heinrichs I. einerseits und angesichts der kürzlich erfolgten Krönung des jungen westfränkischen Königs durch den Erzbischof von Reims andererseits verschiedene Überlegungen angestellt wurden.
Die erste deutsche Königskrönung zu Aachen konnte glücklich zu Ende gebracht werden. Nach der kirchlichen Zeremonie folgte nochmals ein sehr weltlicher Teil: das Festmahl. Wer von allen in die Pfalz Karls des Großen Geladenen wäre nicht gerne gekommen, da ihn doch nicht nur Freuden für Gaumen und Zunge erwarteten, sondern angesichts der

prachtvollen Gewänder auch Genüsse für die Augen. Die vier Herzöge leisteten dem neuen Herrscher symbolisch die Hofdienste: Giselbert von Lothringen, Ottos Schwager, ordnete als Landesherr und Gastgeber das Ganze. Eberhard von Franken sorgte als Truchseß für die Tafel auf herrlichem Marmor, der Schwabenherzog Hermann war als Mundschenk um die Getränke bemüht, und der auf seine Unabhängigkeit so stolze alte Bayernherzog Arnulf nahm als Marschall die Pferde und das Lager der Gesellschaft in seine Obhut.

Das waren Bezeugungen des Respekts und der Achtung für den vierundzwanzigjährigen König, die eigentlich eher seinem großen Vater zugestanden wären. Otto hätte sie zu Beginn seiner Regierung tatsächlich kaum erhalten, wenn ihm nicht sein Vater die Wege geebnet hätte. Heinrich I. hatte dem Königtum im Reich der Deutschen neuen Glanz und neue Kraft gegeben, und sein Sohn Otto konnte von der glücklichen Hand und dem politischen Geschick seines Vaters noch lange zehren. Sosehr jedoch das vorangegangene Hilfeversprechen und die beim Krönungsmahl die Hofdienste leistenden Herzöge den König als obersten Lehnsherren erscheinen lassen, so hatte das Lehnsrecht zu dieser Zeit doch noch keineswegs allgemein Fuß gefaßt. Die generelle Wiederaufnahme dieser fränkischen Rechtsordnung erfolgte unter Ottos energischer Initiative erst während der folgenden Jahrzehnte.

Ehe man auseinanderging, ehrte der Monarch in Aachen noch jeden in königlicher Milde mit einem passenden Geschenk. Aber der junge Herrscher sollte das Unabhängigkeitsstreben der Herzöge bald zu spüren bekommen!

Aufstände gegen Ottos Thronfolge

Nach den Aachener Feierlichkeiten zeigte es sich rasch, daß die Übernahme der Regierung durch den jungen Otto doch nicht so reibungslos möglich war, wie es zunächst den Anschein hatte.

Einige slawische Stämme waren die ersten, die sich den Thronwechsel zunutze machen wollten. Rache für die Niederlage an der Elbe bei Lenzen im Jahre 929 und Befreiung von den Tributzahlungen an die verhaßten Sachsen war ihr Ziel. Das Vieh und das Erz, die Früchte und den Honig, den sie ihren westlichen Unterdrückern liefern mußten, wollten die Slawen verständlicherweise lieber selber behalten. Wieder waren es wie 929 zuerst die Redarier, die gegen die Deutschen aufstanden. Otto sollte mit ihnen sein ganzes Leben lang zu kämpfen haben. Aber jetzt bewies er zunächst eine glückliche Hand, da er die vorher einzelnen Grafen überlassene Verteidigung der Mark zusammenfaßte und Hermann Billung als Markgrafen den Oberbefehl an der ganzen Niederelbe übertrug. Otto war mit Hermann entfernt verwandt, da sein berühmter Stamm- und Urgroßvater Liudolf eine Billungerin geheiratet hatte. Der neue Markgraf konnte die Redarier und ihren Anhang im September 936 wieder unterwerfen und zu weiteren Tributleistungen verpflichten.

Nicht so gut kam der junge König mit den Böhmen zurecht. Dort herrschte seit 929 Boleslaw aus dem Geschlecht der Premysliden. Mit dem Mord an seinem Bruder Wenzel hatte er bereits seine scharf deutschfeindliche Einstellung kundgetan. Da er die weiteren Tributleistungen verweigerte und einen königstreuen Slawenfürsten bedrohte, marschierten ein thüringisches und ein sächsisches Heer in das böhmische Herzogtum ein. Boleslaw gelang es, die Thüringer in die Flucht zu jagen und die sächsische Streitmacht, zu der auch rund tausend Männer der Merseburger Verbrecher gehörten, zu vernichten. Der Premyslide hatte dem deutschen König seine Zähne gezeigt, und er war willens, sie auch weiterhin nach Kräften zu gebrauchen.

Die Ernennung des Billungers Hermann zum Markgrafen erregte Neid und Mißgunst bei einer Reihe sächsischer Großer, allen voran bei Hermanns älterem Bruder Wichmann. Dieser nahm deshalb an dem Heerzug gegen die Elbslawen nicht teil, sondern schützte, seine Opposition vertuschend, eine Erkrankung vor. Da er aber mit einer Schwester von Königin Mathilde verheiratet war, war seine Beziehung zu dem jungen Heinrich, dem von der Herrschaft ausgeschlossenen Bruder Ottos, rasch hergestellt, und das Ganze konnte daher für den König leicht gefährlich werden.
Die unheildrohende Entwicklung erhielt zusätzlichen Antrieb, als Otto im Jahre 937 nach dem Tod des ihm nahestehenden Merseburger Grafen Siegfried den Grafen Gero als Markgrafen an der mittleren Elbe und Saale einsetzte. Die Forschung hat sich seit vielen Generationen ohne rechten Erfolg bemüht, Gero nach seiner Herkunft zu identifizieren. Neuerdings (K. Schmid, Neue Quellen) neigt man wieder dem schon früher geäußerten Gedanken zu, daß es sich bei Gero um einen Bruder des verstorbenen Siegfried gehandelt habe. Gero hatte vorher eine kleine Grafschaft südlich von Magdeburg verwaltet. Durch seine Erhebung fühlte sich Ottos Halbbruder Thankmar zurückgesetzt, denn er besaß in der Merseburger Gegend die Güter, die ihm sein Vater Heinrich I. als Abfindung für das einbehaltene Erbe seiner Mutter zugewiesen hatte. Außerdem stammte Thankmar, als Sohn der Hatheburg, ebenfalls aus der Verwandtschaft der Merseburger Grafen. Dem König war freilich die Sicherung der Ostmark viel zu wichtig, als daß er sich nach irgendwelchen Wünschen oder Ansprüchen gerichtet hätte. Er brauchte für die Auseinandersetzung mit den Slawen einen mutigen, aber besonnenen Mann und hielt an Gero fest. Die Folge war, daß auch Thankmar zur Gruppe der Unzufriedenen und Opponenten stieß, denen er ja schon vorher nahestand.
Nach den Wenden und Böhmen wollten auch die Ungarn die Gelegenheit benutzen, nach Heinrichs I. Tod und ihrer Niederlage von Riade im Jahre 933 wieder einen beutereichen Raubzug zu unternehmen. Im Frühjahr 937 brachen sie

mit Schrecken und Verwüstung in Franken und Schwaben ein. Otto konnte sie glücklicherweise mit seinen Männern von Sachsen abhalten. Der Magyarensturm wendete sich weiter nach Westen, überzog Lothringen und fiel in das westfränkische Reich ein.

Der König hat weder mit den Ungarn noch mit den Böhmen eine größere Entscheidungsschlacht riskieren können, denn die Situation im Innern seines Reiches war zu unsicher. Was würden seine Brüder Heinrich und Thankmar sowie Wichmann machen; wenn er gegen die äußeren Feinde eine Niederlage erleiden würde?

Aber nicht allein diese drei Gegner mit ihrem Anhang machten dem König zu schaffen. Die Übertragung der Königsgewalt auf ihren Stamm ließ seine eigenen Sachsen hochmütig werden. Die alten Animositäten gegen die Franken brachen wieder auf. Das wird besonders an einer Auseinandersetzung deutlich, unter der der Frankenherzog Eberhard litt. Eberhard hatte Leute in Sachsen mit Gütern belehnt. Einer dieser sächsischen Lehensleute verweigerte dem fränkischen Herzog jedoch neuerdings die fälligen Leistungen. Eberhard nahm sich auf Grund der alten germanischen Bräuche das Recht, seinen ungetreuen Lehensmann ohne großen Umweg über das Königsgericht zu bestrafen. Er zog mit seinen Streitkräften an die Diemel in die Lehnsgüter seines sächsischen Vasallen, zerstörte dessen Besitz und soll dabei viele getötet haben.

Sosehr sich der König über den Hochmut seiner Sachsen und die Vernachlässigung von Lehnspflichten ärgerte, die Selbsthilfe des Frankenherzogs wollte er nicht dulden. Sie widersprach völlig seinen Zielen zur Errichtung einer starken königlichen Zentralgewalt. Er rief deshalb Herzog Eberhard unverzüglich vor sein Gericht und verurteilte ihn zu einer Buße von hundert Pfund Silber, zu bezahlen in edlen Pferden. Die Helfer des Herzogs aber wurden zum Hundetragen verurteilt. Das war damals eine äußerst schimpfliche Strafe; sie soll auf den germanischen Brauch zurückgehen, zusammen mit Verbrechern auch Hunde aufzuhängen. Otto wollte also

wohl verständlich machen, daß die Helfer Eberhards wegen des Landfriedensbruches nur knapp der Todesstrafe entgangen sind.
Die verurteilten Franken mußten die Hunde gelegentlich eines Hoftages im September 937 in Magdeburg öffentlich zur königlichen Pfalz tragen. Der alte Herzog Eberhard, der 919 nur mit Schmerzen dem Wunsch seines Bruders entsprochen hatte, auf das Königserbe zugunsten der sächsischen Liudolfinger zu verzichten, ließ diese Strafen nur zähneknirschend über sich und die Seinen ergehen. Hatte er dafür der Krone entsagt, daß die Sachsen nun so über die Franken triumphieren konnten? Die Wiederaufnahme der Bestraften in die königliche Huld machte die erlittene Demütigung nicht ungeschehen. Herzog Eberhard gehörte von da an auch zu den Gegnern des Königs.
Während seines Aufenthaltes in Magdeburg im September 937 gründete Otto an der Stelle des späteren Domes das bald berühmt gewordene Moritzkloster, dem eine wichtige Rolle bei der christlichen Mission der Slawen zugedacht war. Die feierliche Gründung erfolgte mit reichem Prunk in Anwesenheit einer glänzenden Versammlung der weltlichen und kirchlichen Großen des Reiches. Der König stattete das neue Kloster mit reichem Grundbesitz aus.
Zu den bisherigen Gegnern des jungen Monarchen kam im Herbst 937 mindestens ein weiterer. Der Bayernherzog Arnulf war nach 30jährigem Regiment im Juli gestorben. Vorher schon hatte er seinen Sohn Eberhard zum Nachfolger bestimmt. Er hatte gesehen, wie Heinrich I. im Jahre 926 die Gelegenheit des Todes des Schwabenherzogs genutzt hatte, sich die Befugnisse über die dortige Kirche anzueignen, und drängte sicherlich seinen Sohn, sich diese Rechte über die bayerische Kirche nach seinem Ableben auf keinen Fall nehmen zu lassen.
Otto sah aber die Dinge ganz anders als die bayerischen Luitpoldinger. Der König machte erneut klar, daß er die alles beherrschende Gewalt im Reich der Deutschen ausüben wollte. Die Herzogtümer sollten nach Ottos Vorstellung nicht ein-

1 *Kaiserthron im Aachener Dom.*

2 *Berengar II. vor Otto dem Großen. Aus der Weltchronik des Otto von Freising, 12. Jh.*

3 *Edgitha-Tumba im Dom zu Magdeburg.*

4a *Die Reichskrone. Weltl. Schatzkammer Wien.*

4 *Die Heilige Lanze, langobardisch, Weltl. Schatzkammer Wien.*

fach vererbt werden können, sondern der König sollte das Recht haben, bei einem Todesfall ein Herzogtum neu auszugeben – unter Umständen sogar unter neu formulierten Bedingungen. Otto wollte erwartungsgemäß dem neuen Herzog die Verfügungsrechte über die bayerische Kirche entziehen, nachdem sein Vater sie schon immer erstrebt hatte. Die Ansprüche des Königs und des Bayernherzogs Eberhard waren also genau einander entgegengesetzt. Otto erklärte sich folglich nur unter der Bedingung zur Anerkennung des neuen Herzogs bereit, daß dieser auf die Kirchenhoheit verzichten würde. Eberhard verweigerte dem König die Huldigung, weil er dessen Forderung nicht erfüllen wollte.

Wie sollte diese scharfe Frontstellung gelöst werden? Keine Seite zeigte sich zum Nachgeben bereit. Otto hatte die Interessen des Reiches auf seiner Seite, keineswegs nur persönliche Wünsche. Auch die bayerischen Kirchenfürsten hätten es begrüßt, wenn sie der Königsgewalt statt der des Herzogs zugeordnet worden wären. Aber die antikönigliche Partei hatte ihre Position fast unbemerkt weiter ausbauen können: Judith, die Tochter des Bayernherzogs Arnulf, hatte – wohl kurz vor dessen Tod, nach einer anderen Version jedoch erst 938 – Heinrich, den Bruder und Rivalen des Königs, geheiratet. Es liegt nahe, daß die Bayerin den eifersüchtigen Heinrich in seinen Ansprüchen auf den Königsthron bestärkte, um Königin zu werden, statt die Schwägerin des Königs zu bleiben.

Die Verwicklungen, Zurücksetzungen, beleidigten Gefühle und unerfüllten Wünsche drängten zu einer Klärung. Ein Krieg zwischen den Magnaten des Reiches schien allmählich unvermeidlich. König Otto zog Anfang 938 mit einem Heer nach Bayern. Er hoffte jedoch auf eine friedliche Beilegung der Differenzen, ähnlich, wie es 921 seinem Vater im Streit mit Herzog Arnulf gelungen war. Aber das Glück war nicht auf Ottos Seite, er mußte unverrichteter Dinge wieder abziehen und die Lösung der bayerischen Frage verschieben.

In den sächsisch-fränkischen Grenzgebieten gab es trotz des harten königlichen Urteils vom Herbst 937 über den Frankenherzog und seine Anhänger keine Ruhe. Der Zorn über die demütigende Bestrafung zu Magdeburg trieb die Franken zu weiteren Gewalttaten an. Die Kämpfenden beider Seiten verwüsteten Felder, äscherten Häuser ein und erschlugen Menschen. Heinrich, der Bruder des Königs, der Güter im südlichen Westfalen besaß, sah sich in die Kämpfe hineingezogen. Herzog Eberhard von Franken und der Bruder des Königs standen sich bald gegenüber.

Der Monarch konnte der Zerfleischung in seinem Reich nicht tatenlos zusehen. Er berief im Mai 938 einen Reichs- und Gerichtstag in seine Pfalz zu Steele an der Ruhr ein. Aber die Franken erschienen dort nicht, um nicht in Gefahr zu geraten, noch einmal Hunde tragen zu müssen. Der Reichstag klärte jedoch die erbrechtliche Frage, ob Enkel beim Tod ihres Großvaters Erben sein sollten, sofern ihre Väter nicht mehr lebten. Den ersten Beschluß, diese Angelegenheit durch Schiedsrichter prüfen zu lassen, verwarf Otto. Die Entscheidung hätte einem Teil der Betroffenen nicht zugesagt, und die Schiedsrichter, angesehene Männer, wären öffentlicher Kritik ausgesetzt gewesen. Das wollte der König nicht. Er ordnete daher an, das Problem durch einen Zweikampf zu entscheiden, bei dem Kriegsknechte die verschiedenen Lösungen vertraten. Dabei siegte die Partei, die die Enkel unter die Söhne des Erblassers rechnete, sodaß also die bestehende Ordnung gültig blieb und die Enkel beim Tod ihres Großvaters in jedem Fall erbberechtigt waren. Die Angelegenheit war mit dem Zweikampf nach damaliger Ansicht durch Gott entschieden worden. Schon bei den Germanen hatte der Zweikampf als ein Gottesurteil gegolten.

Den aufrührerischen Franken verzieh der König. Er hatte es von seinem Vater gelernt, inneren Gegnern gegenüber stets nach Möglichkeit Gnade vor Recht ergehen zu lassen. Das war für den Monarchen nicht ungefährlich, denn nur allzu leicht konnten sich die Opponenten durch Entgegenkommen zu weiteren Aktionen ermuntert fühlen. Widukind berichtet ohnedies, daß in jener Zeit viele Morde und Brandstiftungen, viele Verwüstungen und Meineide grassierten:

»Zwischen Recht und Unrecht, Treue und Untreue machte man in jenen Tagen wenig Unterschiede.«
Kurz vor oder nach dem Reichstag von Steele war Thankmar, der Halbbruder Ottos, mit einer Streitmacht zu Herzog Eberhard von Franken gestoßen. Thankmar zog sogleich gegen Heinrichs Festung Belecke südöstlich von Soest und konnte Heinrich mit einem raschen Angriff gefangennehmen. Aber es erschien Thankmar wohl nicht günstig, seinen Halbbruder länger als nötig bei sich zu behalten, und er lieferte ihn deshalb in Fesseln an den Frankenherzog ab. Thankmar zog mit den Seinen raubend und brennend durch das südliche Westfalen und ließ endlich seinem Unmut über den König freien Lauf. Er setzte sich schließlich in der alten Eresburg auf einer steilen Anhöhe über dem Tal der Diemel fest. Diese sächsische Grenzburg stand schon in den Kämpfen Karls des Großen gegen die Sachsen im Brennpunkt, weil sie eine wichtige Verbindung von Franken nach Sachsen beherrschte. Als die Franken sie 772 eroberten, zerstörten sie in ihrem christlichen Eifer die Irmensäule, ein sächsisches Heiligtum, das nach altem Glauben wohl die den Himmel stützende Weltsäule darstellen sollte.
Thankmar konnte sich in der Eresburg des unbeschwerten Lebens nur wenige Wochen erfreuen, denn Ende Juli 938 kam der König mit einer starken Streitmacht vor die Burg. Offenbar hielt die Gefolgschaft nur in guten Tagen zu Thankmar, denn vor der Bedrohung durch das königliche Heer öffneten sie geschwind und ohne Kampf die Tore der Eresburg und gingen zu Otto über. Thankmar floh in die Burgkapelle und legte seine goldene Halskette, die ihm nach altem Glauben Heil und Segen bringen sollte, als Zeichen seiner Resignation auf dem Altar nieder. Widukind schreibt, daß Thankmar auch seine Waffen auf den Altar gelegt habe, dann aber noch einen seiner Verfolger tötete. Ein anderer Kämpfer schleuderte seinen Speer durch ein Kirchenfenster und traf Thankmar tödlich. Er sank leblos neben dem Altar zu Boden. Der Königsbruder büßte so seine Rebellion mit dem Leben. Widukind berichtet, daß Otto das Schicksal

Thankmars bei der Beerdigung beklagt und seinen Ruhm und seine Tüchtigkeit gepriesen habe. Vier Helfer Thankmars wurden jedoch auf Befehl des Königs nach fränkischem Gesetz gehängt.

Thankmars Männer hatten Anfang Juli einen der königlichen Parteigänger hinterhältig erschlagen. Das war für den großen, tapferen Wichmann, den Bruder des Markgrafen Hermann, Anlaß, sich wieder dem König anzuschließen. Wichmann hatte nicht mit den Empörern gekämpft, weder mit den Franken noch mit Hermann, er war nur still zu Hause geblieben.

Der Tod Thankmars, die Hinwendung Wichmanns zum König und Meinungsunterschiede in der Familie der Konradiner brachten den Frankenherzog in Kürze zu der Überzeugung, daß es besser sei, mit dem König wieder Frieden zu schließen, als sich gegen ihn weiter zu empören. Eberhard ließ den gefangenen Heinrich gegen das Versprechen frei, sich für ihn bei seinem Bruder zu verwenden. Aber die beiden fanden sich in ihrer Gegnerschaft gegen den König zusammen und verschworen sich zu weiteren Aktionen, wie sich noch zeigen wird.

Heinrich ging zunächst zu seinem Bruder Otto, der seinen Wunsch unverzüglich erfüllte und Herzog Eberhard zu sich kommen ließ. Der Frankenherzog unterwarf sich dem König auf Rat des neuen Mainzer Erzbischofs Friedrich, der Mitte 937 dem verstorbenen Hildebert gefolgt war, auf Gnade und Ungnade. Der Herrscher konnte den Empörer nicht unbestraft lassen, ohne seine Gerechtigkeit in ein schiefes Licht zu rücken. Otto wollte den Frankenherzog aber auch nicht aufs neue verbittern. Er verbannte den Konradiner daher für kurze Zeit in das Herzogtum Sachsen nach Hildesheim. Dort wurde der Franke bald wieder in die Huld des Monarchen aufgenommen und erneut in sein Herzogtum eingesetzt.

Im Westen scheint der siebzehnjährige französische König Ludwig IV. im August 938 versucht zu haben, das von seinem Vater verlorene Lothringen mit einem kriegerischen Einfall wieder an sich zu reißen. Graf Arnulf von Flandern

hat wohl einen Waffenstillstand vermittelt, und der Franzose ist unverrichteter Dinge wieder abgezogen.
Während der Ereignisse im Sommer 938 hatte Sachsen erneut unter einem Ungarneinfall zu leiden, über den Widukind von Corvey recht ausführlich und anschaulich berichtet: »Die Ungarn schlugen ein Lager an der Bode auf, von wo sie über die ganze Gegend ausschwärmten. Einer ihrer Hauptleute aber, der mit einem Teil des Heeres vom Lager abgeschickt worden war, zog am Abend dieses Tages mit seiner Schar gegen die Steterburg (nördlich von Wolfenbüttel). Als die Burgmannen sahen, daß die Feinde sowohl vom Marsch als auch vom Regen, der in Strömen floß, ermattet waren, brachen sie kühn aus ihrer Burg hervor, erschreckten die Ungarn zuerst durch Geschrei und stürzten sich dann plötzlich auf die Feinde, töteten die meisten von ihnen und trieben die übrigen in die Flucht, wobei sie eine große Anzahl Pferde sowie einige Feldzeichen erbeuteten. Die Flüchtenden wurden nun aus allen Burgen, an denen sie vorbeikamen, immer erneut attackiert, und als der größte Teil von ihnen erschlagen war, wurde ihr Anführer in eine Lehmgrube getrieben und dort ums Leben gebracht. Der andere Teil der Ungarn jedoch, der sich nach Norden wandte, geriet durch die List eines Slawen in eine Gegend, welche Drömling heißt (ein sumpfiges Gebiet in der Gegend um das heutige Wolfsburg) und ging hier in dem unwegsamen Gelände, von bewaffneten Scharen umringt, zugrunde, was den übrigen Schrecken einjagte. Der Anführer dieser Schar, der zunächst mit wenigen Männern entkommen war, wurde ergriffen, vor den König geführt und mußte sich um einen hohen Preis freikaufen. Auf diese Kunde kam das ganze Lager der Feinde in Verwirrung und suchte sein Heil in der Flucht. Seitdem sind sie nun schon dreißig Jahre nicht mehr im Sachsenland erschienen.«
Heinrichs I. wohlgerüstete Burgen haben sich wieder bestens bewährt. Aber die südlichen Reichsgebiete blieben von den Ungarn nicht so lange unbehelligt.
Nach der Wiedereinsetzung Herzog Eberhards in Franken konnte der König glauben, daß Eberhard nun aus Dank für

die großzügige Behandlung Frieden bewahren werde. Deshalb wandte sich Otto im Herbst 938 erneut nach Bayern, diesmal mit einer stärkeren Heeresmacht. Die Weigerung des bayerischen Herzogs, die Verfügungsrechte über die Kirche an den König abzutreten und diesem zu huldigen, kam für Otto einer Loslösung Bayerns vom Reich gleich. Das konnte der Liudolfinger nicht hinnehmen. Tatsächlich gelang es ihm nun in Kürze, den aufsässigen Herzog zu vertreiben. Der bayerische Eberhard ist von da an nie mehr irgendwo aufgetaucht. Otto setzte Berthold, einen Bruder des großen Arnulf und bisher Herzog in Kärnten sowie Graf im Vintschgau, als neuen Herzog in Bayern ein.

Die Zeit des weithin unabhängigen und seine Geschicke selbst bestimmenden Herzogtums Bayern ging damit zu Ende, denn Berthold erwies sich als ein treuer und gutwilliger Vasall des Königs. Die Verfügung über die bayerische Kirche übernahm nun der Monarch. Verschiedene Gebiete, die Arnulf für sein Herzogtum gewonnen hatte, mußte Bayern zurückgeben, so die karolingischen Reichsgüter an den König, dem Herzog von Schwaben das obere Inntal (Engadin) und der Kirche einen Teil der ihr ehedem abgenommenen Güter. Die Markgrafschaft Nordgau – nördlich der Donau bis Eger – wurde nach des Königs Willen neu verliehen. Den gleichnamigen Sohn des großen Arnulf ernannte Otto – möglicherweise erst einige Jahre später – zu seinem Pfalzgrafen, um von ihm die Krongüter überwachen zu lassen. Der König griff also tief in die bayerischen Verhältnisse ein und integrierte das Land vollständig in sein Reich, nachdem er einmal deutlich gemacht hatte, daß er ebenso wie sein Vater in den Herzögen nur Amtsträger unter seiner Herrschaft zu sehen bereit war.

Das Jahr 938 hatte Otto somit eine beträchtliche Festigung seiner Stellung gebracht. Die Herzöge von Bayern, Schwaben und Franken waren ihm nun in hohem Maße verpflichtet, und der Lothringer gehörte durch die Verheiratung mit seiner Schwester Gerberga zu seiner Verwandtschaft. Die bedrückenden Angriffe der Ungarn hatte er wenigstens für den

Norden seines Reiches gründlich zurückgewiesen, und an der mittleren und unteren Elbe waren auch die Slawen schon seit 936 zum Frieden gezwungen. Aber Ottos Bruder Heinrich wollte sich, wohl unter dem Einfluß seiner Gattin Judith und seiner Mutter Mathilde, nicht damit zufriedengeben, daß sein Vater ihm nur einige Eigengüter zugewiesen und ihn im übrigen von der Herrschaft ausgeschlossen hatte. Vielleicht hatte sich Heinrich Hoffnungen gemacht, nach der Vertreibung Eberhards von Bayern von seinem Bruder mit dem bayerischen Herzogtum belehnt zu werden. Aber der König mochte argwöhnen, daß damit die bayerischen Selbständigkeitsansprüche neuen Auftrieb erhalten würden.

Heinrich konspirierte mit dem Frankenherzog schon seit dem Spätsommer 938 gegen den Herrscher. Und sein Schwager Giselbert hing trotz der angeheirateten Verwandtschaft mehr dem Wunsch nach, für Lothringen wieder die Selbständigkeit zwischen den beiden Reichen zu gewinnen und so sein eigener Herr zu werden. Er hatte in jüngster Zeit mehrmals Gesandte Ottos schlecht behandelt und sogar dessen Briefe ausspioniert. Giselbert war also für jeden Plan zu gewinnen, der ihm die Unabhängigkeit wenigstens von weitem versprach. Der Lothringer wollte dabei nicht etwa Heinrich an Ottos Stelle auf den Thron befördern, er versprach sich nur von einem allgemeinen Chaos einen Vorteil.

Heinrich wollte Rebellion, er wollte sichergehen, daß er seinen Bruder mit Übermacht an die Wand drücken und stürzen könne. Deshalb traf er sich Anfang 939 in Saalfeld an der Saale mit einer Reihe seiner Anhänger, die alle mit Otto nicht einverstanden waren und lieber ihn, aus welchen Gründen auch immer, als König gesehen hätten. Heinrich bewirtete sie alle üppig, um sie gänzlich für seine Sache zu gewinnen. Aber die meisten zogen es vor, den Kampf möglichst von ihren Gütern fernzuhalten, und so kam man zu dem Beschluß, Heinrich solle zusammen mit Giselbert den Aufstand in Lothringen beginnen. Seine Burgen in Sachsen – Dortmund, Merseburg u.a. – ließ er von Mitverschwörern besetzen.

Heinrich ritt eilends nach Westen und traf, wie nicht anders zu erwarten, bei dem Lothringer auf volle Bereitschaft, alles Nötige gegen den König zu unternehmen. Giselbert sammelte rasch seine Streitmacht um sich, und siegesgewiß zog man an den Rhein. Dem König war die Nachricht vom Ritt seines Bruders nach Lothringen bald zugetragen worden. Otto war ein zu guter Menschenkenner, um nicht sogleich zu wissen, was er von der eiligen Aktion seines Bruders bei seinem Schwager zu halten habe. Er ließ sich trotz aller Familienbande über die Absichten der beiden jenseits des Rheins nicht täuschen. Er holte rasch Streitkräfte zusammen, mit denen er dann so schnell wie möglich nach Westen ritt. Vermutlich nahm Otto den Hellweg, eine wohl schon aus römisch-germanischer Zeit stammende Verbindung zwischen Weser und Rhein, die Karl der Große zur Heerstraße ausgebaut hatte und die von Minden über Paderborn, Soest, Dortmund zur Mündung der Ruhr in den Rhein führte. Als Otto zu Heinrichs Dortmunder Burg kam, ergab sich ihm die Besatzung sofort ohne Kampf. Der König entsandte den Burgvogt zu seinem Bruder, um ihn tunlichst noch vor einer blutigen Auseinandersetzung zum Einlenken zu bewegen – vergeblich.

Bei Birten, südlich von Xanten, wollte der König mit seiner Streitmacht im März 939 den Rhein überschreiten. Nur wenige Schiffe standen zum Übersetzen zur Verfügung, und es war unmöglich, den Fluß mit den Pferden zu durchwaten oder zu durchschwimmen. Das Übersetzen wurde zu einer langwierigen Angelegenheit. Als sich der kleinere Teil von Ottos Heer am westlichen Ufer des Rheins nach der Überfahrt neu ordnete und die Hauptmacht mit dem König noch auf dem östlichen Ufer wartete, kamen die Lothringer mit Giselbert und Heinrich zur Übersetzstelle. Die Übermacht der Lothringer war erdrückend. Es war Otto unmöglich, rasch noch weitere königliche Truppen über den Rhein zu bringen. Er mußte tatenlos vom Ostufer her zusehen, wie seine Männer in eine hoffnungslose Lage gerieten, und fiel in helle Verzweiflung. Er sprang vom Pferd, warf sich vor der

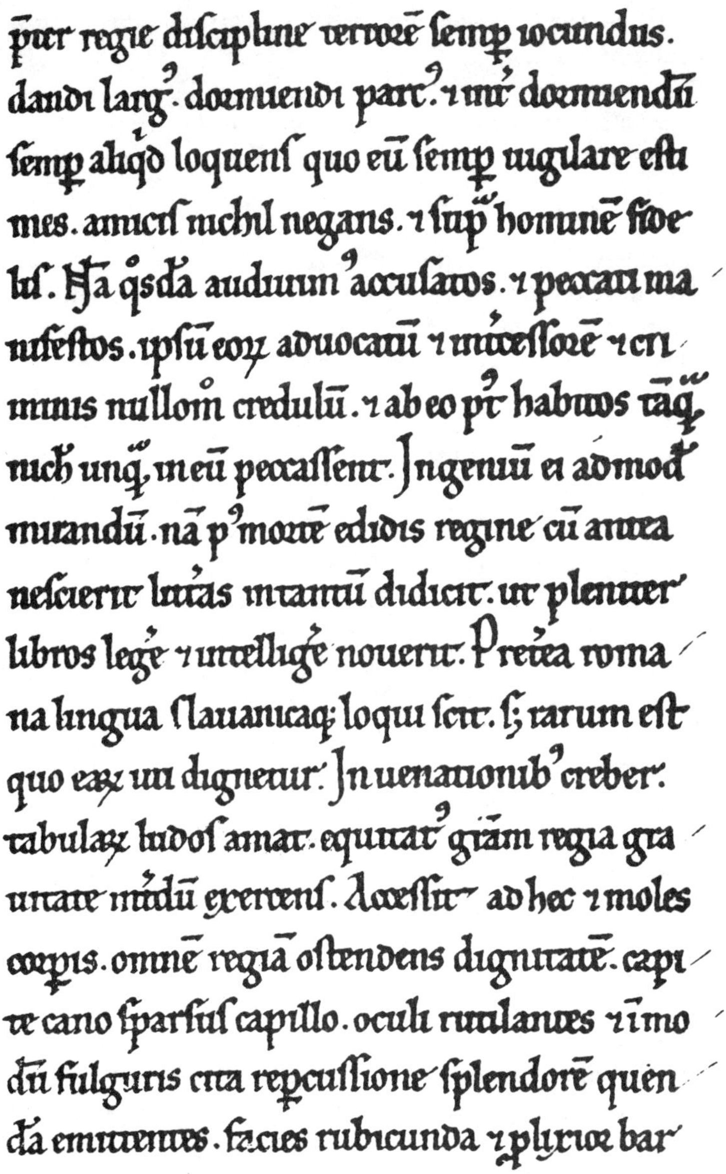

preter regie discipline terrorem semper iocundus.
dandi largus. dormiendi parcus. et inter dormiendum
semper aliquid loquens quo eum semper uigilare esti
mes. amicis nichil negans. et super hominem fide
lis. Nam quosdam audiuimus accusatos. et peccati ma
nifestos. ipsum eorum aduocatum et intercessorem. et cri
minis nullomodo credulum. et ab eo post habitos tamquam
nichil umquam in eum peccassent. Ingenium ei admodum
mirandum. nam post mortem edidis regine cum antea
nesciret litteras in tantum didicit. ut pleniter
libros legere et intelligere nouerit. Preterea roma
na lingua slauanicaque loqui scit. sed rarum est
quo earum uti dignetur. In uenationibus creber.
tabularum ludos amat. equitatus gratiam regia gra
uitate interdum exercens. Accessit ad hec et moles
corporis. omnem regiam ostendens dignitatem. capi
te cano sparsus capillo. oculi rutilantes et in mo
dum fulguris cita repercussione splendorem quen
dam emittentes. facies rubicunda et prolixior bar

Widukind von Corvey schildert in seinem Werk »Sachsengeschichte« die Persönlichkeit Ottos I.

Heiligen Lanze nieder und flehte zu Gott um die Rettung seiner Männer.
Ein kleiner See schützte den königlichen Vortrupp vor einem direkten Zusammenprall mit den Lothringern. Die Sachsen machten aus der Not einen Vorteil, trennten sich in zwei Abteilungen, von denen eine ausscherte und auf ihren Pferden so rasch wie möglich in die Seite der Lothringer zu kommen trachtete. Völlig überraschend konnten die Sachsen von dort die Lothringer angreifen, die dadurch in heillose Verwirrung gerieten. Einige Sachsen, die Französisch sprachen, riefen dabei den Lothringern zu: »Flieht, flieht, rette sich wer kann!« Die Lothringer bemerkten in dem Durcheinander nicht, daß diese Rufe nicht von den Ihren, sondern von ihren Feinden kamen. Die Verwirrung wurde immer größer, und die zahlreichen Truppen Giselberts und Heinrichs stoben in Kürze vor dem kleinen Haufen der Königlichen in wilder Flucht davon. Die Beobachter auf dem östlichen Rheinufer, die weder alles genau erkennen noch gar hören konnten, trauten zunächst ihren Augen nicht und waren über diese Entwicklung aufs höchste beglückt. Sie deuteten sie als ein Wunder, das die Hilferufe des Königs vor der Heiligen Lanze herbeigeführt hatten. Liutprand von Cremona hat den Glauben an die Wirkungen der Heiligen Lanze zweifellos richtig wiedergegeben, als er schrieb, diese Waffe würde beständige Siege über alle sichtbaren und unsichtbaren Feinde verschaffen.
Die Nachrichten über das Wunder von Birten war rasch in aller Munde. Der König setzte mit seiner Hauptmacht noch während des Kampfes auf das Westufer über und verfolgte die Lothringer einige Zeit auf ihrer Flucht. Sein verwundeter Bruder Heinrich ritt aber bald nach Sachsen zurück, und Otto folgte ihm dorthin, um einem Aufstand in seinem Herzogtum vorzubeugen. Die meisten Burgen, die Heinrich zunächst für sich hatte gewinnen können, gingen auf Grund einer listigen Falschmeldung über Heinrichs Tod zum König über. Der noch lebende Königsbruder setzte sich jedoch in Merseburg fest, wo ihn der Herrscher in Kürze einschloß

und belagerte. Es war mit den damaligen Mitteln schwierig, eine gut gerüstete und verteidigte Burg zu erobern. Das Aushungern versprach am ehesten Erfolg. Aber die Eingeschlossenen gewannen oft Zeit und zermürbten so die Angreifer. Heinrich konnte in Merseburg der Belagerung zwei Monate standhalten, dann mußte er im Mai 939 aufgeben. Er spekulierte wohl auf den ausgeprägten Familiensinn seines Bruders und warf sich diesem zu Füßen. Der König gewährte ihm und seinen Männern eine einmonatige Waffenruhe, in der sie sich entscheiden konnten, ob sie sich endgültig unterwerfen oder Sachsen verlassen wollten. Der Monarch sicherte ihnen im ersten Fall trotz der Rebellion Straffreiheit zu.

Sicherung nach außen und Festigung im Inneren

Etwa um diese Zeit versuchten die Obodriten die Bedrängnisse des Königs zu nutzen, um das Joch der Deutschen abzuschütteln. Widukind berichtet nur sehr kurz davon, daß die Obodriten ein sächsisches Heer unter einem sonst nicht bekannten Anführer Haika vernichtet haben. Markgraf Gero gelang es dann, wohl als Rache, dreißig versammelte Slawenfürsten zu töten. Sie waren nach einem Gelage betrunken eingeschlafen und hatten versäumt, Wachen aufzustellen, sodaß sie die Annäherung ihrer Feinde nicht bemerkten. Nach einer anderen Version hatte der Markgraf die Slawenfürsten sogar zu dem Gelage eingeladen, um mit ihrer Ermordung einem geplanten Anschlag auf sein eigenes Leben zuvorzukommen.

Östlich der Elbe wußte man sehr genau, daß man es bei Gero mit einem Feind zu tun hatte, mit dem nicht zu spaßen war. Man wollte den Statthalter des Königs möglichst schnell loswerden, und wie richtig der Wunsch war, das hatte Gero nun mit seinem Handstreich selbst bewiesen. Den Slawen gelang es aber nicht, ihren Plan auszuführen, denn Gero war schneller und mutiger als sie, und er bekam immer wieder die Unterstützung des Königs, für den der Ausbau der Ostgrenze zu den wichtigsten Aufgaben zählte. Doch die Slawen liebten ihre Freiheit so sehr, daß sie den Kampf dafür jedem fragwürdigen Frieden und vor allem der Abhängigkeit von den Deutschen tausendfach vorzogen. Sie waren abgehärtet und an die dürftigste Ernährung gewöhnt, sodaß sie ohne langes Überlegen Not und Entbehrung im Kampf um die Unabhängigkeit auf sich nahmen. Was die Deutschen als üble Last empfunden haben, das ertrugen die Slawen freudig um ihrer Freiheit willen, schreibt Widukind.

Gewalt gegen Gewalt und List gegen List – nach dieser Losung ging es im Kampf zwischen den Slawen und den Deutschen. Immer neue Wogen von Wilzen, Obodriten, Hevellern, Redariern und wie die slawischen Stämme hießen, brausten gegen die die Grenzen behütenden Männer des Markgrafen Gero. Aber keiner der beiden Seiten gelang es, die Grenzen nachhaltig zu verschieben – die Sachsen mußten froh sein, daß sie dem Ansturm der Slawen standhalten konnten.

Offenbar hatten sich die Heveller in der Zeit seit der Eroberung ihrer Brennaburg im Jahr 928 wieder von der deutschen Oberherrschaft frei machen können, aber ein junger Fürst ihres Volkes, Tugumir, war seit den Tagen Heinrichs I. noch in deutscher Gefangenschaft. Es gelang Gero, diesen Heveller mit Geld und Versprechungen für seinen Plan zur neuerlichen Unterwerfung der ostelbischen Slawen zu gewinnen. Tugumir ging nach der Vereinbarung mit Gero zur Brennaburg und tat dort so, als sei ihm die Flucht aus den Händen der Deutschen geglückt. Er wurde von seinem Volk freudig aufgenommen und als Stammesführer anerkannt. Einen Neffen, der außer ihm als einziger Fürst der Heveller nach den Kämpfen gegen die Deutschen übriggeblieben war, nahm Tugumir heimtückisch gefangen und tötete ihn. Daraufhin unterstellte Tugumir die Burg und das Gebiet der Heveller erneut der Herrschaft des deutschen Königs, für den Brandenburg eine Schlüsselstellung bildete, von der aus er später die ganzen Slawenstämme bis zur Oder tributpflichtig machen konnte.

Sosehr das Reich durch die Tatkraft und Intelligenz von Markgraf Gero im Osten an Boden gewinnen konnte, so sehr kam es im Westen durch Ottos Bruder und Schwager in Bedrängnis. Heinrichs Unzufriedenheit war viel zu groß, als daß er sich nach seiner Merseburger Schlappe dem König unterworfen hätte. Er nützte die gebotene Chance und ritt eilends wieder nach Lothringen zu seinem Schwager Giselbert, mit dem er sich in seinem Gegensatz zum König einig wußte. Giselbert hatte bereits die Konsequenzen aus der Niederlage bei Birten gezogen und sich dem französischen König Ludwig IV. angeschlossen. Der Lothringer huldigte zusammen mit einigen Grafen im Mai – oder Juni – 939 dem westfränkischen Monarchen und erkannte so dessen Lehnsherrschaft über sich an. Ludwig hatte einige Monate vorher einen gleichen Vorschlag Giselberts noch zurückgewiesen. Giselbert glaubte offenbar, daß der Franzose ihm genügend Rückhalt gegen den deutschen König bieten konnte und doch seiner angestrebten Unabhängigkeit weniger als der Deutsche in den Weg legen könnte. König Ludwig spekulierte darauf, unter diesen neuen Aspekten Lothringen für das Westreich zurückgewinnen zu können.

Dieser Wunsch war verständlich, nicht nur im Hinblick auf die Verstärkung des kriegerischen Potentials, sondern noch mehr angesichts der beträchtlichen Entfaltung der Handelsaktivitäten in Lothringen. Vor allem war für die Kaufleute die Maas ein wichtiger Weg, an dem sich Verdun, Namur, Lüttich, Maastricht neben anderen zu bedeutenden Marktorten entwickelten. An der Mosel waren es Toul, Metz und Trier. Und am Rhein schmerzte Ludwig sicher vor allem der Verlust von Koblenz, Bonn und Köln. Dazu kam – besonders aus Prestigegründen – Aachen, ferner Cambrai im Hennegau und viele andere Orte und Burgen, die der Karolinger jeden Tag gerne zu seinem Herrschaftsbereich gezählt hätte. Otto mußte der Gefahr eines neuen Übergriffes entgegentreten und die Aktionsmöglichkeiten seines westfränkischen Rivalen einschränken. Er nahm engere Beziehungen zu den Opponenten des französischen Königs auf, vor allem zu dem

Kapetinger Herzog Hugo von Franzien, dessen Vater Robert und Onkel Odo ehedem die Krone des Westfrankenreiches getragen hatten und der deshalb ebenfalls danach trachtete, den Thron des Karolingers einzunehmen. Hugo war jetzt der mächtigste Vasall der französischen Krone, er war reicher und mächtiger als der König und hatte zusammen mit Graf Heribert von Vermandois früher schon Verbindung zum Ostfrankenkönig Heinrich I. aufgenommen. Hugo war mit Ottos Schwester Hadwig verheiratet und daher ebenso wie Giselbert mit dem deutschen König verschwägert. Als Franzien oder Francia galt seit dem 9. Jahrhundert das Gebiet des Westfrankenreiches nördlich der Marne und östlich der Seine.

Otto zog im Juli 939 überraschend nach Lothringen und verwüstete das Land seines treulosen Schwagers Giselbert nach Kräften. König Ludwig, der mit einer Streitmacht an der Ostgrenze seines Reiches zu Lothringen einmarschbereit stand, zog sich auf die Nachrichten von Ottos Wüten nach Laon zurück und machte von seiner Lehnsherrschaft über Lothringen keinen Gebrauch mehr. Herzog Giselbert schloß sich in seiner Burg Chèvremont an der Maas bei Lüttich ein. Der Versuch des Königs, seines Schwagers hier habhaft zu werden, mißlang – nicht nur, daß Otto die schwer zugängliche Burg nicht bezwingen konnte, gelang es Giselbert vor allem, aus Ottos Umklammerung zu entkommen.

Der König sah sich ohnedies genötigt, wegen eines Aufstandes unter den Elbslawen wieder an die Ostgrenze seines Reiches zu eilen. Er mußte die Angelegenheiten im Westen seinen französischen Verbündeten überlassen, die mit seiner Rückendeckung Mut faßten, den karolingischen überseeischen Ludwig vermehrt zu bedrängen. Lothringen blieb jedoch in der Hand Giselberts.

Sogleich nach König Ottos Abzug aus Lothringen marschierte König Ludwig IV. dort ein und ließ sich zur Demonstration seiner Herrschaft in Verdun huldigen. Die lothringischen Bischöfe von Metz, Toul und Verdun gingen zum Westreich über. Der Karolinger drang in das Elsaß ein und vertrieb dort Anhänger des deutschen Königs. Zur gleichen Zeit rückte auch Herzog Eberhard von Franken von Nordosten in das Elsaß ein und besetzte mit seinen Truppen die schon seit Cäsar wichtige und beherrschende Burg Breisach auf einer Rheininsel. Der Konradiner hatte sich seiner, dem jungen Heinrich im Sommer 938 gegebenen Versprechungen erinnert, und da es ihm nach Lage der Dinge opportun erschien, vergaß er den Treueid, den er König Otto geleistet hatte. Es war ein merkwürdiges Trio: Giselbert, Heinrich und Eberhard – jeder wollte eine Krone gewinnen und dazu Otto beseitigen – aber im Grunde standen sich alle drei gegenseitig im Weg.

Eberhard besetzte noch weitere Burgen im Elsaß, um einem möglichen Angriff des königstreuen Schwabenherzogs Hermann einen Riegel vorzuschieben. König Ludwig mußte bald wieder nach Frankreich zurück, denn er hatte Attacken des Herzogs Hugo von Franzien gegen seine Besitztümer abzuwehren. Das Bündnis des deutschen Königs mit den nordfranzösischen Großen machte Ludwig jetzt zu schaffen.

König Otto konnte unerwartet schnell wieder aus Sachsen in den Südwesten seines Reiches kommen und hier im September 939 vor die Festung Breisach ziehen. Es schmerzte ihn besonders, daß ihm die lothringischen Bischöfe untreu geworden waren, da sie seinem Vater immer sehr zuverlässig verbunden waren. Otto wollte zunächst den eidbrüchigen Herzog Eberhard durch Verhandlungen zur Aufgabe und neuerlichen Unterwerfung bewegen. Aber der damit beauftragte Mainzer Erzbischof Friedrich überschritt seine Kompetenzen und handelte mit Eberhard einen Frieden wie unter gleichberechtigten Partnern aus. Er verpflichtete sich sogar eidlich, den König zur Annahme der Vereinbarungen zu bringen. Aber der Monarch konnte und wollte mit dem treubrüchigen Eberhard keinen Frieden mit zweiseitigen Zugeständnissen schließen, denn seiner Meinung nach gab es hier nur den Weg der Unterwerfung Eberhards. Der König verwarf deshalb die Abmachungen des Erzbischofs mit dem Rebellen.

Der Mainzer Metropolit fühlte sich durch das Vorgehen des Königs brüskiert, denn er empfand sich nicht als weisungsgebundener Beauftragter des Königs, sondern als unabhängiger Vermittler zwischen den Parteien – dies zumal, da ihn der Papst zu seinem Stellvertreter im ostfränkischen Reich bestimmt hatte und er damit auch unter den Erzbischöfen eine herausragende Stellung besaß.

Für den König wurde die Lage gefährlich, da er nun auch noch den mächtigsten Metropoliten seines Reiches gegen sich hatte. Während er Breisach belagerte, faßten seine Gegner den Entschluß, mit einem raschen Angriff in Ottos Stammland Sachsen einzufallen. Die beiden Herzöge Giselbert und Eberhard ritten mit eiligst zusammengeholten Truppen nach Norden. Als die Nachrichten darüber bei den Königlichen eintrafen, lösten sie sofort Furcht und Panik aus, denn jeder der sächsischen Gefolgsmänner des Königs wäre jetzt lieber zu Hause gewesen, um sein Hab und Gut verteidigen zu können. Es fehlte nicht an Forderungen, unverzüglich in die Heimat zurückzukehren, und tatsächlich verließ eine nicht geringe Anzahl Treuloser und Kleinmütiger heimlich das königliche Lager, um auf eigene Faust nach Sachsen zu gelangen. Ein mächtiger Graf wollte den Machtverfall des Königs ebenfalls für sich nutzen und verlangte die Belehnung mit dem alten und reichen Reichskloster Lorsch bei Worms.

Der Herrscher aber zeigte in dieser für ihn so gefährlichen Situation unerschütterliche Gelassenheit. Den Grafen, der Lorsch für sich haben wollte, forderte Otto auf, ihn lieber gleich zu verlassen, wenn er nur seinen eigenen Vorteil im Sinn habe. Otto wäre kein Liudolfinger und schon gar nicht der Sohn des großen Heinrich I. gewesen, wenn er in dieser Lage untätig resigniert hätte. Er entsandte den Schwabenherzog Hermann mit schwäbischen Streitkräften nach Norden. Allerdings waren Giselbert und Eberhard mit ihren Truppen schon in Sachsen eingefallen, und als die Schwaben am 2. Oktober 939 bei Andernach auf sie trafen, waren sie eben dabei, einen ersten Teil ihrer Beute über den Rhein nach Lothringen zu bringen. Das war jedoch durchaus ein Glück für die nicht sehr zahlreichen Schwaben, denn ihnen stand auf diese Weise nur ein Teil der feindlichen Streitkräfte gegenüber. Mit Unterstützung der beiden mit ihm verwandten Grafen Udo und Konrad Kurzbold gelang Herzog Hermann ein vollständiger Sieg über die plündernden Gegner des Königs. Herzog Eberhard wurde während der Kämpfe getötet, und Herzog Giselbert ertrank auf der Flucht in einem Kahn im Rhein.

Drei Konradiner haben in der Schlacht bei Andernach am 2. Oktober 939 König Otto aus dieser äußerst gefährlichen Situation befreit. Der Frankenherzog, der es immer wieder bereut hatte, daß er 919 auf den Wunsch seines Bruders hin die Erbansprüche auf die deutsche Königskrone an die Liudolfinger abgetreten hatte und der sich bis zuletzt Hoffnungen auf die Wiedergewinnung der Krone gemacht hatte, war endgültig zum Schweigen gebracht. Ebenso war der ständig auf eine eigene lothringische Königskrone reflektierende Giselbert beseitigt und der bayerische Herzog Eberhard vertrieben. Otto hatte in kurzer Zeit gefährliche Unruheherde in seinem Reich auslöschen können.

Der König war an dem Widerstand gegen ihn nicht unschuldig. Die Herzöge und sonstigen Magnaten des Reiches sahen sich durch die strikten zentralistischen Bestrebungen des jungen Königs in ihren eigenen Herrschaftsbereichen und in ihrer Entfaltung eingeschränkt und daher zur Opposition provoziert. Aber für Otto gab es nur ein Entweder-Oder: entweder die Durchsetzung einer starken königlichen Zentralgewalt, was natürlich die Hintansetzung der regionalen Kräfte bedeutete – oder das Ende seiner Regierung. Das Jahr 939 hatte ihn auf dem Weg zur Stärkung der Königsmacht ein gutes Stück weiter gebracht.

Die Festung Breisach ergab sich Otto nach Bekanntwerden der Ereignisse von Andernach. Ottos Bruder Heinrich floh zum französischen König, nachdem ihn seine verwitwete Schwester Gerberga in ihrer Burg Chèvremont nicht aufgenommen hatte. Erzbischof Friedrich, den die Mainzer nicht

mehr in ihrer Stadt haben wollten, fiel in die Hände Ottos und wurde dem königstreuen Abt Hadamar von Fulda übergeben, der ihn in Hammelburg, einer Besitzung des Fuldaer Klosters, in Haft nahm. Das Kloster Fulda war den Mainzer Erzbischöfen stets ein Pfahl im Fleisch, denn es war seit Bonifatius der ausschließlichen Jurisdiktion der Päpste unterstellt, und die jetzige Rolle des Fuldaer Abtes als Kerkermeister des Mainzer Erzbischofs mußte die angespannten Beziehungen weiter verschlechtern.
Widukind berichtet, daß dem Tod der beiden Herzöge ein sehr strenger Winter und diesem eine Hungersnot gefolgt sei. Um die Westgrenze seines Reiches gegen den eroberungslustigen französischen Karolinger Ludwig IV. zu sichern, unternahm Otto Anfang 940 einen Feldzug in das westfränkische Reich. In den Ardennen, in der alten karolingischen Pfalz Attigny, in der sich 785 der Sachsenherzog Widukind Karl dem Großen unterworfen hatte – eine Widukind-Straße und eine Straße des Heiligen Karl erinnern dort noch heute an dieses Ereignis – verschwor sich Otto aufs neue mit Ludwigs Gegnern zum gemeinsamen Kampf gegen ihn. Die nordfranzösischen Adeligen huldigten dem deutschen König und begaben sich in ein Vasallenverhältnis zu Otto. Der kapetingische Herzog Hugo von Franzien behielt weiter die Führung der innenpolitischen Fronde gegen den französischen König. Der achtzehnjährige Ludwig heiratete allerdings bald darauf Giselberts sieben Jahre ältere Witwe Gerberga, die Schwester König Ottos – aber nicht etwa, um sich diesem anzubiedern, sondern ganz im Gegenteil, um seine Ansprüche auf Lothringen nachhaltiger erheben zu können. Ludwig machte dem deutschen Otto auch deshalb mit der Heirat Gerbergas einen Strich durch die Rechnung, weil Otto seine Schwester mit dem neuen Bayernherzog Berthold vermählen und Bayern dadurch enger an das Reich binden wollte.
Die Chronologie der Ereignisse ist zu dieser Zeit sehr ungewiß, zumal die Begebenheiten in allen Fällen erst einige Jahrzehnte später auf Grund mündlicher Erzählungen schriftlich fixiert wurden. Auch Widukind weist darauf hin, daß er au-

ßerstande ist, für die richtige Reihenfolge seines Berichtes zu bürgen. Und die Beschreibungen der Ereignisse weichen bei den verschiedenen Chronisten teilweise erheblich voneinander ab oder sind mindestens unklar gefaßt.
Das gilt vor allem für die Frage, ob Otto seinen Bruder Heinrich mit dem verwaisten Herzogtum Lothringen belehnt hat, nachdem sich die beiden wieder ausgesöhnt hatten. Sicher ist, daß Ludwigs rasche Heirat mit Gerberga dem französischen König gar nichts genützt hat, denn sein deutscher Gegenspieler hat sich dadurch in keiner Weise aus Lothringen verdrängen lassen. Über Heinrich schreibt Widukind, daß ihm Otto für seinen Bedarf einige feste Plätze überlassen und ihm gestattet habe, innerhalb Lothringens zu wohnen. In der Chronik Adalberts von Weißenburg ist dagegen zu lesen, daß Otto seinem Bruder Heinrich das Herzogtum Lothringen anvertraut, Heinrich also zum Herzog erhoben habe. Und der im allgemeinen recht zuverlässige zeitgenössische Geschichtsschreiber Flodoard, Kanonikus zu Reims (894–966), berichtet sogar, daß Otto seinem Bruder die Herrschaft über Lothringen überlassen habe, woraus noch deutlicher die Erhebung Heinrichs zum Herzog hervorginge. Aber merkwürdigerweise schreibt Roswitha von Gandersheim, die sonst gerne die Erfolge von Heinrich hervorhebt, nichts über eine erstaunliche Karriere des eben erst noch rebellierenden Königsbruders. Wollte sich die Nonne damit den Bericht über den raschen Sturz Heinrichs ersparen?
Die neuere Geschichtsschreibung (J. Fleckenstein) hat sich in dieser nicht einfachen Frage gegen Widukind und für die Version Flodoards usw. entschieden. Otto wird dadurch mit einer gewissen Instinktlosigkeit belastet, da er seinen politisch keineswegs gefestigten, gar ihm treuen Bruder mit einer denkbar heiklen Aufgabe betraut habe. Gegen diese Meinung spricht, daß die Herzöge nur dann und soweit Macht ausüben konnten, als sie über Grafenrechte verfügten. Das wußte Otto auch, aber nirgends wird bekannt, daß er seinem Bruder Grafenrechte und Land übergeben habe. Nur Widukind

schreibt von einigen festen Plätzen, die Heinrich erhalten hat. Bei solch kärglicher Ausstattung war von Heinrich keine effektive Machtentfaltung neben den lothringischen Grafen zu erwarten. Wenn der König seinem Bruder wirklich die Herrschaft über Lothringen gegeben hätte, dann wäre Heinrich von vornherein zum Scheitern verurteilt gewesen.
König Otto hat seine Handlungsfreiheit, die er durch die Niederlage der Rebellen bei Andernach und den Tod der beiden Herzöge wiedergewonnen hat, benutzt, um in seinem Reich bedeutende Reformen zur Stärkung seiner Königsmacht durchzuführen. Angesichts der ständigen Bedrohungen von außen – Ungarn, Sarazenen, Dänen, Slawen, Frankreich – war es für den König dringend notwendig, sich Sicherheit und Frieden wenigstens innerhalb des Reiches zu verschaffen. Er verlieh deshalb das Herzogtum Franken nicht mehr, sondern unterstellte es direkt der Krone, zumal es am Mittelrhein bedeutende alte Königsgüter einschloß. Otto konnte damit die Rivalitäten zwischen Franken und Sachsen weitgehend beseitigen, denn beide Stämme gehorchten mit ihren Grafen künftig unmittelbar dem König und sahen sich nicht mehr benachteiligt oder bevorzugt.
In Franken war das Stammesherzogtum, sofern man dort davon sprechen kann, ohnedies am schwächsten gewesen. So konnte Otto nun auch hier wie kurz vorher in Bayern die Königsgüter wesentlich vermehren und ausweiten, was ihm zusätzliche Einkünfte brachte, denn die Domänen waren seine wichtigste Einnahmequelle.
Die Herrschaft Heinrichs in Lothringen, sofern sie damals bestanden hatte, war nicht von langer Dauer. Er konnte sich als Gebietsfremder nicht lange halten, sondern wurde noch im Jahr 940 von den Lothringern verjagt. Der König übergab die Verwaltung des unruhigen Herzogtums, in dem die verschiedenen Großen beachtliche Freiheiten beanspruchten, dem mächtigen lothringischen Grafen Otto, Sohn des hochangesehenen Grafen Richwin von Verdun, anscheinend jedoch ohne ihn zum Herzog zu erheben. Nach Widukinds Darstellung hat der Lothringer das Herzogtum unmittelbar

nach Giselberts Tod erhalten, und der König hat ihn auch mit der Erziehung des hinterlassenen Sohnes Giselberts beauftragt. Wie dem auch sei, der König setzte in Lothringen entgegen seinen ursprünglichen Absichten wieder einen einheimischen Großen ein, da er es nicht riskieren wollte, diese Grenzregion gegenüber dem expansionsfreudigen Ludwig IV. in einem labilen Zustand zu belassen.
Otto strebte im übrigen nachdrücklich die Besetzung aller wichtigen Positionen im Reich durch Verwandte an, obgleich er von ihnen schon manche Enttäuschung erlebt hatte. Er berief seinen Bruder Brun an den Hof. Brun war schon im Alter von vier Jahren vom Vater Heinrich I. zum Geistlichen bestimmt worden. Dazu hat man das Kind 929 dem Bischof Balderich nach Utrecht zur Erziehung übergeben. Man vermutet wohl zu Recht, daß politische Gründe für die Wahl des Ortes ausschlaggebend waren, denn Lothringen, zu dem Utrecht damals gehörte, war erst 925 wieder für das Ostreich gewonnen worden, und König Heinrich I. tat alles, um die Bindungen zwischen dem westlichen Herzogtum und seinem Reich zu stärken.
Im Adel war es eine verbreitete Sitte, die jüngsten Kinder – männlich wie weiblich – für den Dienst in der Kirche zu bestimmen. Brun wurde am Hof mit Arbeiten in der königlichen Kanzlei betraut. Er zeichnete zwar schon im September 940 erstmals als Kanzler, aber er versah dieses Amt bis Mai 941 noch neben Poppo, der schon unter Heinrich I. Kanzler gewesen war. Für König Otto war es erfreulich, in der Kanzlei nun seinen Bruder zu wissen, da er sich mit ihm ausgezeichnet verstand.
Der Herzog von Schwaben war mit dem Königshaus noch nicht verwandtschaftlich verbunden. Otto betrieb deshalb die Verlobung seines zehnjährigen Sohnes Liudolf mit der Tochter Ita des Herzogs Hermann. Der Schwabenherzog konnte sich dadurch für seine im Vorjahr bei Andernach bewiesene Königstreue belohnt fühlen. Einem Raubzug der Sarazenen gegen Chur in diesem Jahr 940 konnte aber weder der Herzog noch der König zuvorkommen.

Eine Auszeichnung, verbunden mit einem verwandtschaftlichen Anschluß an das Königshaus, hat Otto auch dem bayerischen Herzog Berthold zugedacht. Nachdem er seine Absicht, seine Schwester Gerberga mit Berthold zu vermählen, nicht hat realisieren können, hat er anscheinend deren Tochter Biletrud mit dem Bayern verheiratet. Das läßt sich allerdings nicht sicher nachweisen. Der König war dem Bayernherzog jedenfalls dankbar, daß er sich während der zurückliegenden Aufstandsbewegung ruhig verhalten hat.
Im Herbst 940 unternahm König Ludwig IV. einen dritten Vorstoß nach Lothringen, denn er wollte sich nicht damit abfinden, daß er dieses Land trotz seiner Heirat mit Gerberga, Giselberts Witwe, nicht sollte gewinnen können. Aber Otto trat der Attacke seines westfränkischen Gegners ebenso entschlossen wie erfolgreich entgegen. Der deutsche König kam auch bei der Ausschaltung seines französischen Rivalen in Burgund einen wichtigen Schritt voran, und gleichzeitig konnte er auch den sehr gewichtigen Ansprüchen Hugos, des provencalischen Königs von Italien, einen Riegel vorschieben. Hugo hatte ursprünglich Niederburgund aus der Erbschaft Ludwigs des Blinden an sich gerissen. 934 hatte er das Land sodann an Rudolf II. gegen das Versprechen abgetreten, daß dieser sein Königtum in Italien nicht mehr anfechten werde. Das vereinigte Nieder- und Hochburgund unter Rudolf II. wurde auch als Königreich Arelat – nach der Hauptstadt Arles – bezeichnet. Nachdem König Rudolf II. 937 verstorben war und nur zwei minderjährige Kinder hinterlassen hatte, vermählte sich Hugo rasch mit Rudolfs Witwe Bertha und verlobte seinen Sohn mit Rudolfs Tochter Adelheid. So wollte er die Erbansprüche von Rudolfs Sohn Konrad, der bereits als König von Burgund anerkannt war, beiseite schieben und wieder Herr von Burgund werden. Mit einer solchen Machtveränderung in seiner Nachbarschaft konnte jedoch König Otto nicht einverstanden sein, denn Hugo als Herr eines mit Italien vereinigten Burgund wäre ihm nicht geheuer gewesen. Otto traf sich mit dem jungen König Konrad, ließ sich einen Treueid schwören und stellte den Burgun-

der somit unter seine Lehensvormundschaft und Oberhoheit. Der westfränkische Chronist Flodoard kommentiert dies wohl zu Recht als eine listige Handlungsweise Ottos. Die Ambitionen König Hugos, Burgund in Besitz zu nehmen, waren damit fürs erste blockiert.
Die Schutzherrschaft über Burgund brachte dem deutschen König rasch weitere Verpflichtungen. Markgraf Berengar von Ivrea, der wichtige Verbindungswege zwischen Burgund und Italien beherrschte, machte sich als Enkel des 924 ermordeten Kaisers Berengar I. Hoffnungen auf die italienische Krone. König Hugo betrachtete ihn daher als Rivalen. Im Winter, zu Beginn des Jahres 941 mußte Berengar vor König Hugo fliehen, und da er von den Aversionen zwischen Otto und Hugo wußte, lag es für ihn nahe, sich unter den Schutz des deutschen Königs zu begeben. Hugos Zorn, daß ihm der Markgraf entkommen ist, war groß, und er forderte vom deutschen König die Auslieferung. Aber Otto dachte nicht daran, diesem Verlangen nachzukommen, sondern ließ sich im Gegenteil von Berengar einen Vasalleneid leisten, um sich Ansprüche auf das wichtige Paßvorland zu sichern und seinen Fuß nach Italien zu setzen.
Zunächst fand Otto jedoch keine Zeit, sich weiter mit den Verhältnissen im Süden seines Reiches zu beschäftigen, denn im Nordosten zogen wieder gewaltige Gewitterwolken zusammen. Die ständigen Reibereien und Kämpfe mit den Slawen, die zahlreichen Verluste und die geringen Gewinne hatten unter den sächsischen Großen Unmut hervorgerufen. Das bekam vor allem Markgraf Gero zu spüren, gegen dessen Regiment bereits da und dort kleine Meutereien entbrannten. Aber König Otto hielt fest zu seinem Markgrafen, was zur Folge hatte, daß sich der Haß der verbitterten und enttäuschten Empörer auch gegen ihn richtete. Die Mißstimmung ergriff alle Grafen und Ritter im östlichen Sachsen.
Heinrich, Ottos Bruder, sah unter diesen Umständen nochmals seinen Weizen blühen und glaubte, daß er mit Hilfe der allgemeinen Mißstimmung doch noch auf den Platz seines Bruders gelangen könnte. Er tat sich mit den sächsischen

Großen zusammen, schürte ihren Haß nach Kräften und spannte sie durch Geschenke und Versprechungen immer mehr vor seine Interessen. Die verbitterten Männer ließen sich zu allem überreden, was ihnen eine Erleichterung von den bisherigen Lasten zu versprechen schien, sogar zum Hochverrat. Heinrich brachte die Vasallen seines Bruders so weit, daß sie den König am Osterfest 941, wenn er in seine Pfalz zu Quedlinburg käme, ermorden und Heinrich zu ihrem neuen König krönen wollten!

Der Mordanschlag wurde Otto kurz vor dem geplanten Termin hinterbracht. Er ließ sich aber nicht davon abhalten, nach Quedlinburg zu reiten und das Osterfest nach der bereits festgelegten Zeremonie zu feiern. Aber er umgab sich mit einer Reihe von getreuen Vasallen, die ihn vor dem Attentat schützten. Nach dem Fest ließ er die verratenen Verräter festnehmen und die Haupträdelsführer hinrichten. Andere wurden verbannt, aber sein Bruder Heinrich konnte sich dem Zorn des Herrschers wieder durch die Flucht entziehen. Der nun schon wiederholt gescheiterte Usurpator wurde jedoch bald gefangengenommen und kam in die Pfalz Ingelheim in strenge Haft.

Der Aufstand in Sachsen war damit mißglückt. Über die weitere Tätigkeit des Königs in diesem Jahr wissen wir recht wenig. Widukind berichtet von neuen bösen Vorzeichen in der zweiten Oktoberhälfte, vor allem von Kometen, durch die die Menschen in große Ängste versetzt wurden. Tatsächlich wurde ungeheuer viel Land überschwemmt, und der Überschwemmung folgte eine schreckliche Seuche unter dem Vieh.

Der Umsturz- und Mordplan Heinrichs sollte nach dem Willen des Königs vor einem Fürstengericht verhandelt werden. Otto scheute sich offensichtlich, seinen Bruder für seine Verfehlungen selbst zu verurteilen, aber er wollte ihn nicht mehr straffrei ausgehen lassen, nachdem seine Mittäter enthauptet worden waren.

Da gelang es aber Heinrich an Weihnachten 941, unter Beihilfe eines Diakons aus seiner Haft in Ingelheim zu entkom-

men und nach Frankfurt zu fliehen. Hier warf er sich seinem Bruder Otto auf dem Weg zum Morgengottesdienst gnadeflehend zu Füßen. Der überraschte König verzieh seinem unbeständigen, wortbrüchigen Bruder auch diesmal, obgleich er wissen mußte, daß er sich damit dem Vorwurf der Ungerechtigkeit aussetzte. Die Eigengesetzlichkeit des Adels konnte ihn davor nur beschränkt bewahren.
Die fortwährende Opposition Heinrichs gegen seinen älteren Bruder wurde nicht zuletzt von der Mutter Mathilde, der Witwe Heinrichs I., geschürt. Sie zog, soweit bekannt, ihren jüngeren Sohn vor, der im Vergleich zu dem oft verschlossenen und schroffen Otto als wesentlich heiterer, umgänglicher und zugleich als ein schöner Mann geschildert wird. Mathilde verstand sich offenbar mit Heinrich weitaus besser als mit Otto, ja man hat immer wieder von ernsthaften Differenzen zwischen Otto und seiner Mutter gesprochen. Sie sollen unter anderem von der Neigung Mathildes herrühren, der Kirche große Schenkungen zu vermachen, womit Otto angeblich in den ersten Regierungsjahren nicht einverstanden war. Aber in dem zurückliegenden Jahr 941 haben sich die beiden anscheinend doch zu einer Art Versöhnung durchgerungen, und das hat dann auch das Einlenken Heinrichs gegenüber seinem Bruder bewirkt.
Das war nach den ständigen Zwistigkeiten auch dringend notwendig, damit sich der König mit Energie dem Ausbau des Reiches widmen konnte. Im Norden war Otto bereit, die Schlei als Grenze seines Reiches gegen die Dänen anzuerkennen. Aber die Nordmänner wollten den günstigen Hafen Haithabu, den ihnen Heinrich I. 934 entrissen hatte, wieder gewinnen. Deshalb ist es wiederholt zu Grenzkämpfen zwischen Dänen und Sachsen gekommen, und Markgraf Hermann, der Billunger, soll sogar einige Zeit in Gefangenschaft des Dänenkönigs Harald Blauzahn gewesen sein, der nach einer anderen Version die Krone allerdings erst 950 bekommen haben soll. Die Dänen und die Obodriten kämpften zwar immer wieder gegeneinander um den Besitz verschiedener Inseln in der Ostsee, aber gegen die Deutschen scheinen sie sich

verbündet zu haben. Harald hatte seinen Sitz wohl auf der Insel Seeland, und er hing mit seinem Volk nach wie vor dem alten germanischen Glauben an. Als Nachfahre Karls des Großen hatte es sich Otto jedoch zur Aufgabe gemacht, dem Christentum zu weiterer Ausbreitung zu verhelfen. In dem seit 937 in Hamburg-Bremen amtierenden Erzbischof Adaldag, der vorher längere Zeit in der königlichen Kanzlei tätig gewesen ist, hatte der König einen sehr fähigen und tüchtigen Verbündeten. Einige Missionsvorstöße nach Norden waren schon unter den Karolingern unternommen worden. Aber die Bevölkerung war dort im wesentlichen noch »heidnisch«. Erzbischof Adaldag konnte unter dem Schutz König Ottos nun weiter für das Christentum wirken, Priester entsenden, Einheimische zu Priestern ausbilden und Kirchen errichten, und bald war es soweit, daß auch Suffraganbistümer zu Hamburg-Bremen ins Leben gerufen werden konnten.
Die kirchlichen Einrichtungen blühten unter Otto überall auf, vor allem Dom- und Klosterschulen, unter denen im Süden St. Gallen und im Norden Corvey als klösterliche Bildungsstätten hervorzuheben sind. Andere folgten: Trier, Fulda, Gandersheim, Weißenburg im Elsaß, St. Emmeram in Regensburg, Augsburg, Eichstätt, Reichenau, Köln, Würzburg usw. Kloster- und Domschulen wetteiferten um den Rang und den Ruhm größerer geistiger Wirkung, wobei aber die Klöster infolge ihrer straffen Organisation im Vorteil waren.
Gerade um diese Zeit begannen die teilweise leidenschaftlichen Auseinandersetzungen um die Klosterreform, die seit Anfang des 10. Jahrhunderts von dem südfranzösischen Benediktinerkloster Cluny ausstrahlte. Viele Mönche lebten längst nicht mehr nach der von Benedikt von Nursia im 6. Jahrhundert aufgestellten Regel, vor allem nicht in den Klöstern westlich des Rheins und besonders im westfränkischen Reich. Deshalb versuchten tatkräftige Äbte in Cluny – vornehmlich Abt Odo 927 bis 942 – die Entartungserscheinungen wieder zu beseitigen und ein strenges, von Askese und unbedingtem Gehorsam geregeltes Klosterleben unmittelbar

unter der Obergewalt des Papstes einzuführen. Jeglicher Einfluß von Laien – also etwa des Königs und anderer Fürsten, die den Klöstern große Stiftungen zukommen ließen –, aber auch von Bischöfen, sollte ausgeschaltet werden. Natürlich fanden diese Reformbestrebungen Befürworter und Gegner, aber die cluniazensische Reformbewegung entwickelte sich nach dem Verfall in der spätkarolingischen Zeit doch zu einer der wirkungsvollsten Erneuerungen der ganzen abendländischen Kirchengeschichte. Eine gemäßigte Reform ging von dem Kloster Gorze bei Metz in Lothringen aus. Neben Verfassungs- und Liturgie-Unterschieden verfolgten die nach Gorze reformierten Klöster auch eine weniger antibischöfliche Richtung. In den Klöstern östlich des Rheins konnten sich diese Tendenzen jedoch kaum bemerkbar machen, weil hier die Mönche noch mehr nach dem alten Kanon ihres Ordensgründers lebten. Der Name des Erzbischofs Friedrich von Mainz, des mächtigsten Metropoliten des ostfränkischen Reiches und Vikars des Papstes, taucht in Verbindung mit der Klosterreform wieder auf, aber er hat wohl nicht viel erreicht, da er die Klöster mit ihren Äbten gegen sich hatte und nach den Vorgängen von 939 auch den König. Bei der letzten Verschwörung Heinrichs mit den sächsischen Großen im Jahre 941 wurde dem Erzbischof da und dort Mitwisserschaft an dem Mordplan nachgesagt, und er soll sich von diesen Nachreden durch einen Reinigungseid zu befreien gesucht haben, aber zu beweisen ist nichts.
König Otto ist seiner ganzen Mentalität nach ebenfalls für ein diszipliniertes Klosterleben eingetreten, aber er hat sich anscheinend erst in seinen späteren Jahren mehr um diese Fragen gekümmert. Im Herbst 942 war er zunächst mit den Vorbereitungen für ein Treffen mit dem französischen König Ludwig IV. beschäftigt. Dieser sah sich allmählich am Ende seiner Möglichkeiten und Kräfte, da er 941 und 942 ständig von seinen nordfranzösischen Gegnern unter der Führung Hugos von Franzien attackiert wurde. Papst Stephan IX. griff zugunsten des Königs ein und bedrohte die Rebellen mit dem Bannfluch. Diese hatten jedoch seit ihrer Huldigung

zu Attigny Anfang 940 die Rückendeckung des deutschen Königs und erhielten 942 sogar Hilfe durch deutsche Truppen unter Führung des lothringischen Otto. Es war deshalb ein Schritt in höchster Not, als Ludwig den deutschen König nach Stellung von Geiseln um einen Schiedsspruch bat – ebenso wie Hugo von Franzien und seine Anhänger. Otto hat möglicherweise überlegt, wie und unter welchen Voraussetzungen er das Reich Karls des Großen wiederherstellen, das Frankenreich also noch einmal vereinigen könnte. Man glaubt verschiedentlich, daß Otto Anfang 940, als er sich zu Attigny von den nordfranzösischen Adeligen huldigen ließ, weniger einen Tort gegen Ludwig IV. im Sinn hatte, als vielmehr die Vereinigung des Ost- und des Westreiches unter seiner Oberherrschaft, aber mit dem weiteren Regiment des karolingischen Nachkömmlings im Westreich (R. Holtzmann). Für diesen wäre das freilich doch eine saure Angelegenheit geworden, denn er wäre dabei zum Unterkönig oder Kleinkönig degradiert worden. Aber Otto hat sicher erkannt, daß sich die Verfassungen des Ost- und des Westreiches bereits zu weit voneinander entfernt hatten, um die beiden Reiche ohne beträchtliche Schwierigkeiten nochmals vereinen zu können. In Frankreich zeigte sich bereits sehr stark die einengende Wirkung des Lehnsrechtes für den König, der infolge der Institutionalisierung seiner Beziehungen zu seinen Vasallen kaum noch die ehemaligen freien Verfügungsrechte gegenüber Herzögen und Grafen ausüben konnte. Die Macht der großen Adeligen des Westreiches gegenüber ihrem König mußte es dem dreißigjährigen Otto mindestens fürs erste fragwürdig erscheinen lassen, die Ausdehnung seiner Herrschaft über Frankreich anzustreben.

So war Otto gegenüber Ludwig IV. also eindeutig der Stärkere – und das sollte sich im November 942 bei dem Treffen zu Visé an der Maas zwischen Lüttich und Maastricht erweisen. Schon allein der Ort der Begegnung, tief im Ostreich, zeigte nach den damaligen Gepflogenheiten, daß Otto gegenüber Ludwig der Überlegene war. Der deutsche König hatte freilich auch das Glück, daß der zum Westreich tendierende Herzog Giselbert ums Leben gekommen war und der ihm treu ergebene Otto von Verdun sich in Lothringen durchsetzen konnte, womit auch seine eigene Stellung in Lothringen wesentlich verbessert worden ist. Über den Verbleib Lothringens bei seinem Reich scheint es im November 942 keine langen Verhandlungen gegeben zu haben. Einzelheiten des Vertrages von Visé sind jedoch leider nicht überliefert.

Der deutsche König hatte eine wichtige Stufe auf seinem Weg erreicht, denn als Mittler zwischen den Parteien des Westreiches war er nicht mehr weit davon entfernt, sie zu beherrschen. Zudem waren beide Seiten in seine Familienpolitik einbezogen, denn König Ludwig IV. wie Herzog Hugo von Franzien waren mit Otto verschwägert. Wieweit seine Schwestern auf eine Verständigung ihrer Männer untereinander und mit ihrem Bruder hingewirkt haben, ist jedoch schwer zu beurteilen. Mehr zuzutrauen ist es jedenfalls der energischen und klugen Gerberga als der stilleren und zurückgezogenen Hadwig.

Der deutsche König konnte sich in seiner Rolle als Schiedsrichter zu Visé anscheinend vor einer glanzvollen Fürstenversammlung zeigen. König Ludwig mußte wohl nicht nur seine Ansprüche auf Lothringen fallen lassen, er konnte auch seine Ambitionen auf Burgund nicht aufrechterhalten, obgleich er sie ein knappes Jahr zuvor in Vienne nachdrücklich vertreten hatte. Die Verzichtleistungen Ludwigs ermöglichten es Otto, ihm Hugo von Franzien und dessen Verbündeten Heribert von Vermandois wieder als Lehnsmänner zuzuführen. Der Kapetinger ließ sich seinen neuen Lehnseid gleich mit der zusätzlichen Verleihung des französischen Herzogtums Bourgogne von Ludwig honorieren. König Otto entließ damit diese Männer aus seiner Lehnsherrschaft – ein deutliches Zeichen, daß er keineswegs die Vernichtung des französischen Königs anstrebte, was sich in den folgenden Jahren noch stärker zeigen wird.

Wie unsicher die Datierung selbst bedeutender Ereignisse in jener frühen Zeit teilweise ist, zeigt die Tatsache, daß es völlig unklar ist, ob der bayerische Herzog Berthold über die

Ungarn eine Schlacht am 12. August 942 oder 943 gewonnen hat. Es muß ein großer und bedeutender Sieg gewesen sein, den der Bayer auf der Heide bei Wels an der Traun errungen hat. Nach Meinung Adalberts von Weißenburg waren die Ungarn sogar noch nie vorher so gründlich geschlagen worden. Sie hatten sich seit 938 nicht mehr in Ottos Reich sehen lassen. Jetzt konnte sie Berthold gleich an der südlichen Grenze seines Herzogtums zurückschlagen. Er muß wohl tüchtige Späher und viel Glück gehabt haben, daß er so rechtzeitig von dem Herannahen der schreckerregenden Feinde erfahren hat, um noch ein Heer zusammenholen zu können. Die Kärntner haben die Bayern tatkräftig unterstützt. Der Süden des Reiches war ja weitaus weniger durch Burgen geschützt als der Norden. Nach der Überlieferung hat man nur an der Stelle der heutigen Stadt Enns um 900 die Ennsburg errichtet.

Für Otto waren die Jahre 943 und 944 offenbar recht ruhig und friedlich, denn die Quellen wissen wenig Außerordentliches zu berichten. Wenn wir uns auf die Chronologie Widukinds von Corvey verlassen können, so ist König Otto um diese Zeit nach Burgund gezogen, wo er »den König samt seinem Reich in seine Gewalt brachte«. Außerdem scheint Otto den Herzog Hugo den Schwarzen von Burgund unterworfen zu haben. Otto wollte damit nach dem Verzicht Ludwigs IV. sicher seine Ansprüche auf die Oberherrschaft über Burgund demonstrieren.

In Lothringen war Otto die Klärung der Verhältnisse zu Ludwig IV. von Vorteil, denn die Großen dort konnten nun nicht mehr mit irgendeiner Unterstützung aus dem Westreich rechnen und begannen, sich mit der deutschen Oberherrschaft abzufinden. Der Tod des königlichen Statthalters Otto von Verdun im Jahre 944 förderte zwar diese Entwicklung nicht, verursachte aber auch keine Eruption. Der König setzte den Grafen Konrad den Roten als Nachfolger ein. Dieser hatte Besitztümer vor allem um Worms und Speyer und stand schon seit mehreren Jahren in einem engen Vertrauensverhältnis zum König. Otto versuchte also nach den Erfol-

gen Ottos von Verdun erneut, den Lothringern einen Mann seines Vertrauens vorzusetzen. Konrad stammte nach neueren Erkenntnissen (H. Naumann) nicht aus dem Geschlecht der fränkischen Konradiner, sondern aus dem alten Trierer Geschlecht der Widonen. Wenn er auch keine der großen Grafschaften besaß, so ist er doch wenigstens in Lothringen kein Landfremder gewesen, wie früher angenommen wurde. Bei den ausgeprägten Tendenzen des lothringischen Adels zu einem eigenen, selbständigen Staat mußte sich jeder Herzog des deutschen Königs schwer tun, und auch Konrad bekam die Animositäten rasch zu spüren. Aber er konnte sich behaupten, und König Otto hat ihn ein paar Jahre später 947 enger an das Königshaus gebunden, indem er ihm seine Tochter Liudgard zur Frau gab.
Die Dissonanzen zwischen Otto und Heinrich hielten nach dem Mordplan von 941 länger an und waren tiefgreifender als bei den früheren Umsturzversuchen des Jüngeren. Aber der König grollte seinem Bruder nicht über Jahre hinaus, und so kam es im Jahr 944 schrittweise zu einer Wiederannäherung. Zur Aussöhnung zwischen den beiden Brüdern ist es allerdings erst mehrere Jahre später gekommen.
945 sind die Ungarn anscheinend erneut nach Norden geritten, aber Bayernherzog Berthold hielt sie im November, wie zwei oder drei Jahre vorher auf und trieb sie zurück, sodaß der König gar nicht einzugreifen brauchte.
Dagegen sah sich Otto bald genötigt, im Westreich wieder aktiv zu werden, allerdings in anderer Richtung als bisher. Nach einem Meuchelmord an Wilhelm Langschwert von der Normandie im Auftrag des Grafen Arnulf von Flandern konnte sich König Ludwig IV. zum Beherrscher über die ganze Normandie aufschwingen, deren Belehnung die Normannen 911 von seinem Vater Karl dem Einfältigen erzwungen hatten. Ludwig IV. stand jetzt »auf der Höhe seiner Macht« (W. Kienast). Dabei geriet er aber erneut mit seinem kapetingischen Rivalen Hugo von Franzien in Kollision. Dieser brachte es fertig, den König von verräterischen Normannen festnehmen und im Juli 945 an sich ausliefern zu las-

sen. Hugo wurde damit zum Lehnsherrn der Normannen, und es fehlte nur noch ein kleiner Schritt zur Vernichtung des Karolingers und zur Herrschaft des mächtigen Kapetingers im Westreich. Diesen Schritt mit seinen machtpolitischen Folgen wollte König Otto jedoch nicht akzeptieren, denn für seine Interessen war ein labiler Gleichgewichtszustand in dem westlichen Nachbarreich am günstigsten. Gerberga hatte den Normannen vergeblich die Auslieferung ihres kürzlich geborenen Sohnes Karl angeboten, wenn sie ihren Gemahl freilassen würden. Nun bat sie ihren Bruder, König Otto, um eine Intervention zugunsten ihres Gatten. Die Bitte war angesichts der taktischen Überlegungen Ottos vermutlich gar nicht nötig, um ihn zum Handeln zu veranlassen. Der deutsche König lehnte eine von seinem bisherigen Bundesgenossen Hugo erbetene Unterredung glatt ab.

Gerberga drängte jedoch auch ihren Schwager, den englischen König Edmund, zu einer Intervention. Beide Könige forderten von Hugo von Franzien daraufhin die Freilassung des Karolingers und seine unbeschränkte Wiedereinsetzung. Aber der Kapetinger fühlte sich enorm stark und überlegen und reagierte auf die Forderungen der Könige nur mit Spott und Hohn. Man erzählte sich dies öffentlich im Volk. Richer, der Mönch und Geschichtsschreiber aus Reims, berichtet, Hugo habe wissen lassen, daß er die Drohungen des englischen Königs verachte. Wenn dessen Krieger zu kommen wagten, würden sie rasch merken, wie die gallischen Waffen schmecken; aber wahrscheinlich kämen die Angelsachsen aus Feigheit ohnedies nicht. Trotzdem sollten sie dann in Kürze die Kraft der Gallier zu spüren bekommen und für ihren Übermut bestraft werden. König Otto wollte Hugo mit einer Botschaft einschüchtern, er besitze eine solch große Streitmacht, wie sie der Deutsche überhaupt noch nie gesehen habe. Die Sachsen schmähte der Kapetinger ebenfalls als feige, während er selbst – so überliefert Widukind Hugos Prahlereien – leicht sieben der kleinen sächsischen Speere in einem einzigen Trinkbecher ausschlürfen könne. Die Sachsen hatten damals noch Speere mit kurzer, schmaler Eisenspitze ähnlich den Frameen der Germanen, mit denen sie jedoch sicherer als die fränkischen Reisigen mit ihren schweren Lanzen trafen. Otto ließ die Großsprechereien seines Schwagers nicht unbeantwortet und warnte Hugo, er werde ihm eine solche Menge von Strohhüten zeigen, wie weder er noch sein Vater jemals gesehen habe.

Mit dem Hinweis auf die Strohhüte meinte Otto seine sächsischen Krieger, die damals wegen ihrer leichten, eigenartigen Kopfbedeckung bekannt waren. Widukind gab sich aber selbst etwas überrascht, als er schrieb: »Und in der Tat, obgleich das Heer mit zweiunddreißig Legionen sehr groß war, fand sich niemand, der nicht einen Strohhut getragen hätte, ausgenommen nur Abt Bovo von Corvey und seine drei Begleiter.«

Hugo von Franzien ließ König Ludwig wohl im Juni 946 frei und soll ihm sogar zum Schein gehuldigt haben, aber er nahm Ludwig als Preis für die Freilassung doch die letzte karolingische Festung Laon weg, sodaß ihm der König machtlos gegenüberstand. Königin Gerberga bat deshalb ihren Bruder, doch auf jeden Fall etwas gegen den übermütigen Kapetinger zu unternehmen.

Tatsächlich ist Otto zwei Monate später im August 946 mit den erwähnten zweiunddreißig Legionen in das Westreich einmarschiert. Von Cambrai, der westlichsten Stadt seines Reiches, wo er sein Heer zusammengestellt hat, zog der deutsche König zusammen mit König Konrad von Burgund zunächst nach Süden. Bald stieß auch König Ludwig IV. zu dem Zug, aber eine Belagerung der Bergfestung Laon scheiterte. Aus dem mindestens ebenso wichtigen und symbolträchtigen Reims konnten die Königstruppen jedoch den antikarolingischen Erzbischof Hugo von Vermandois vertreiben und den seit 940 kaltgestellten Artold, der 936 König Ludwig gekrönt hatte, wieder auf den Erzbischofsstuhl setzen. Daran war Erzbischof Friedrich von Mainz beteiligt, der mittlerweile vom Papst auch zu seinem Vertreter in Gallien ernannt worden war. Allerdings ist es unklar, was hier mit Gallien gemeint war, das ganze Westfrankenreich oder

nur Lothringen. Das Eingreifen Friedrichs in die Angelegenheiten des Reimser Erzbistums läßt annehmen, daß der Mainzer eine päpstliche Vollmacht für das antike Gallien, also für das ganze Westreich, hatte. König Otto war diese Auszeichnung des Mainzer Metropoliten sicher gelegen, denn sie brachte seinem Eingreifen im Westfrankenreich einen willkommenen kirchlichen Rückhalt.
König Ludwig gewann mit der reichen Reimser Kirche eine bedeutende Stütze seiner geschwundenen Macht, und Königin Gerberga nahm hier ihren Wohnsitz. Ihr Bruder Otto und ihr Gemahl zogen weiter durch Herzog Hugos Franzien gegen Paris, das sie vergeblich belagerten, und dann südwärts bis zur Loire. Dort wandte sich der Heerzug nach Norden gegen die Normandie, wo man auch Rouen – die Dänenstadt, wie Widukind wegen der dort ansässigen Normannen schreibt – vergeblich belagerte. Im November löste sich das Heer an seinem Ausgangspunkt Cambrai wieder auf. Es hatte in den rund drei Monaten eine beträchtliche Strecke zurückgelegt, vor allem die Fußtruppen, aber allzuviel war nicht erreicht worden: der Kapetinger war nicht besiegt und der Karolinger nicht restituiert. Aber eben dies, daß keine der französischen Gewalten zu stark wurde, entsprach den Interessen des deutschen Königs.
Während dieser Ereignisse um das Westreich war am 26. Januar 946 die Gemahlin Ottos, die englische Königstochter Edgitha, verstorben. Sie hatte offenbar ein zurückgezogenes, frommes Leben geführt, das vornehmlich von der Erziehung ihrer beiden Kinder erfüllt war. Die Ehe der beiden königlichen Gatten war sehr harmonisch gewesen, und Edgitha hat ihren Gemahl sicher mit ihrer Güte und Milde beeinflußt. Otto ließ seine verstorbene Frau, von der man im Volk bald als von der »heiligen Edith« sprach, in der neuen Kirche des Moritzklosters zu Magdeburg bestatten.
Der verwitwete König wandte sich besonders seinem Sohn Liudolf und seiner Tochter Liudgard zu. Den sechzehnjährigen Liudolf, der bereits seit 940 mit Ita von Schwaben verlobt war, designierte Otto bald zu seinem Nachfolger. Er

war selbst erst vierunddreißig Jahre alt, aber der frühe Tod seiner Gemahlin mag Otto bewogen haben, die Nachfolge seines Geschlechtes auf jeden Fall zu sichern, um mögliche Auseinandersetzungen zu vermeiden. Dabei hat Otto vermutlich nicht zuletzt an seinen jüngeren Bruder Heinrich gedacht, von dem zweifellos große Schwierigkeiten zu erwarten gewesen wären, falls er den König überlebt hätte.

Otto hat im Jahr 947 seine beiden Kinder verheiratet: Liudolf mit Ita von Schwaben und Liudgard mit Herzog Konrad dem Roten von Lothringen. Liudolf sollte eine zweifache Nachfolge antreten: die seines königlichen Vaters und die seines Schwiegervaters Herzog Hermann von Schwaben, der nur die Tochter Ita hatte. Otto setzte mit den Heiraten seiner Kinder seine Familienpolitik konsequent fort, denn er band damit ebenso das Herzogtum Schwaben wie das Herzogtum Lothringen an das liudolfingische Königshaus. Sehr bemerkenswert ist, wie Otto seinem Schwiegersohn bei der Bildung eines beachtlichen Herrschaftskomplexes an der unteren Nahe, also im Herzogtum Franken, völlig freie Hand ließ. Konrad machte Bingen zu seinem dortigen Hauptstützpunkt und ließ hier sogar Münzen schlagen. Man könnte glauben, er habe sich auch als Herzog von Franken gefühlt, denn das Recht des Münzenschlagens war dem König oder dem jeweiligen Herzog vorbehalten. Der König und sein Schwiegersohn verstanden sich offenbar ausgezeichnet, und so hat Konrad 946 in Speyer dem Bischof einen Teil der Königspfalz sowie wichtige wirtschaftliche Rechte verleihen können.

Die Förderung des Handels ließ sich Otto sehr angelegen sein, wobei er viel mit der Kirche und den Klöstern zusammenarbeitete. Markt- und Münzgründungen in den verschiedenen Teilen seines Reiches sind neben dem Ausbau der vorhandenen Handelsplätze zu beobachten. Oft wurden die Märkte freilich nur ein- oder zweimal im Jahr abgehalten, und Münzen wurden auch nur in großen Abständen geschlagen. Im Januar 947 bestätigte der König der Wormser Kirche die Zolleinnahmen, die sie von Kaufleuten und Handwer-

kern erhob, wobei besonders die Friesen als aktive Seefahrer und Kaufleute eine Rolle spielten.
Der Entschluß Ottos, jetzt, nach dem Tod seiner Gemahlin, mit 35 Jahren noch schreiben und lesen zu lernen, hat oft Bewunderung erregt. Diese Fertigkeiten waren dem Königssohn im Kindesalter nicht beigebracht worden. Heinrich I. war eher ein kriegerisch denkender Mann gewesen, dem es vor allem darauf angekommen war, daß sein Sohn zu kämpfen und sich zu verteidigen lernte. Otto hatte sich mündlich Kenntnisse in Französisch und einer slawischen Sprache angeeignet, von denen er allerdings selten Gebrauch machte, wie Widukind berichtet. Wie weit er es mit seinem Schreiben und Lesen gebracht hat, darüber gehen die überlieferten Meinungen auseinander. Widukind berichtet, daß Otto schließlich Bücher mühelos lesen und verstehen konnte. Latein mußte er sich aber immer übersetzen lassen, und fließend gesprochen hat der König nur die niedersächsische Mundart, mit der er aber bei den Süddeutschen schon auf Verständigungsschwierigkeiten stieß.
Der französische König Ludwig kam an Ostern 947 zu Otto nach Aachen, um weitere Hilfe für den Kampf gegen Hugo von Franzien zu erbitten. Ludwig hatte vorher vergeblich versucht, mit lothringischen Hilfstruppen eine Exklave des Reimser Erzbistums auf deutschem Boden, die der vertriebene Erzbischof Hugo besetzt halten konnte, zu erobern. Anfang August trafen sich die beiden Könige erneut in Lothringen am Chiers, einem rechten Nebenfluß der Maas. König Otto stand nun völlig auf der Seite des französischen Karolingers, sicher vornehmlich auf Grund der Einwirkungen Gerbergas auf König Ludwig, die dessen Ambitionen auf Lothringen zügelte und so die Übereinstimmung mit Otto ermöglichte.
Am Chiers sollte der schon seit Jahrzehnten andauernde Streit um das Erzbistum Reims entschieden werden. Er war bereits 925 verursacht worden, als man den fünfjährigen Sohn Hugo des Grafen Heribert von Vermandois auf diesen Erzbischofsstuhl des Westreiches, der das Recht auf die Kö-

nigskrönung einschloß, beförderte. Der den kanonischen Vorschriften nicht entsprechende kindliche Erzbischof wurde 931/2 durch den Mönch Artold ersetzt. Nachdem jedoch Hugo von Franzien 940 die Stadt Reims erobert hatte, mußte der vom König geförderte Artold wieder weichen, und Hugo von Vermandois kam erneut auf den Erzbischofsstuhl. 946 wurde dann wieder Artold von den Königen Otto und Ludwig eingesetzt. Nun erklärten die Bischöfe 947 den beiden Königen am Chiers, daß nur eine Synode das Schisma zwischen Hugo und Artold auf dem Reimser Erzstuhl beenden könne. König Ludwig und Herzog Hugo von Franzien schlossen zunächst einen Waffenstillstand. Als dann aber im November 947 und im Januar 948 zwei Synoden unter dem Vorsitz des Trierer Erzbischofs Rotbert stattfanden, kam kein Ergebnis zustande, weil der aus Reims vertriebene Erzbischof Hugo sich weigerte zu erscheinen. Außerdem hatten Papst Agapet II. und sein Vertreter, der Mainzer Erzbischof, zwei widersprüchliche Anweisungen erlassen. Es stellte sich allerdings bald heraus, daß der Papst dabei einer Fälschung aufgesessen war.

Unterdessen war am 23. November 947 – wenigstens nach einem Teil der Meinungen, nach einem anderen Teil erst ein Jahr später im November 948 – Herzog Berthold von Bayern gestorben. Da der Verstorbene weitläufig mit dem Königshaus verwandt war – sofern die unsichere Überlieferung über seine Frau Biletrud überhaupt zutrifft –, sah Otto die Chance, das südliche Herzogtum enger an sich zu binden. Aber welche Möglichkeiten hatte er dazu? Bruder Heinrich, der mit der Tochter Judith des 937 verstorbenen großen Herzogs Arnulf von Bayern verheiratet war? Konnte er sich auf ihn verlassen? Würden die Unabhängigkeitsbestrebungen des bayerischen Stammes nicht wieder aufbrechen und von einem Herzog Heinrich sogar mit Freuden aufgegriffen und gefördert – um der eigenen Unabhängigkeit willen? Wer konnte dem König aus diesem Dilemma helfen? Dem kleinen, unmündigen Sohn Bertholds wollte Otto Bayern auf keinen Fall überlassen. Die Luitpoldinger als Vorfahren der

Wittelsbacher verloren damit ihr angestammtes Herzogtum. Wieder war es die Mutter Mathilde, die ihren Einfluß zugunsten ihres Lieblingssohnes Heinrich geltend machen und ihn auf den bayerischen Herzogsstuhl befördern konnte. Heinrichs Mordanschlag auf den König aus dem Jahre 941, für den andere hingerichtet worden waren, war damit getilgt und vergessen.

Würde sich Heinrich nun endgültig dem Bruder unterordnen und auch seine Enttäuschung wegen des ungleichen Erbes überwinden können? Es ist zu vermuten, daß Heinrich große Teile des bayerischen Reichsgutes von Otto erhalten hat, denn sonst wäre die Stellung des stammesfremden neuen Herzogs in Bayern ziemlich aussichtslos gewesen. Der Monarch hat seinen Bruder anscheinend als eine Art Vizekönig eingesetzt.

Im Westen waren die Verhältnisse noch völlig ungesichert. Aber der deutsche König hatte großes Interesse, die Entwicklung in seinem Sinn zu lenken. Das hatte schon die Durchführung der beiden Synoden um die Jahreswende auf deutschem Boden gezeigt. Der Papst schickte den Bischof Marinus von Bomarzo und Bibliothekar des Heiligen Stuhles als außerordentlichen und bevollmächtigten Legaten, der eine »Generalsynode« einberufen und ihr vorsitzen sollte. Es zeugt für das politische Gewicht und Geschick König Ottos, daß es ihm gelang, diese Kirchenversammlung zur Klärung einer inhaltsschweren Angelegenheit des Westreiches in sein Reich zu ziehen. Am 7. Juni 948 traten deutsche und französische Bischöfe in Ingelheim am Rhein, der alten Königspfalz Karls des Großen zwischen Mainz und Bingen, zu der »Heiligen und Generalsynode« zusammen. Die Deutschen waren unter den zweiunddreißig Bischöfen in der Überzahl, weil Herzog Hugo von Franzien die westfränkischen Bischöfe an der Reise zum Rhein zu hindern suchte. Die Bischöfe hingen teilweise ohnehin dem vertriebenen Erzbischof Hugo an, der natürlich auch nicht nach Ingelheim kam.

Aber die beiden Könige des Ost- und Westreiches, Otto und Ludwig, nahmen mit zahlreichem Gefolge teil. Tagungsstätte

war nicht die königliche Pfalz, sondern die Kirche des Heiligen Remigius. Es ging um eine kirchliche, nicht um eine weltliche Angelegenheit, bei der man sich die Hilfe des Patrons von Reims erhoffte, der im 6. Jahrhundert den jetzt umstrittenen Erzbischofsstuhl innehatte. Der Heilige Remigius hatte Reims doch schon einmal vor einer großen Gefahr bewahrt, wie die Fuldaer Annalen berichten. Im Jahr 881, als die Normannen plündernd und mordend durch das Land zogen, hat Remigius nach der Legende die Stadt Reims in einen so dichten Nebel gehüllt, daß sie für die Nordmänner unauffindbar war.
Nach der Festlegung der Tagesordnung und sonstigen Präliminarien, zu denen die Bischöfe unter sich geblieben waren, durften auch die beiden Könige in die Versammlung der Synode einziehen. Zunächst führte König Ludwig bewegte Klage über das ihm zugefügte Unrecht. Er berichtete unter Tränen, wie er nach der Gefangennahme seines Vaters durch den Vater des Erzbischofs Hugo 923 von seiner Mutter als kleines Kind in einem Bündel Heu versteckt aus Frankreich nach England in Sicherheit gebracht werden mußte (weshalb er später »Ludwig der Überseeische« genannt wurde). Auf den Ruf des Herzogs Hugo von Franzien sei er im Jahre 936 wieder zurückgekehrt und zum König erhoben worden. Aber der Kapetinger lasse ihm keine Rechte und Besitztümer, außer der Stadt Laon. Er mache ihm alle seine Freunde abspenstig und hetze alle Welt gegen ihn auf, so auch die Normannen, die ihn schließlich gefangengenommen und an Hugo ausgeliefert hatten. Er brachte dort nahezu ein volles Jahr im Kerker zu, bis der Kapetinger ihn auf Druck der Könige von England und des Ostfrankenreiches gegen die Überlassung seines einzigen Zufluchtsortes Laon freiließ. König Ludwig bat in seiner Not alle Anwesenden um Beistand und erbot sich zum Zweikampf, um die Wahrheit seiner Worte mit einem Gottesurteil zu beweisen.
Erzbischof Rotbert von Trier und der päpstliche Legat Marinus sprachen sich für die Unterstützung König Ludwigs durch die Kirche aus. Das geschah durch einen Beschluß,

dem Herzog Hugo von Franzien den Kirchenbann anzudrohen, falls er sich nicht seinem rechtmäßigen Herrn, dem König Ludwig, unterwerfe. Die Kirche stellte sich also schützend vor den König und verbot jegliche Verletzung seiner Majestät. Der päpstliche Legat forderte auch König Otto auf, mit seiner weltlichen Macht das Vorgehen der Kirche zu unterstützen. Der deutsche Monarch erwiderte nach einem Bericht Richers: »Nicht unbedeutend ist der Beistand, welchen Ihr, ehrwürdige Väter, dem durchlauchtigen Herrn und König Ludwig zu leisten imstande seid. Denn wenn Ihr seine Widersacher mit den Waffen der Kirche angreift, so werden jene entweder leicht im Kampf besiegt stürzen oder sie werden durch unsere Waffen, falls diesen dann noch etwas zu tun übrig bleibt, mit umso geringerer Mühe zu überwinden sein. Nehmt also Ihr die Werkzeuge Eures Standes zur Hand, wie der Legat des Herrn Papstes dazu auffordert, und schmettert die Gegner dieses großen Königs mit dem Schwert des Kirchenbannes nieder. Sollten sie aber dann ihren Nacken dagegen zu erheben und den Befehlen des Herrn zu widerstehen wagen, so werden wir, denen es obliegt, die Heilige Kirche Gottes in diesem Teil der Welt zu beschützen, unsere Pflicht erkennen und gegen solche Frevler die Waffen ergreifen und sie mit Gewalt zum Gehorsam bringen. Wir sind entschlossen, falls es nötig wäre, mit gezücktem Schwert gegen diese gottlosen Menschen bis zu ihrer gänzlichen Vernichtung zu kämpfen, da wir dann gegen sie den gerechtesten Grund zum Zorn haben, weil sie Unrecht tun und wegen ihres Unrechtes ermahnt, dennoch nicht davon lassen wollen. Tut Ihr also das Eure, dann wird Euren bescheidenen Worten unsere Kraft Nachdruck verleihen.«
Wenn das Zitat Richers auch mit Vorsicht aufzunehmen ist, weil dieser Chronist seinen Berichten öfters Stücke eigener Phantasie eingefügt hat, so ist damit doch die Tendenz von König Ottos Verhalten zweifellos richtig wiedergegeben.
Erzbischof Artold verlas sodann seine vorbereitete Klage über seinen Widersacher Hugo von Vermandois. Der Text wurde sogleich aus dem Lateinischen ins Deutsche übersetzt,

um ihn König Otto verständlich zu machen. Artold legte auch ein Schreiben von Papst Agapet II. vor, der ihn anwies, das Erzbistum Reims zu behalten. Da meldete sich jedoch ein Diakon Sigibold zu Wort und zeigte ebenfalls ein Schreiben des Papstes, demzufolge die Suffragane von Reims die Wiedereinsetzung Hugos gewünscht hätten und er, der Papst, bereit sei, den Wunsch zu erfüllen. Diese Wendung der Dinge löste eine peinliche Überraschung aus: welches päpstliche Mandat hatte Gültigkeit? Die Bischöfe von Laon und Cambrai, beide Reimser Suffragane, meldeten sich zu Wort und teilten mit, daß sie niemals den Wunsch nach Wiedereinsetzung des Erzbischofs Hugo geäußert hätten. So stellte sich das zweite Schreiben des Papstes als Fälschung heraus.
Unter den Synodalen herrschte nach diesem Zwischenfall große Erleichterung. Der Diakon Sigibold hatte sich als Falschspieler erwiesen und wurde umgehend seiner geistlichen Würden entkleidet. Der Streit war damit zugunsten Artolds entschieden. Es wurde beschlossen, ihn entsprechend den kanonischen Vorschriften und den Anweisungen der Heiligen Väter wieder in sein Erzbistum einzusetzen. Sein Gegner Hugo aber wurde exkommuniziert, und seine Anhänger, alle, die er oder die ihn geweiht hatten, mußten sich in Trier der Kirchenbuße unterwerfen, wenn sie nicht auch exkommuniziert werden wollten. Herzog Hugo von Franzien wurde abermals mit dem Kirchenbann bedroht, falls er den von ihm vertriebenen königstreuen Bischof von Laon nicht wieder einsetzen würde.
Die Überlieferung wichtiger Einzelheiten der Synode geht auf den französischen Geschichtsschreiber und damaligen Kanonikus Flodoard zurück, der in Ingelheim anwesend war. Sein Bericht ist sicher nicht unparteiisch, denn als Anhänger Artolds war er unter dem Regiment Erzbischof Hugos inhaftiert und schließlich aus Reims vertrieben worden, weshalb er jetzt verständlicherweise zu seinem eigenen Vorteil die Rehabilitation Artolds erhoffte.
Drei neue nordische Bischöfe traten in Ingelheim zum ersten Mal in Erscheinung: Reginbrand von Aarhus, Liafdag von

Ripen und Horath von Schleswig. Sie erhielten ihre Insignien, Ring und Stab, vermutlich kurz vor der Synode zu Ingelheim oder wurden sogar erst während dieser Kirchenversammlung konsekriert. Das seit 831 bestehende Erzbistum Hamburg erhielt damit endlich Suffraganbistümer. Der vom König immer wieder für seine Dienste herangezogene Abt Hadamar aus Fulda holte in Rom die päpstliche Erlaubnis für diese Bistumsgründungen ein. Die Bemühungen König Ottos und des Hamburger Erzbischofs Adaldag um die Christianisierung der Dänen waren also erstaunlich rasch und erfolgreich vorangekommen.
Einige weitere Beschlüsse der Ingelheimer Kirchenversammlung sind zur Charakterisierung der damaligen Zeitverhältnisse interessant. Das seit germanischer und vorchristlicher Zeit praktizierte Eigenkirchenrecht verlieh den Stiftern einer Kirche alle Rechte über einen von ihnen eingesetzten Priester. Sie wählten dazu oft Unfreie, die sie nach Belieben – auch mit der Peitsche – zu Arbeiten zwangen und auch wieder absetzten. Fromme Gaben der Gläubigen wurden oft von den Eigentümern der Kirchen vereinnahmt. Deshalb wurde in Ingelheim bestimmt, daß Priester nur mit bischöflicher Zustimmung ein- und abgesetzt werden dürfen, daß kein weltlicher Herr einen Priester schlagen darf und daß Stiftungen der Gläubigen dem Pfarrer zustehen. Über Streitigkeiten sollte eine kirchliche Synode entscheiden. Männer durften zwar nach biblischer Vorschrift eine ehebrüchige Frau verstoßen, zu deren Lebzeiten aber nicht wieder heiraten. Ein Beschluß galt auch den unerlaubten Ehen der Priester, die sich nicht an die Vorschrift des Zölibates halten wollten. Die Vorschriften waren nicht neu, aber sie mußten immer wieder in Erinnerung gerufen werden.
Die Synodalen hatten viele Beschlüsse gefaßt. König Otto aber mußte nun zusehen, wie er vor allem den Herzog Hugo von Franzien dazu bringen konnte, die ihm von der Synode auferlegten Verpflichtungen zu erfüllen. König Ludwig war machtlos und konnte den kraftvollen Kapetinger zu nichts zwingen. Ludwig bat deshalb seinen deutschen Schwager er-

neut um Hilfe und Unterstützung, wie Flodoard berichtet. Die Heirat mit Gerberga erwies sich für König Ludwig als ein Glückszug, auch wenn er das ursprünglich erhoffte Lothringen nicht erhielt. Aber die Schwester Ottos fand bei ihrem Bruder stets ein offenes Ohr, wenn sie in diesen schlimmen Jahren für ihren Gemahl oder für ihre Kinder bat. Otto beauftragte den Lothringer Herzog Konrad den Roten, die Beschlüsse der Ingelheimer Synode gegen Hugo von Franzien in die Tat umzusetzen.

Ein Teil der Truppen des Lothringers unter dem Kommando einiger Bischöfe zog rasch vor die Reimser Exklave Mouzon an der Maas, die Hugo von Vermandois wiederholt als Zuflucht gedient hatte, obgleich sie auf ostfränkischem Boden lag. Hugo entkam bei der Eroberung der Festung. Konrads Heer zog dann an die Aisne und eroberte die starke Burg Montaigu. Aber die weit ins Land sichtbare Festung Laon trotzte auf ihrem Bergrücken erneut allen Stürmen. Schließlich versuchte man es mit geistlichen Mitteln, bannte den Führer der Belagerten und lud Herzog Hugo vor eine neue Synode, in der Hoffnung, ihn mit Gottes Beistand zu überwinden.

Der Herzog kümmerte sich nicht um die verschiedenen Bannandrohungen, sondern zog mit grimmigem Vergnügen in das Erzbistum Reims, wo er so viel wie möglich verwüstete und plünderte. Richer berichtet sogar, Hugo habe über fünfhundert in die Kirchen geflüchtete Menschen bei lebendigem Leibe verbrannt. Natürlich ließ es sich Hugo nicht einfallen, Anfang September 948 in das Ostreich zu der festgesetzten Synode nach Trier zu kommen. Der päpstliche Legat Marinus präsidierte hier wieder zusammen mit dem Trierer Erzbischof Rotbert. Es erschienen jedoch nur wenige Bischöfe, denn die Geistlichen fürchteten mehr noch als im Juni bei der Ingelheimer Synode Verwicklungen mit dem gewalttätigen und rachsüchtigen Herzog Hugo und seinen Anhängern. König Ottos Gesandter, der Kapellan Liudolf hatte Mühe, die Exkommunikation des Kapetingers durchzusetzen, und nicht wenige der Nichterschienenen waren froh, daß man ihnen keine Mitwirkung bei dieser Exekution anhängen konnte. König Otto hatte dennoch erneut seinen weitreichenden Einfluß auf die Angelegenheiten des Westreiches geltend gemacht.

Schon in Ingelheim war wohl nicht nur über die neuen Bistümer in Dänemark gesprochen worden, sondern auch über solche in den slawischen Gebieten östlich der Elbe. Eine Reichsversammlung zu Magdeburg gründete am 1. Oktober 948 die Bistümer Brandenburg und Havelberg. Das Bistum Havelberg ist vielleicht schon zwei Jahre vorher gegründet worden. Da jedoch eine päpstliche Zustimmung erforderlich und der päpstliche Legat Marinus nur im Jahr 948 in den deutschen Ländern war, ist dieses Jahr wahrscheinlicher. Die neuen Bischöfe Thietmar von Brandenburg und Dudo von Havelberg wurden in Anwesenheit der Erzbischöfe Friedrich von Mainz und Adaldag von Hamburg-Bremen feierlich in ihre Bistümer eingesetzt. Der König stattete jedes der beiden Bistümer mit einer reichen Dotation aus, es wurde ihnen der Zehnte der slawischen Bewohner ihres Sprengels zugewiesen, und sie bekamen zu ihrer eigenen Verteidigung jeweils mehrere Burgen und Burgbezirke (Burgwarde). Bemerkenswert sind die großen Missionssprengel, die die zwei Bistümer erhielten: Brandenburg allein zehn Slawengaue, hauptsächlich bei den Hevellern und Lausitzern, Havelberg nördlich davon vornehmlich bei den Wilzen und den besonders aufsässigen und schwer zu beherrschenden Redariern. Die Grenze zwischen den beiden Bistümern verlief von der Elbe auf der Höhe von Tangermünde zur Havel und den Rhin entlang nordöstlich bis zum Stettiner Haff. Brandenburg war im Süden etwa von der Schwarzen Elster, Havelberg im Norden von Elde und Peene begrenzt. Beide Bistümer wurden kirchenrechtlich dem Erzbischof von Mainz unterstellt, hatten aber weltlich den Charakter reichsunmittelbarer Gebiete. Die Zuordnung zur Erzdiözese Mainz zog beträchtliche Schwierigkeiten für den König nach sich.

Die beiden neuen Bistümer waren mit ihrer reichen Ausstattung an weltlichen Mitteln und Möglichkeiten nicht nur da-

zu bestimmt, das Christentum bei den Slawen zu verbreiten. Das sollte nicht allein mit friedlichen Mitteln geschehen, sondern auch mit Waffengewalt. Die neu aufgekommenen Armbrüste – sie waren nach der Völkerwanderung und dem Untergang des römischen Reiches in Vergessenheit geraten – machten die Christen den Slawen überlegen. Sie schufen in Kämpfen und Siegen den Platz für neue Kirchen und Klöster – für die Christen waren die Slawen, die »Ungläubigen«, die mit dem Teufel Verbündeten, bis auch sie an den christlichen Gott glaubten. Ein Slawe war im 9. und 10. Jahrhundert im Abendland so viel wie ein Sklave.
Augustinus lieferte mit seinem Aufruf zur Verwirklichung des Gottesreiches auf Erden die Legitimation für die Bekehrung der »Heiden«. Christlicher Glaubenseifer und politischer Expansionsdrang leiteten die Waffen nach Osten. Die Herkunft der meisten Bischöfe aus dem Adel verstärkte die Militanz der christlichen Mission, sie beteiligten sich nicht selten persönlich an den Kämpfen. Hinter der christlichen Mission steckte oft nur Tatendrang und Eroberungslust.
In diesem ereignisreichen Jahr 948 unternahmen auch die Ungarn einen neuen Vorstoß nach Norden gegen Ottos Reich. Der neue bayerische Herzog Heinrich konnte ihnen im Nordgau am Entenbühl an der Grenze zu Böhmen – im heutigen Oberpfälzer Wald – den Einbruch in sein Herzogtum glücklicherweise verwehren. Jetzt hatte der Königsbruder eine Möglichkeit gefunden, seinen Tatendrang zu stillen, und wieder hatte sich offenbar ein gutes Meldesystem bewährt, das die rechtzeitige Aufstellung einer Streitmacht am richtigen Platz ermöglichte. Die Verbesserung des Verhältnisses Böhmens zum Reich erwies sich als vorteilhaft, denn der ehedem so feindselige Herzog Boleslaw hatte König Otto nach immer neuen Reibereien und Scharmützeln 946 Geiseln gegeben, die für sein künftiges Stillhalten bürgen sollten. Widukind berichtet davon, daß der König die Geiseln dem Volk habe zeigen lassen, wohl um damit kundzutun, daß die seit zehn Jahren anhaltenden blutigen und verlustreichen Kämpfe gegen die Böhmen nun zu Ende seien.

Otto konnte auch auf die Entwicklung im Süden mit Zufriedenheit blicken. Der Markgraf Berengar von Ivrea hatte sich 941 unter den Schutz des deutschen Königs gestellt, und Otto hatte dadurch die Oberherrschaft über das Vorland zu den wichtigen Alpenpässen von Italien nach Burgund gewonnen. 943 hatte Berengar die Ungarn zu einem Einfall in Oberitalien gegen König Hugo animiert. Aber Hugo erreichte mit hohen Tributzahlungen den raschen Abzug der Magyaren, denen er Führer mitgab, um sie gegen die Araber in Südfrankreich zu lenken. Anfang 945 war Berengar wieder über die Alpen nach Italien zurückgekehrt, und es war ihm mit Hilfe einiger Anhänger rasch gelungen, König Hugo zu stürzen. Dessen Sohn Lothar konnte jedoch mit der Partei Berengars in Mailand zu einem Interessenausgleich kommen. Er übernahm die Krone seines Vaters, trat aber die Macht und das Befehlsrecht weitgehend an Berengar ab. In Anbetracht des Vasalleneides, den Berengar 941 König Otto geleistet hatte, erschien es ihm sicher zweckmäßig, zunächst etwas im Hintergrund zu bleiben und dem jungen Lothar die Repräsentanz des Königtums zu überlassen. Vielleicht hat er sich auch daran erinnert, daß ihm Lothar einmal – wenigstens nach der Erzählung Liudprands von Cremona – das Augenlicht gerettet hat. Lothar heiratete 947 die ihm von seinem Vater anverlobte Adelheid, Tochter des 937 verstorbenen Burgunderkönigs Rudolf II. Der gestürzte König Hugo entfloh im gleichen Jahr der Kontrolle seines Gegners Berengar in die Provence, wo er ein Jahr darauf in Arles gestorben ist. Damit hatte der von König Otto protegierte Berengar mehr Rükkenfreiheit, denn Hugo hatte doch stets auf den Sturz seines Feindes hingearbeitet.

Liudprand von Cremona erzählt in seinem »Buch der Vergeltung« von einer Reise, die er im Jahr 949 im Auftrag Berengars zum Kaiser von Byzanz nach Konstantinopel unternommen hat. Liudprand war bis 945 am Hof König Hugos gewesen und hatte eine Ausbildung an der damals hervorragenden Hofschule genossen. Nach dem Sturz Hugos war er zu Berengar übergewechselt und von diesem mit der

Otto I.
Miniatur aus der anonymen Kaiserchronik.
Handschrift vom Anfang des 12. Jahrhunderts (Corpus Christi College, Cambridge).

erwähnten Reise beauftragt worden. Berengar scheute Liudprand zufolge die beträchtlichen Ausgaben für diese Reise und überredete den Stiefvater Liudprands, seinen jungen Stiefsohn zur Erlernung des Griechischen auf eigene Kosten nach Konstantinopel zu entsenden. Liudprand traf in Venedig mit einem Gesandten König Ottos und mit einem Botschafter aus Byzanz zusammen, mit denen er seine Reise nach Konstantinopel fortsetzte. Voll Staunens berichtet Liudprand über den Reichtum in Byzanz, den er auf einigen Empfängen erlebte: vergoldete, automatisch bewegte singende Vögel und brüllende Löwen, phantastisch jonglierende Artisten, ein enormer Tafelaufsatz und üppige Geschenke des Kaisers an seine Untergebenen. Aber Liudprand berichtet mit unwilligen Worten auch, daß zwar einige spanische Gesandte und der Legat König Ottos dem Kaiser große Geschenke überreicht hätten, er selbst aber von Berengar mit leeren Händen entsandt worden war – einen Brief ausgenommen – »und der noch voller Lügen«. Liudprand fabuliert, er habe eigene Geschenke mitgebracht, die er, um Berengar nicht bloßzustellen, in dessen Namen überreichte: neun Panzer, sieben herrliche Schilde mit vergoldeten Buckeln, zwei silberne, vergoldete Becher, Schwerter, Lanzen, Spieße und vier Sklaven, die besonders wertvoll waren, weil sie vollkommen entmannt, also auch ohne Rute waren, wie Liudprand hervorhebt. Die Kaufleute zu Verdun, der schon zur Karolingerzeit bedeutenden Handelsstadt an der Maas, würden sich mit dem Verkauf von Sklaven aus der Gegend des Aralsees an die Araber in Spanien »unermeßlichen Gewinn« verschaffen.

Liudprand läßt uns über das Ergebnis seiner Reise im unklaren. Mehr wissen wir dagegen über die Themen der Verhandlungen zwischen König Otto und Kaiser Konstantin VII. Porphyrogenetos. Botschaften waren zwischen dem deutschen und dem byzantinischen Hof schon vier Jahre vorher anläßlich der Übernahme der Alleinherrschaft durch Konstantin VII. ausgetauscht worden. Jetzt war von einem Bündnis zwischen Byzanz und dem Reich König Ottos zur Bekämpfung der Sarazenen auf Sizilien und in Spanien die Rede. Das zeigt, daß man König Otto in Konstantinopel als den »großen König des sächsischen Franken« einschätzte. Das Bündnis sollte nach den damaligen Bräuchen mit einer Heirat zwischen den beiden Herrscherfamilien bekräftigt werden. In Byzanz dachte man an den Thronfolger Romanos II., in Deutschland an eine Nichte König Ottos, die Tochter Hadwig des bayerischen Herzogs Heinrich. Die Verhandlungen zogen sich sehr in die Länge. Erst 952 kam eine byzantinische Gesandtschaft nach Augsburg, und Eunuchen sollten Hadwig für ihren künftigen Gemahl porträtieren und ihr griechischen Unterricht erteilen. Die Vorbereitungen für die Heirat wurden also erst nach den jahrelangen Vorverhandlungen intensiv betrieben. Da Hadwig aber keine Lust hatte, sich nach Konstantinopel verfrachten zu lassen, zog sie üble Grimassen, damit kein brauchbares Bild von ihr gemalt werden könne. So berichtet jedenfalls später der St. Gallener Mönch Ekkehard IV. Schließlich wurde der Heiratsplan doch aufgegeben, da ein gemeinsames Vorgehen gegen die Sarazenen nicht zustande kam. Trotzdem scheint in den damaligen Verhandlungen die von Otto ins Auge gefaßte Kaiserkrönung eine Rolle gespielt zu haben, und man hält es für möglich, daß der gelehrte Konstantin VII. ein fränkisches Kaisertum zu tolerieren bereit war (W. Ohnsorge).

König Ottos Sohn Liudolf, Gemahl Itas, der einzigen Tochter des Herzogs Hermann, wurde Herzog von Schwaben, als sein Schwiegervater am 16. Dezember 949 starb. Von ihm sind Münzprägungen aus Zürich, Eßlingen und Breisach bekannt. Zu Liudolfs Zeit sollen an dem alten Neckarübergang Eßlingen Märkte stattgefunden haben. Liudolf hat mit der Anlage eines Gestütes, eines »Stutgartens« in der Nähe Eßlingens, auch die Grundlagen für Stuttgart geschaffen.

Mit der Erhebung Liudolfs zum Schwabenherzog waren nun alle drei Herzogtümer des Ostreiches, die nicht direkt dem König unterstanden, mit engen Verwandten Ottos besetzt: Bayern mit seinem Bruder und Lothringen mit seinem Schwiegersohn. Die Spitze des Nepotismus schien erreicht. Was Otto schon 938 bei der Einsetzung Bertholds in Bayern praktiziert hatte, das führte er konsequent weiter: die Herzöge waren für ihn nur Amtshelfer, die er ausschließlich nach seinem eigenen Urteil einsetzte. Keinesfalls erkannte er Erbansprüche auf die Herzogswürde an, wenn sie nicht zufällig mit seinen Zielen übereinstimmten. Das machte den König unabhängiger, aber er war damit nicht vor Intrigen, Untreue und Ungehorsam allzu mächtiger Herzöge geschützt.

In den slawischen Marken herrschte zu Beginn des Jahres 950 Ruhe und Sicherheit, denn Markgraf Gero unternahm eine Wallfahrt nach Rom. Er war offenbar wie der König überzeugt, daß so bald kein neuer Aufstand der Slawen zu erwarten sei. Der alte germanische Naturglaube war im 10. Jahrhundert noch nicht ganz überwunden und verdrängt, daher bedeutete es für das Christentum sehr viel, daß der König und seine Fürsten in der Ausübung des neuen Glaubens immer wieder deutlich sichtbare Zeichen setzten und sich zum christlichen Gott bekannten. Es zeugt sicher von Zweifeln an der Lehre des Christentums, daß noch im 10. Jahrhundert die sogenannten Merseburger Zaubersprüche von einem Schreibkundigen ausgerechnet in eine geistliche Handschrift geschrieben wurden. Der erste der Zaubersprüche, die an den germanischen Glauben erinnern, erzählt von Walküren:

Wirkten einst Schlachtjungfrauen da und dort
Festigten die Fesseln lähmten dort ein Heer
Andere lösten die Fesseln der armen Gefangenen:
Entspringt eurer Haft entflieht euren Feinden!

Der zweite Zauberspruch handelt von Wotan und Freija und ihrem gemeinsamen Sohn Baldur. Man »besprach« und heilte ein verletztes Pferd: »Wie die Beinrenke, so die Blutrenke, so die Gliedrenke: Bein zu Bein, Blut zu Blut, Glied zu Glied, so sie geleimt sei'n«. Die beiden Merseburger Zaubersprüche wären wohl ebensowenig wie andere althochdeutsche kultische Texte und Dichtungen überliefert worden, wenn sie nicht von geistlicher Hand aufgezeichnet worden wären.

Fürsten und Adel lebten den christlichen Glauben vor, der so in das Volk eindrang. Die Wallfahrt Markgraf Geros nach Rom ist auch deshalb bemerkenswert, weil das Ansehen des Papstes damals nicht groß war. Aber der rauhe Krieger Gero war von dem Glauben seines Königs, von seiner Heiligen Lanze und der Gründung des Bistums Havelberg in seiner Mark sicher so beeindruckt, daß er seinem Gott mit einem entbehrungsreichen Winterritt über die Alpen seine Demut bezeugen wollte. Er ritt auf dem Rückweg nach St. Gallen, das mit Besitzungen vom Elsaß bis nach Italien eines der reichsten Klöster der damaligen Zeit war. König Otto hatte dem Kloster erst 947 Markt- und Münzrecht für den Ort Rorschach am Südufer des Bodensees verliehen, um damit vor allem den nach Italien und Rom Ziehenden Kaufmöglichkeiten zu bieten. Gero erwirkte in St. Gallen seine Aufnahme in die Gebetsverbrüderung. Er brachte aus Rom eine kostbare Reliquie nach Norden, einen Arm des Märtyrers und Heiligen Cyriacus aus dem 4. Jahrhundert, den er einem von ihm alsbald bei Aschersleben gegründeten Kloster Frose übergab.

Das Jahr blieb nicht so ruhig, wie es sich angelassen hatte. Herzog Boleslaw von Böhmen hielt sich anscheinend nicht an die 946 getroffenen Vereinbarungen, für die er Geiseln gestellt hatte. König Otto brach deshalb im Sommer 950 mit einer starken Streitmacht in Böhmen ein und drang bis in die Gegend von Prag zu einer von Boleslaws gleichnamigem Sohn befehligten Burg vor. Das Heer Ottos war so groß, daß der junge Boleslaw keine Chance sah, erfolgreich Widerstand zu leisten. Der Herzogssohn zog es vor, freiwillig in das Lager des deutschen Königs zu gehen und sich der Übermacht zu unterwerfen. »Er stellte sich unter die Fahnen, gab hier dem König Rede und Antwort und erhielt zuletzt Verzeihung«, schreibt Widukind. Mit diesem Sieg vor der Nimburg an der Elbe östlich von Prag war auch das Schicksal Herzog Boleslaws und seines Herzogtums Böhmen besiegelt. Aufs neue wurden Tributzahlungen vereinbart, und König Otto stellte aus Freude über die Bezwingung der Böhmen am 16. Juli 950 in der Nimburg eine Schenkungsurkunde für die St.-Emmerams-Kirche in Regensburg aus. Herzog Heinrich von Bayern wurde mit der Aufsicht über Böhmen beauftragt, und der König zog mit seinem Heer glücklich wieder nach Hause. Die Eingliederung Böhmens in das deutsche Reich stellt einen Höhepunkt im Wirken Ottos I. dar.

Im Westen glückte Otto in diesem Jahr ein Erfolg, der allerdings von kurzer Dauer war. Richer schildert, wie König Ludwig IV. Mitte 949 zunächst einen Sieg über die Partei seines kapetingischen Gegners errungen hat. Es gelang, mit Hilfe einer Kriegslist, die Richers Vater ausheckte – königliche Reisige schmuggelten sich an Stelle herzöglicher Stallknechte in die Burg – Laon, die wichtige, prestigeumwobene Festung wieder in die Hand des Karolingers zu bringen. Papst Agapet II. bestätigte und wiederholte im gleichen Jahr in Rom die in Trier ausgesprochene Verstoßung Herzog Hugos von Franzien aus der Gemeinschaft der Gläubigen. So wurde für Hugo die Gefahr immer größer, von seinen Vasallen nicht mehr anerkannt zu werden. Die Grafenbrüder von Vermandois unterwarfen sich König Ludwig und gaben die Ansprüche ihres Bruders auf das Erzbistum auf. Die wichtigsten Verbündeten hatten den Herzog damit verlassen. Das war der Boden, auf dem dann 950 durch Vermittlung König Ottos und des von ihm beauftragten Herzogs Konrad von Lothringen ein Ausgleich zwischen dem karolingischen König und dem kapetingischen Herzog zustande kam. Zum fünftenmal suchte Ludwig seinen Schwager Otto auf, um sich Rat für das weitere Vorgehen zu holen. Die beiden Gegner Ludwig und Hugo trafen sich dann mit ihrem Gefolge nach einem hinhaltenden Annäherungsritual an der Marne, wo Herzog Hugo dem König erneut Mannschaft schwor und ihm einen in der Burg zu Laon von den Seinen immer noch gehaltenen Turm auslieferte. Aber das Einvernehmen hielt nicht lange an, denn die faktische Übermacht Hugos war zu groß, als daß er sich auf die Dauer dem letztlich doch nur formalen Königtum Ludwigs IV. gefügt hätte.

Die mittleren Jahre

Italien rückt in das Interessenfeld

Über neue Kämpfe mit den Ungarn liegen nur verworrene und unklare Nachrichten vor. Die Ungarn scheinen nach ihrer Vertreibung im Jahre 948 durch Herzog Heinrich an der Grenze des bayerischen Nordgaues ein Jahr später einen Sieg über die Bayern errungen zu haben. Der Ort der Schlacht läßt sich jedoch heute nicht mehr ermitteln, und die Vermutungen schwankten in der Geschichtsschreibung bereits auf einem weiten Feld zwischen der Gegend um Straubing an der Donau und Ödenburg unweit des Neusiedler Sees im heutigen Ungarn. Wenn es zuträfe, daß die Schlacht in der Gegend von Ödenburg geschlagen worden ist, dann wären allerdings nicht die Ungarn die Angreifer gewesen, sondern der bayerische Herzog Heinrich. Er hätte dann erstmals einen beachtenswerten Angriff in das Land der Magyaren vorgetragen und vorher die ganze ehemalige bayerische Ostmark durchquert. Seine Niederlage bei einer solch weiten Rückzugslinie durch feindliches Gebiet wäre dann beinahe verständlich. Heinrich hätte mit einer derartigen Attacke die jahrzehntelange deutsche Defensive gegenüber den Ungarn in eine Offensive umgedreht. Aber die Nachrichten sind zu unbestimmt, um dies sicher behaupten zu können.

Heinrich hat offenbar die italienischen Ambitionen seiner luitpoldingischen Vorgänger wieder aufgegriffen. Dazu ergaben sich in Kürze günstige Möglichkeiten. Der junge König Lothar von Italien, der Sohn König Hugos, starb unerwartet im November 950 zu Turin. Man vermutet einen Giftmord Berengars, für den damit der Weg zu Krone und Thron der Langobarden frei wurde. Er hatte faktisch schon bisher die höchste Macht ausgeübt und brachte es nun fertig, daß gleichzeitig mit ihm in Pavia auch sein Sohn Adalbert gekrönt wurde. Damit erreichte Berengar also auf einen Schlag auch die Sicherung seiner Nachfolge.

Aber ganz so glatt ging es für das Vater-Sohn-Königspaar doch nicht weiter, denn die Opposition formierte sich rasch. Sie fand

ihren Sammelpunkt bei der Witwe König Lothars, der als besonders schön und klug gepriesenen burgundischen Adelheid. Ihre Rechtsansprüche auf die Erbschaft Lothars hatte Berengar mit der Doppel-Krönung völlig ignoriert. Seine Gegner verwiesen jedoch auf die Königin Theodolinde, die nach dem Tod des Königs Authari im 6. Jahrhundert für die Langobarden auch einen neuen König erheiratet hatte. Das gleiche Recht sollte nun nach Meinung von Berengars Gegnern auch der kaum zwanzigjährigen Königin Adelheid zustehen.
Möglicherweise hat Berengar die attraktive Adelheid zur Ehe mit seinem Sohn Adalbert zu drängen versucht – aber Adelheid wollte nicht. Das war nicht erstaunlich, denn man hatte schon zu Lothars Lebzeiten keine Sympathien füreinander gewinnen können. Berengar und seine Gemahlin Willa verbitterten schließlich Adelheids Leben nach allen Regeln der Kunst, schlugen und traten die junge Witwe, ließen ihr ihrer Schönheit zum Trotz die Haare abschneiden, nahmen ihr den Schmuck und den königlichen Schatz weg und brachten sie endlich im April 951 als Gefangene nach Garda in die Burg. Dort konnte sie dann, von aller Welt abgeschnitten, ihre vergangene Schönheit und Jugend den Burgmauern klagen.
Aber die Gegner Berengars blieben nicht passiv. Was Liudprand von Cremona in dieser Hinsicht überliefert, muß nicht stimmen, denn er hatte sich nach seiner Rückkehr von Byzanz aus uns nicht bekannten Gründen mit Berengar und dessen Gemahlin offenbar heillos entzweit, so heillos, daß er dem Einflußbereich Berengars schnellstens über die Alpen entfloh. Liudprands Bericht ist daher oft von Haß gegen Berengar diktiert, und er hat selbst seine Niederschrift als »Buch der Vergeltung« bezeichnet. Aber zweifellos war es so, daß der neue König gegen eine starke Opposition zu kämpfen hatte, und daß Berengar selbst vieles getan hat, was die Gegnerschaft anheizen mußte! Sein eigenes Exil von 941 bis 945 hatte dazu beigetragen, daß er danach gierte, die verlorenen Jahre wettzumachen.
Die Feinde Berengars verstanden es, bei König Otto, seinem ursprünglichen Protektor, Stimmung gegen ihn zu machen. Be-

rengar hat sich mit der schmählichen Behandlung Adelheids, dem vormaligen Mündel Ottos, isoliert. König Konrad von Burgund blieb für seine Schwester nicht untätig, und ebensowenig wird Ita von Schwaben, Liudolfs Gemahlin, ihrem königlichen Schwiegervater gegenüber mit ihrer Meinung über das Schicksal ihrer Verwandten in dem Verlies zu Garda zurückgehalten haben. Otto wurde also von den verschiedensten Seiten dazu aufgestachelt, in die italienischen Verhältnisse einzugreifen.

Sicher war aber gar nicht viel Aufwiegeln nötig. Der verwitwete deutsche König mochte es auch von selbst als verlockend empfinden, sich durch eine Heirat mit der ihm als schön und klug geschilderten Burgunderin Adelheid Anrechte auf die italienische Herrschaft zu erwerben. Da er doch immer wieder auf seine Nachfolgeschaft Karls des Großen hinwies, war es für Otto eine selbstverständliche Verpflichtung, zumal er im Besitz der Heiligen Lanze war, eines Tages nach Italien zu ziehen, um dort sowohl die Krone der Langobarden als auch die Kaiserkrone zu erobern. Auf diese Bahn der Restitution des karolingischen Großreiches war Otto schon durch die wirren Verhältnisse im Westreich gelenkt worden. Es bedurfte also keiner großen Anstöße, um im Frühjahr 951 bei ihm den Entschluß reifen zu lassen, mit einer Streitmacht nach Italien aufzubrechen, um dort die Oberherrschaft zu ergreifen.

Über alle diese Dinge wurde zweifellos auf einem Hoftag gesprochen, den der König um diese Zeit in Frankfurt am Main abhielt. Er hat dabei vermutlich auch ein Kapitulare verfügt, dessen Datierung jedoch einige Schwierigkeiten macht. Darin wird Frauenraub und Vergewaltigung erneut unter Strafe gestellt. Da die Bischöfe, aber auch weltliche Machthaber mehr und mehr die Herrschaft über die Klöster gewannen, wollte der König dabei doch das Gleichgewicht der Kräfte erhalten. Das Kapitulare bestimmte daher, daß die selbständigen Klöster ihre Selbständigkeit behalten sollten und an niemand verschenkt oder verliehen werden durften. Bei Klöstern ohne eigenes Wahlrecht sollte es dem König vorbehalten sein, sie einem Kloster, das unter seiner Munt, unter seiner Schutzgewalt stand, zuzuordnen. In diesen Bestimmungen wird die Tendenz Ottos deutlich, sein Verhältnis zu den Klöstern besonders eng zu gestalten. Dazu verlieh er ihnen staatliche Hoheitsrechte sowie die Reichsunmittelbarkeit. Die Bischöfe versuchten zwar, dieser Tendenz entgegenzuwirken, weil dadurch die Unterordnung der Klöster unter ihre Diözesangewalt untergraben wurde, aber der König verschaffte einigen Klöstern einen zusätzlichen Schutz des Papstes. Es gelang Otto auf weite Sicht, mit den Reichsklöstern ein System von Stützpunkten für seine Politik aufzubauen.

Bei seinen Vorbereitungen des Italienzuges machte Otto im Westen wieder eine Schwenkung von König Ludwig zu Hugo von Franzien. Er lud den Herzog ein, mit ihm 951 in Aachen das Osterfest zu feiern – wobei nicht auszuschließen ist, daß Otto einen erneuten Streit zwischen seinen westfränkischen Schwägern schlichten wollte. Der Kapetinger sandte als kostbare Geschenke vorweg zwei Löwen, um sich den deutschen König geneigt zu machen. Hugo wurde dann in Aachen mit allen Ehren empfangen und mit Geschenken überhäuft. König Otto nahm den Herzog wieder in seine Huld auf und stärkte damit die Gegner des Karolingers, aber zugleich erklärte er, daß niemand im Westreich ohne König Ludwigs Zustimmung eine Burg besitzen dürfe. Otto stellte also mit kluger Diplomatie das Gleichgewicht im Westreich wieder her, wobei besonders seine Anweisung hinsichtlich der Burgen zeigt, wie stark sein Einfluß jenseits der Grenze war. Die Position König Ludwigs war nun geschmälert, denn Otto wollte verhüten, daß der Karolinger währed des geplanten Italienzuges wieder einen Versuch zur Rückeroberung Lothringens machen könnte.

Für die Entwicklung der Dinge in Italien während der folgenden Monate liegen wieder sehr unterschiedliche Nachrichten vor. Fest steht, daß sowohl der Bayernherzog Heinrich als auch der Schwabenherzog Liudolf auf Grund der Aktivitäten ihrer Vorgänger südlich der Alpen Anrechte auf die dortige Herrschaft geltend machen wollten. Beide Herzöge, Onkel und Neffe, konnten auch auf gewisse entfernte erbrechtliche Ansprüche ihrer Gemahlinnen in Italien hinweisen (G. Wolf).

Dynastische Besitzstände und Erbrechte spielten damals eine beträchtliche Rolle, wie sich immer wieder zeigt. Als Heinrich und Liudolf davon Wind bekamen, daß der König ein Auge auf die eingekerkerte Adelheid geworfen hatte, um seine Ansprüche auf das Langobardenreich zu aktualisieren, suchten beide Herzöge rasch nach Gründen, um mit ihren Streitkräften über die Alpen ziehen und dort vor dem König möglichst schnell noch eigene Interessen sichern zu können.
Heinrich scheint diesen Grund im Kampf gegen die Ungarn gefunden zu haben, die mehrmals durch die Mark Friaul und die Markgrafschaft Verona nach Westen gezogen waren. Der Bayernherzog stieß deshalb von Kärnten aus dem Gebirge südwärts zum Adriatischen Meer vor und nahm die alte römische Stadt Aquileja ein, die schon seit dem 6. Jahrhundert Bischofssitz war. Wenn dem einige Jahrzehnte später berichtenden Thietmar von Merseburg richtig erzählt worden ist, so hat Herzog Heinrich bei der Eroberung von Aquileja den Patriarchen Engelfried entmannen lassen, wozu allerdings keine Begründung überliefert ist. Möglicherweise ist jedoch die Chronologie durcheinander geraten, und das entwürdigende Ereignis fand erst vier Jahre später statt, da 955 doch eher ein Grund dafür zu erkennen ist.
Der gleichfalls nur nach dem Hörensagen über diese Vorgänge berichtende, aber immerhin zeitgenössische Widukind läßt Heinrich nach der Einnahme von Aquileja die Ungarn zweimal besiegen, dann weit westwärts marschieren und den Tessin überschreiten und schließlich mit reicher Beute wieder heimkehren. Eine Datierung für diesen Zug ist bei Widukind nicht zu finden, weshalb nur allgemein angenommen wird, daß er im Frühjahr 951 unternommen worden ist. Allerdings scheint es, daß die Ungarn durch den Tod König Lothars zu ihrem Überfall auf Italien veranlaßt worden sind, wo sie das kurze Interregnum für ihre Zwecke nutzen und Beute machen wollten.
Auch Liudolf fand einen Grund, vor dem Aufbruch seines Vaters nach Italien zu ziehen: Der Weißenburger Abt Adalbert meint treuherzig, Liudolf wollte seinem Vater mit einem heimlichen Vorausmarsch eine Freude bereiten und vor dessen An-

kunft in Italien eine tapfere Tat vollbringen. Adalbert verkannte damit freilich die nach neueren Ansichten durchaus selbstsüchtigen Motive Liudolfs. Wie dem auch sei, so hat Liudolf weder seine verkappten noch die ihm von Adalbert zugeschriebenen Absichten erreicht, denn sein Onkel Heinrich hat die Italiener gegen ihn hinterhältig aufgewiegelt, indem er verbreiten ließ, Liudolf käme als Feind König Ottos und als Freund Berengars. Aufeinandergetroffen sind die Streitkräfte der beiden Herzöge – die schwäbische Truppe soll sehr dürftig gewesen sein – aber offenbar nicht, denn sonst hätte einer der Chronisten des 10. Jahrhunderts sicher davon berichtet. Adalbert von Weißenburg spricht denn auch im Gegensatz zu Widukind nur von Gesandten, die Herzog Heinrich vorweg nach Italien beordert habe, um den Absichten Liudolfs entgegenzuwirken. Daraus wird auch die ganze Unsicherheit der Überlieferung ersichtlich. Trotz der Verwandtschaft der Herzöge ist der alte schwäbisch-bayerische Gegensatz in aller Schärfe wieder aufgebrochen, wobei die Rivalität um die Krone hinzutrat. Herzog Heinrich hat wahrscheinlich den eigenmächtigen Zug Liudolfs mit Vergnügen benutzt, seinen zum König designierten Neffen bei Otto in Mißkredit zu bringen, um vielleicht doch noch die ersehnte Krone eines Tages für sich gewinnen zu können.
Der gewandtere und geschmeidigere der beiden, Herzog Heinrich, hatte zudem den Vorteil, daß sich der in seinem Herzogtum gelegene Brennerpaß für den geplanten Zug des Königs nach Italien anbot. Heinrich verstand es nun offenbar ausgezeichnet, seine eigenen Ziele und Wünsche denen seines Bruders anzupassen und einzugliedern. Otto betrieb die Vorbereitungen zu seiner neuen Unternehmung sehr gründlich und beriet sich eingehend mit den ihm nahestehenden Männern. Die Sonderpolitik seines Sohnes und seines Bruders zwang den König zu vielfältigen Absicherungen. Er ließ sich nicht von Mitleidsgefühlen für die eingekerkerte Adelheid antreiben, wie man öfters gemeint hat. Aber eine Hilfsaktion für die Königswitwe konnte dem deutschen Herrscher jedenfalls eine zusätzliche rechtliche Legitimation für den Zug nach Italien liefern, und an Adelheid mit ihrer karolingischen Abkunft

und entsprechenden Anrechten in Italien führte ohnehin kaum ein Weg vorbei, wenn er die Langobardenkrone legitim erwerben wollte (G. Wolf).
Als der königliche Zug dann Anfang September 951 aufbrach, gehörten ihm sowohl die bedeutendsten weltlichen und kirchlichen Großen – unter anderen die Erzbischöfe von Mainz und Trier – an, als auch viele berittene und zu Fuß marschierende Krieger. Jeder *nobilis* hatte ein Marschpferd, seinen berittenen Knappen und vor allem sein sorgsam gepflegtes, starkes Schlachtroß bei sich. Sie waren mit Helm, Brustharnisch, Schild, Lanze, Schwert und Streitaxt ausgerüstet. Das alles kostete viel Geld, aber als Lehnsherrn lebten die *nobiles* ohnedies nicht von ihrer Hände Arbeit, sondern von den Leistungen und Abgaben der Bauern, Handwerker und Kaufleute in ihrem Herrschaftsgebiet. Die *nobiles* waren Berufskrieger, die sich ständig in Übung halten mußten, um ihre schwere Bewaffnung im Ernstfall handhaben zu können. Als Lehnsherren hatten sie Bauern für ihre Pferdezucht, Waffenschmiede und andere Handwerker zur Verfügung, die für die Verbesserung ihrer Rüstung sorgen mußten. So waren sie dem ungleich schlechter ausgestatteten Fußvolk turmhoch überlegen, und die Bauern, Handwerker und Handelsmänner, die nun mit nach Italien ziehen mußten, haben den Entschluß des Königs zu diesem Zug sicher verwünscht, da sie doch ihre Arbeit und ihre Familien zurücklassen mußten. Mit ihren primitiveren, meist hölzernen Waffen sahen sie wesentlich geringere Chancen für ihr Überleben in einer Schlacht und damit für ihre Rückkehr in die Heimat.
Das durch die Lombardei ziehende starke Heer war eine enorme Machtdemonstration nach den Jahrzehnten der Wirren und schwankenden Regierungen in Italien. Auf die Nachrichten vom Heranrücken der deutschen Streitmacht verließ Berengar seine Residenz in Pavia und zog sich in den Apennin in die Burg San Marino zurück. Ohne einen Schwertstreich konnte König Otto am 23. September 951 in die alte römische und langobardische Stadt Pavia, die seit dem 9. Jahrhundert eine berühmte Rechtsschule beherbergte, einziehen. Für Otto war die

Besitzergreifung der Hauptstadt des italischen Reiches ausreichend, um sich nun nach dem Vorbild Karls des Großen *Rex Francorum et Langobardorum* zu nennen – er führte weder eine Wahl durch noch ließ er sich zeremoniell krönen, sondern erachtete die Huldigungen zahlreicher italienischer Granden als ausreichend.

»König der Franken und Langobarden« nannte sich also der sächsische Liudolfinger. König der Franken – meinte er damit etwa das ganze Frankenreich Karls des Großen, also das ost- und westfränkische Reich zusammen? Dachte Otto nun also doch an die Wiederherstellung des karolingischen Frankenreiches? Die Schwäche des westfränkischen Königs und die Labilität der Herrschaft im langobardischen Italien legten solche Gedanken nahe. Im Vergleich zu den wirren Verhältnissen in jenen anderen Teilen des karolingischen Reiches war es Otto – nach den Vorarbeiten seines Vaters Heinrich I. – verhältnismäßig gut gelungen, in seinem Reich alle Kräfte auf sich zu vereinen. Aber noch kein ostfränkischer König hatte sich als »deutscher« König bezeichnet, wenn auch gelegentlich von einem deutschen Reich, vom *regnum teutonicorum* gesprochen wurde. Ottos Vater Heinrich I. hatte sich bei den Verhandlungen bei Bonn im Jahre 921, dreißig Jahre zuvor, als *Rex Francorum orientalium* bezeichnet, im Gegensatz zu seinem Gesprächspartner Karl dem Einfältigen, der als *Rex Francorum occidentalium* aufgetreten war. Damals war es also opportun, die Trennung der beiden Frankenreiche auch in den Bezeichnungen der beiden Könige auszudrücken. Jetzt aber bezeichnete sich Otto als König aller Franken und Langobarden!

Allerdings läßt sich aus Ottos Urkunden ablesen, daß er sich schon wenige Wochen später als *Rex Francorum et Italicorum* bezeichnete. Man kann daraus schließen, daß er seine Ambitionen auf Rom und Mittelitalien verstärkt hat.

Zwei Staatsaktionen Ottos in Pavia folgten aus seiner neuen Stellung: Er lud die inzwischen durch treue Gefolgsleute aus ihrer Haft in Garda befreite, in der Burg Canossa lebende Adelheid zu sich ein. Beiderseitige Staatsräson führte dann bald zu einer Heirat, und die gegenseitigen persönlichen Empfindungen standen dem offenbar nicht im Wege. Roswitha von Gandersheim beschreibt diese Ereignisse in ihrem Ottolied (Übertragung von H. Homeyer):

> Otto empfing in gewohnter Großmut die Fürsten
> und versprach, sie mit Güte und Huld zu belohnen,
> wenn sie in Zukunft in treuer Gefolgschaft ihm dienten.
> Während sich dieses begab, gedachte der König des öftern
> jener Erlauchten, der Königin Adelheid.
> Ihn verlangte danach, ihr Antlitz zu schauen,
> seit er erfahren, wie reich sie an Tugend.
> Alsbald verständigte er sie durch heimliche Botschaft
> – Träger des Friedens und seiner gar innigen Liebe,
> und versicherte sie seiner treuen Gesinnung,
> ihr zugleich mit freundlichen Worten den Ratschlag erteilend,
> rasch nach dem volkreichen Pavia zu reisen, das einstmals
> sie in bitterer Trauer, gezwungen, verlassen.
> Dort nun – des ewigen Königs Gnade gewähre es huldreich –
> möge sie froh wie dereinst wieder höchste Ehren empfangen,
> wo sie zuvor so unsäglichen Kummer gelitten.
> Dieser huldvollen Botschaft gehorchte die Königin gerne
> und begab sich sogleich, wie der König befohlen,
> hin zu der Stadt, begleitet von zahllosen Scharen Getreuer.
> Als nun der König, auf dessen Ersuchen sie kam, dieses hörte,
> sandte er Heinrich, den liebwerten Bruder, der Fürstin entgegen.
> Dieser sollte den Po überqueren und Adelheid grüßen,
> also daß sie, erhöht durch das Ehrengeleite,
> nunmehr als Herrin des Thrones auch glänzend empfangen werde.
> Heinrich erfüllte mit Eifer die Wünsche des älteren Bruders.
> Von einer stattlichen Heerschar des Königs begleitet,
> eilte er freudig zur Burg, wo die hochzuverehrende Königin weilte
> samt ihrem großen Gefolge getreuer Gefährten.
> Sie höchst ehrenvoll, wie's ihr gebührte, geleitend,
> führte er sie seinem Bruder, dem König, vor Augen.
> Otto fand nun sogleich an der Königin höchsten Gefallen, hielt sie
> für würdig, den Thron eines Herrschers zu teilen.

Die Hochzeit fand im Herbst 951 statt, aber weder das Datum noch Einzelheiten der Festlichkeit sind überliefert. Es war eine vorteilhafte Lösung, die beiden die Festigung ihrer Stellung in Italien brachte. Otto übertrug seiner Gemahlin reiche Güter in Sachsen, Thüringen, den slawischen Gebieten, in Franken und im Elsaß als Wittum. Adelheid galt danach in dem Ansehen ihrer Zeitgenossen als die reichste Frau der Welt. Nördlich der Alpen war man über die neue eheliche Verbindung des Königs so erfreut, daß die Magdeburger Münze sogar eine Sonderprägung herausbrachte, den Otto-Adelheid-Denar, der von anderen Münzstätten bald variiert wurde.

Ottos zweite Staatsaktion von Pavia aus war – glauben viele Historiker – die Anmeldung seiner Ansprüche auf die Kaiserkrone. Seine starke oberherrscherliche Stellung in Burgund und in Böhmen, in den slawischen Ländern und in Dänemark, nun auch im Langobardenreich, und, wenn man so will, auch im Westfrankenreich legten den Wunsch nach der Kaiserkrone nahe. Der *Rex Francorum et Langobardorum*, der Träger zweier Königskronen verstand sich als Thronerbe Karls des Großen: Auch daraus leitete sich sein Anspruch auf die Kaiserkrone ab. Otto schickte eine Gesandtschaft nach Rom. Warum der König dazu wieder den Mainzer Erzbischof Friedrich bestimmte, der seine Intentionen 939 schon einmal nicht in seinem Sinne erfüllt hatte, ist nur mit der Position Friedrichs als Vikar des Papstes nördlich der Alpen und als Erzkapellan zu erklären. Otto gab Friedrich den Bischof Hartbert von Chur mit. Die Mission der beiden Bischöfe war aber von vornherein zum Scheitern verurteilt, denn der Patricius Alberich II., der seit nahezu zwanzig Jahren Rom und die Päpste beherrschte, war viel zu stolz und gebieterisch, um auch nur einen Teil seiner Macht ohne äußersten Zwang an den deutschen König abzutreten. Alberich hatte schon König Hugo die von diesem angestrebte Kaiserkrone verwehrt, und auch dem deutschen König konnte Papst Agapet II., der völlig von Alberich, dem »Fürsten und Senator der Römer« abhängig war, unmöglich eine Zusage für die Kaiserkrönung geben, ohne das Ende seines Pontifikates zu riskieren.

Otto mußte sich deshalb vorerst damit begnügen, seine Ansprüche in Rom angemeldet zu haben. Es ist eigenartig, daß die königstreuen Chronisten wie Widukind und Adalbert

Roswitha von Gandersheim überreicht Kaiser Otto dem Großen ihr Werk.
Holzschnitt von Albrecht Dürer, 1501.

über die Mission der beiden Bischöfe nichts berichten. Und der französische Flodoard schreibt nur davon, daß sich die beiden Abgesandten des Königs nach den Voraussetzungen einer Romreise erkundigen sollten – also nichts von einer Kaiserkrönung. Aber man nimmt heute allgemein an, daß dies der eigentliche Zweck der Romreise der beiden Bischöfe gewesen ist.

Otto entzog dem Mainzer Metropoliten in der Folge das Amt des Erzkapellans und betraute mit dieser herausragenden Aufgabe seinen Bruder Brun, der seit 940 bereits als Kanzler fungierte und nun an Einfluß und Ansehen gewann. Es ist allerdings bemerkenswert, daß Brun das Amt des Erzkapellans erhielt, ohne die bischöfliche Würde zu besitzen.

Einige Rätsel gibt das Zerwürfnis zwischen dem König und dem Mainzer Erzbischof aber doch auf, denn dem Begleiter des Mainzers, dem Bischof Hartbert von Chur, schenkte Otto um diese Zeit – Mitte Oktober 951 – alle fiskalischen Einkünfte der Grafschaft Chur. Hat sich Friedrich von Mainz wieder besonders unfreundlich oder ungeschickt gegenüber dem König gezeigt? Ist Otto – übrigens auf Vorschlag seines Sohnes Liudolf, des Herzogs von Schwaben – gegen den Churer nur deshalb so großzügig gewesen, weil er dessen Hilfe bei der Benutzung der dortigen Alpenpässe brauchte?

Die Spannungen zwischen dem König und dem Mainzer Erzbischof sollen nach neueren Ergebnissen nicht durch die fehlgeschlagene Mission nach Rom verursacht worden, sondern schon vorher entstanden sein. Bruns Auftreten als Erzkapellan bereits Mitte Oktober 951 gilt dafür als Indiz (H. Büttner).

Die Abkühlung des Verhältnisses zwischen dem Monarchen und dem mächtigsten deutschen Metropoliten war bedrohlich. Friedrich brauchte nicht weit zu gehen, um auf gleichfalls vom König Enttäuschte zu treffen; Ottos Sohn Liudolf zeigte sich im Hoflager zu Pavia deutlich unzufrieden mit der jüngsten Entwicklung. Man hat lange Zeit geglaubt, daß Liudolfs Gefühle durch die Heirat seines Vaters mit Adelheid verletzt worden seien, da seine Stiefmutter mit ihm kaum

5 *Krypta im Dom zu Brandenburg.*

So ich nun auff die zeytt Otto des kaysers pin ko
men. so wil ich von den dingen sagen. die zů sei
nen zeytten zů augspurg geschechen send. Do sich d'
kayser otto beraytte wider berengarium den kunig vo
lamparden als wider ain wietrich vnd geitigen. d'
der alle gerechtikait vmb gelt gab. Doch so forcht
im der selb wietrich. wan er die machtikait des kay
sers wol wisset. vnd durch ratt des hertzogen vo luth
ringen. kam er zů dem kaÿser vnd begeret frid. Do

7 *Otto I. gründet und dotiert das Bistum Brandenburg im Oktober 949 in Magdeburg. Urkunde mit Siegel.*

◁ **6** *Sieg Ottos des Großen über die Ungarn auf dem Lechfeld. Zeichnung von Hektor Mülich aus der Meisterlin-Chronik, 1457.*

8 *St. Pantaleon zu Köln, begründet von Erzbischof Brun. Westwerk.*

gleichaltrig war. Nach neueren Ansichten (G. Wolf) gibt diese Meinung jedoch nur die Hälfte der Gründe für Liudolfs Mißmut wieder. Die andere und vielleicht entscheidendere Hälfte ist in materiellen Motiven zu suchen: Liudolf sah durch jene Heirat die Felle der karolingischen Erbansprüche seiner Gemahlin Ita davonschwimmen.

In ihrer Enttäuschung und Verbitterung trafen sich Liudolf und der Mainzer Erzbischof Friedrich, und beide verließen alsbald, Anfang Dezember 951, den königlichen Hof zu Pavia. Sie ritten nordwärts zurück über die Alpen in ihre Heimat und trafen schon an Weihnachten in Saalfeld am Nordabhang des Thüringer Waldes mit zahlreichen Großen des Reiches zusammen. Adalbert von Weißenburg berichtet, daß das Fest mit königlichem Pomp gefeiert und dabei mehr Böses als Gutes gesprochen wurde, weshalb viele die ganze Versammlung für verdächtig und anrüchig hielten. Freilich galt der Ort an sich bei vielen schon als verrufen, denn hier hatte 939 der elende Aufstand Heinrichs gegen den König seinen Anfang genommen. Saalfeld hatte eine Schlüsselstellung an den Nord-Süd-Verbindungen des Reiches, und wenn man heute auch nicht weiß, ob damals in der ersten Hälfte des 10. Jahrhunderts dort schon eine Königspfalz war, so war der Ort allein durch seine Lage ausgezeichnet und für Zusammenkünfte geeignet.

Der König war zweifellos schon durch den vorzeitigen Aufbruch seines Sohnes und des Mainzer Erzbischofs auf drohende Entwicklungen aufmerksam geworden und erhielt dann bald auch Informationen über die Vorgänge in Saalfeld. Er entschloß sich deshalb in den ersten Wochen des Jahres 952 zur Rückkehr nach Deutschland, um hier wieder persönlich nach dem Rechten zu sehen. Die Sicherung von Ruhe und Ordnung nördlich der Alpen war ihm im Augenblick wichtiger als weitere persönliche Aktionen im Langobardenreich.

Ob Liudolf jedoch wirklich schon zu einem Schritt gegen den Vater entschlossen war? Ob in Saalfeld tatsächlich schon Pläne geschmiedet worden sind? Das ganze Jahr 952 geschah

nichts, was Verdächtigungen rechtfertigen könnte. Es ist nicht ausgeschlossen, daß König Otto selbst den Stein ins Rollen brachte, als er Herzog Konrad im Frühjahr 952 brüskierte und ihn damit auch in die Opposition trieb. Sicher ist, daß Herzog Heinrichs provokantes Verhalten gegenüber den jüngeren Herzögen Liudolf und Konrad wesentlich zu ihrer Gegnerschaft beigetragen hat.
Zunächst konnte der König noch einen schönen Erfolg verbuchen, da es ihm mit viel Mühe gelang, den gelehrten Grammatiker Gunzo von Novara und einen weiteren Lehrer aus Pavia zur Übersiedlung in die deutschen Lande zu veranlassen. Die beiden Männer zogen mit dem König über die Alpen, wobei Gunzo eine beachtliche Bibliothek von etwa hundert Bänden mitbrachte, unter anderem Schriften von Aristoteles, Plato und Cicero. Otto legte also schon bei seinem ersten Aufenthalt in Italien Wert darauf, lateinische Kultur in die deutschen Lande zu verpflanzen.
Mit den politischen Ergebnissen seines ersten Italienzuges konnte Otto jedoch nicht zufrieden sein. Trotz der Heirat mit Königin Adelheid beherrschte er keineswegs das ganze Langobardenreich, denn seinen treubrüchigen Vasallen König Berengar hatte er zwar aus der Hauptstadt Pavia vertreiben, jedoch nicht beseitigen können. Der vorgesehene Zug nach Rom war gleichfalls steckengeblieben, und mit der etwaigen Anmeldung der Ansprüche auf die Kaiserkrone war wenig erreicht. Otto ließ deshalb bei seinem Abzug aus Italien seinen Schwiegersohn Herzog Konrad den Roten mit dem Auftrag zurück, Berengar zu unterwerfen und auszuschalten.
Berengar fühlte sich in seiner Apenninenburg offenbar nicht sehr wohl, denn kaum hatte Otto Italien verlassen, wandte er sich an Herzog Konrad und begann mit ihm zu verhandeln. Überraschend schnell kamen die beiden zu einem Ergebnis: Berengar war bereit, sich dem deutschen König zu unterwerfen,und Konrad sicherte ihm dafür zu, daß er das Königreich Italien als Lehen König Ottos behalten dürfe. Das jedenfalls nehmen Historiker an, obwohl keine Urkunden vorliegen.

Herzog Konrad hat mit seiner Zusicherung an Berengar seine Kompetenzen anscheinend überschritten, wie sich zeigen wird. Beide machten sich alsbald auf den Weg nach Norden, um ihre Übereinkunft durch König Otto sanktionieren zu lassen. Bis an die mittlere Elbe mußten Konrad und Berengar reiten, wo sie König Otto Mitte April in Magdeburg kurz nach dem Osterfest erreichten. Die anwesenden Fürsten nahmen die beiden schon weit vor der Stadt freudig in Empfang, denn sie begrüßten allgemein, wenn die italienischen Angelegenheiten rasch erledigt werden konnten.
Aber König Otto sah die Dinge in einem anderen Licht. Ihm war es nicht darum zu tun, die Auseinandersetzungen mit Berengar um jeden Preis so schnell wie möglich zu beenden, sondern er wollte klare Verhältnisse im Sinne seiner Reichspolitik. Berengar hatte sich schon 941 als Vasall Ottos bekannt und danach die Treue gebrochen. Die Unzufriedenheit Ottos mit den Vereinbarungen zwischen Konrad und Berengar war sicherlich auch von den Erzählungen seiner jungen Gemahlin über die Übeltaten beeinflußt, die ihr Berengar und dessen Gattin während der Gefangenschaft angetan hatten. Otto ließ Berengar nach seiner Ankunft in Magdeburg drei Tage warten, ehe er bereit war, ihn zu empfangen. Dem Langobarden wurde klar, daß die glänzende Aufnahme, die ihm die Fürsten vor der Stadt bereitet hatten, den Absichten König Ottos nicht entsprochen hatte. Als der deutsche König ihn endlich vorließ, mußte er das als eine Huld ansehen und froh sein, daß Otto seine neuerliche Unterwerfung annahm. Zu einer Belehnung Berengars, wie sie Herzog Konrad zu Pavia versprochen haben soll, ließ sich der König nicht herbei. Der Langobarde wurde in Magdeburg entlassen, ohne daß seine Stellung in Italien und gegenüber dem Reich klar festgelegt wurde. Otto beschied Berengar zu einem Reichstag nach Augsburg, der im August stattfinden und seine Angelegenheit behandeln sollte.
Herzog Konrad der Rote von Lothringen war mit dem Verhalten seines Schwiegervaters gegenüber dem langobardischen König höchst unzufrieden. Er hatte zweifellos ge-

glaubt, mit seinen Abmachungen mit Berengar eine gute und tragfähige Grundlage für Ottos Oberherrschaft in Italien geschaffen zu haben, und fühlte sich nun beleidigt, daß der König seine Zusagen nicht einhielt. Es ist nicht mehr zu ermitteln, ob Konrad die ihm von Otto gegebenen Richtlinien überschritten oder ob Otto seine Anweisungen nachträglich umgeworfen hat. Wie dem auch sei, Herzog Konrad wurde auf Grund dieser Ereignisse aus einem der kundigsten und einflußreichsten Berater ein Gegner des Königs, der dessen Feinde gefährlich vermehrte.

Herzog Heinrich, der Bruder des Königs, zu Intrigen stets bereit, hatte auch in Magdeburg seine Hand im Spiel. Als Herzog von Bayern war er an der Entwicklung in Italien überaus interessiert, wie sein Zug vor Ottos Aufbruch ins Langobardenreich gezeigt hat. Seine Gemahlin Judith dürfte ihn auch des öfteren an ihre Erbansprüche in Friaul erinnert haben. Angesichts des schlechten Verhältnisses des langobardischen Königs zu König Otto sah Heinrich Möglichkeiten, sein Herzogtum mühelos über die Alpen auszudehnen. Zu Recht nimmt man deshalb an, daß Heinrich eifrig gegen die Verwirklichung der Vereinbarungen Konrads mit Berengar agitiert hat. Gelänge es ihm, Teile des Langobardenreiches an Bayern anzugliedern, so würde er nicht nur den alten Wunsch der bayerischen Herzöge erfüllen, ihren Machtbereich zu erweitern, er würde auch einen beträchtlichen Vorteil vor seinem Neffen, dem schwäbischen Herzog Liudolf, erringen. Die Ränke Heinrichs sollen nach dem Bericht Adalberts von Weißenburg schuld gewesen sein, daß Berengar bei Otto nichts erreicht hat und nur mit knapper Not mit dem Leben davongekommen ist. Heinrich hat wohl darauf hingearbeitet, daß Berengar wegen Treubruchs vor Gericht gestellt würde.

Am deutschen Königshof muß in diesen Monaten ein heftiges Hin und Her von Meinungen, Wünschen, Intrigen und Ansprüchen geherrscht haben. Eine Folge dieser Kabalen ist, daß sich Otto in seinen Urkunden dieser Zeit nicht mehr als König der Langobarden bezeichnet hat.

Aber doch hat der König den Fortgang anderer Dinge nicht aus dem Auge verloren. So wie er im westlichen Sachsen schon 946 dem Kloster Corvey nach Münze und Zoll für den Ort Meppen an der Ems dort auch einen Markt verliehen hat, so gab er nun – wieder an der Ems – der Kirche zu Osnabrück das Münz- und Marktrecht für Wiedenbrück. Die Bedeutung der Flüsse als Handelsstraßen zur damaligen Zeit tritt mit diesen beiden Marktgründungen deutlich hervor.

Die endgültige Regelung der italienischen Angelegenheiten fiel im August 952 während des Reichstages auf dem Lechfeld südlich von Augsburg tatsächlich ganz nach den Wünschen Herzog Heinrichs aus. Der Reichsversammlung ging zunächst eine große Synode unter Leitung des Mainzer Erzbischofs Friedrich voraus. Berengar, der mit seinem Sohn Adalbert über die Alpen gekommen war, wurde sodann von König Otto zwar mit dem Regiment in Italien belehnt, mußte aber die Marken Verona und Aquileja einschließlich Istrien an den bayerischen Herzog abtreten. Diese Verkleinerung seines Herrschaftsgebietes war für den Langobarden sehr bitter. Darüber half ihm das goldene Zepter, das ihm Otto als Zeichen der königlichen Investitur übergab, kaum hinweg. Im Gegensatz zu den anderen Geschichtsschreibern der Zeit berichtet der französische Flodoard, König Otto habe Berengar in Augsburg lediglich einiges nach seinem Gutdünken zugestanden. Diese Darstellung, die die Regelung der italienischen Belange so nebensächlich behandelt, ist wohl mit dem Standort des Franzosen zu erklären. Jedenfalls schieden nicht nur Berengar und sein Sohn als Feinde des Bayernherzogs aus Augsburg, sondern ebenso die Herzöge Liudolf und Konrad, die beide die Vergrößerung Bayerns mit unverhohlenem Ärger beobachteten. Ein riesiger, leuchtender Meteor, der mit zwei Donnerschlägen über dem versammelten Reichstag niederging und gewaltigen Schrecken auslöste, verhieß den Beschlüssen der Versammlung nach Ansicht der meisten Anwesenden für die Zukunft nichts Gutes.

Bayern hatte sich noch nie vorher so weit nach Süden, bis an das Adriatische Meer erstreckt, wie jetzt nach dem Augsburger Reichstag. Heinrich hatte allen Grund zu triumphieren. König Otto hielt es sicher für wichtig und notwendig, den Einfällen der Ungarn nach Italien einen haltbaren, festen Damm entgegenzustellen, um auch seine Reichsgebiete südlich der Alpen vor ihren Raubzügen zu bewahren. Sein Bruder Heinrich gab dem König dafür die sicherste Gewähr. Als Herzog der Bayern hatte sich Heinrich seit einigen Jahren nicht nur als königstreu, sondern auch als sehr mutig und unerschrocken erwiesen. Ein solcher Mann war in der südöstlichen Bastion des Reiches nötig – und nicht zuletzt entsprach Heinrich auch Ottos Wunsch, alle entscheidenden Stellungen mit Verwandten zu besetzen.

Eine andere wichtige Entscheidung des Reichstags zu Augsburg wird im allgemeinen zu wenig beachtet. Der König hatte den reichen und einflußreichen Grafen Guntram, der beträchtliche Güter im Breisgau, im Thurgau und im oberen Elsaß beherrschte, aufgefordert, die ehemaligen Königsgüter zurückzugeben. Wie in Bayern und Franken drang Otto darauf, den verstreuten Reichsbesitz wieder in seine Hand zu bekommen. Aber Guntram weigerte sich, der Aufforderung des Königs zu folgen. Er kontrollierte die Straßen beiderseits des Rheins, und Ottos Bemühungen um den Bischof von Chur zur Sicherung der Alpenpässe wären vergeblich gewesen, wenn ihm schon im Breisgau ein widerborstiger Graf den Weg nach Süden hätte verlegen können. Um diese Möglichkeit abzuwenden, wurde Graf Guntram in Augsburg des Hochverrats schuldig gesprochen und seiner Besitzungen und Rechte verlustig erklärt. Der König verlieh die eingezogenen Güter an getreue Männer, vor allem an den Bischof von Konstanz. Da Otto wohl einen Zwist mit seinem Sohn Liudolf, dem Schwabenherzog, voraussah, war es ihm wichtig, seine Rechte in Schwaben zu stärken und zu vermehren.

Heinrich hatte also gegenüber Liudolf turmhoch gesiegt, denn der Sohn des Königs war in Italien gänzlich leer ausgegangen. Es paßt zu dem überlieferten Bild Heinrichs, wenn Widukind berichtet, daß er anfing, den jungen Liudolf verächtlich zu behandeln und ihn sogar bei jeder Gelegenheit zu verhöhnen. Für den Thronanwärter war das unerträglich. Während sich aber Heinrich von Anfang an die Gunst der neuen Königin verschafft und diesen Vorteil voll auszunutzen verstanden hat, konnte der zweiundzwanzigjährige Liudolf in der kaum gleichaltrigen Adelheid – einer Nichte der Gemahlin Liudolfs – nur eine absonderliche, beinahe hybride Stiefmutter sehen, die die Erinnerungen an seine eigene Mutter Edgitha am Hof und bei seinem Vater verdrängte. In ähnlicher Weise hat sicher auch Liudgard ihren Gemahl Konrad den Roten beeinflußt und in seiner oppositionellen Einstellung gegenüber dem König bestärkt.
Als Adelheid dann Ende des Jahres 952 einen Sohn zur Welt brachte, der in Erinnerung an den Großvater auf den Namen Heinrich getauft wurde, sah Liudolf seine Stellung völlig wanken. Liudolf nahm bald an, daß der König nun den kleinen Heinrich zum Thronerben bestimmen und ihn selbst fallenlassen werde. Sein Onkel Heinrich tat zweifellos das möglichste, um Liudolf in eine verzweifelte Stimmung zu treiben. Aber das Leben des kleinen Heinrich dauerte nicht lange.
König Otto verbrachte Weihnachten 952 zusammen mit seiner Gemahlin Adelheid in Frankfurt am Main und ging Anfang 953 ins Elsaß. Er hielt sich auf dem Rückweg längere Zeit in verschiedenen fränkischen Pfalzen auf und begab sich dann nach Ingelheim, wo er zusammen mit seinem Bruder Heinrich das Osterfest feiern wollte.
Der Plan zerschlug sich, da sich Gerüchte über eine Verschwörung unter der Führung der Herzöge Liudolf und Konrad verdichteten. Es hieß, die beiden etwa gleichaltrigen Verwandten des Königs hätten eine beträchtliche Anzahl

junger Adeliger aus Franken, Sachsen und Bayern für ihre Sache gewonnen. Die Rebellen verfügten über viele Burgen und feste Plätze, die sie mit großer Energie für den Kampf rüsteten. Liudolf ließ sich 953 in St. Gallen von dem neuen Abt sogar einen Treueid schwören, nachdem der königstreue Vorgänger an den Hof Ottos geflohen war. Mit der Einsetzung des neuen Abtes hat Liudolf ein königliches Vorrecht usurpiert.

Die Verschwörer »zeigten offen die Fahne des Aufstandes«, schreibt der deutlich gegen sie eingestellte Adalbert von Weißenburg. Otto scheint nach seiner Ankunft in Ingelheim oder schon auf dem Wege dorthin über den geplanten Anschlag informiert worden zu sein. Es erschien ihm bei dieser Sachlage besser, umgehend nach Mainz zu reiten. Der dortige Stadtherr, Erzbischof Friedrich, war jedoch nicht anwesend, und ohne seine Zustimmung wollte man den König nicht einlassen. Daß man ihn vor dem Tor warten ließ, bis der Erzbischof herbeigeholt war, vermerkte Otto übel.

Der Erzbischof verstand es jedoch gut, die prekäre Situation zu überspielen. Er betätigte sich als Vermittler, und auf seinen Vorschlag kamen die beiden Herzöge Liudolf und Konrad zu einem Gespräch mit dem König zusammen. Dabei erklärten die zwei Schwäger, daß sie keine bösen Absichten gegenüber dem König hätten, aber sie teilten unumwunden mit, daß sie Herzog Heinrich gefangennehmen wollten, wenn er zu Ostern nach Ingelheim käme. Otto mußte sich von seinem Sohn und seinem Schwiegersohn heftig unter Druck gesetzt fühlen – oder war er doch der bessere Diplomat in dieser Runde? Jedenfalls schloß er mit seinen beiden Gesprächspartnern einen Vertrag, dessen Inhalt zwar nicht überliefert ist, in dem König Otto aber zweifelsfrei – wie sich aus seinem späteren Verhalten zeigen wird – beträchtliche Zugeständnisse gemacht hat, um aus der augenblicklichen Zwangslage heil herauszukommen.

So trennte man sich voneinander, und der Schwaben- und der Lothringerherzog konnten glauben, daß sie ein entscheidendes Stück auf dem Weg zu ihrem Ziel vorangekommen seien.

Vielleicht haben sie sogar geglaubt, sie hätten den König davon überzeugt, daß er dem ihnen verhaßten Bayernherzog zuviel Einfluß und Macht eingeräumt habe. Das wäre allerdings eine enorme Selbsttäuschung gewesen.
König Otto fuhr zu Schiff nach Köln. Die Stadt war eben kurz vorher durch Auffüllen eines Rheinarmes erstmals um etwa 25 Hektar erweitert worden. Sie überschritt damit die alte römische Umfassungsmauer, und man wagte sich mit der Bebauung bereits bis zur heutigen Uferlinie vor. Ein großer Markt- und Handelsplatz beim heutigen Alten Markt war in die Stadt einbezogen worden. Der Handel auf dem Rhein war lebhaft, und daran hatte Köln selbstverständlich beträchtlichen Anteil. Es war die größte Stadt in den deutschen Landen und hatte neben dem Dom und dem Königshof auch eine Synagoge in seinen Mauern. Vielleicht waren diese öffentlichen Gebäude zum Teil schon aus Stein, für die privaten Wohnhäuser verwandte man jedenfalls noch Holz, Schilf und ähnliche Materialien. Wie es mit der Heizung dieser Häuser stand, ist schwer zu sagen – verglaste Fenster hatten sie jedenfalls nicht, obgleich Köln und die weiteren Orte hinter dem früheren römischen Limes immer noch von den römischen Einflüssen Nutzen hatten.
Der König ritt von Köln weiter nach Dortmund und feierte hier, statt wie ursprünglich vorgesehen in Ingelheim, Anfang April 953 das Osterfest. Die Feiertage boten dem König willkommene Gelegenheit, treue Gefolgsleute um sich zu versammeln. Auch seine Mutter, die Königswitwe Mathilde, war in Dortmund, und sie sprach sicher zugunsten ihres Lieblingssohnes Heinrich. Aber es war bestimmt nicht nur ihr Einfluß, der König Otto dazu veranlaßte, den in Mainz mit seinem Sohn und seinem Schwiegersohn geschlossenen Vertrag als abgenötigt und erzwungen und somit als ungültig zu widerrufen. Die Gegenvorstellungen des anwesenden Mainzer Erzbischofs Friedrich berücksichtigte der König nicht.
Die Herzöge Liudolf und Konrad wurden zusammen mit dem Mainzer Metropoliten vor einen Reichstag geladen, der

in Fritzlar stattfinden sollte. Liudolf und Konrad wurden auch aufgefordert, die Urheber des Aufstandes zur Bestrafung auszuliefern, widrigenfalls sie selbst als Reichsfeinde gelten würden und die Konsequenzen zu tragen hätten. Der König drohte den beiden Herzögen damit die Ächtung an.
Otto ging immer zuerst davon aus, daß seine Verwandten von anderen Hintermännern zu den bösen Taten angestiftet worden seien. Nie wollte er glauben, daß sein Sohn, sein Bruder oder sein Schwiegersohn die Urheber einer Empörung gegen ihn sein könnten. Er vertraute seiner Verwandtschaft, bis er eindeutige Gegenbeweise hatte. Sein Vertrauen hat nicht wenige Männer das Leben gekostet, während die wirklichen Empörer, wie zum Beispiel sein Bruder Heinrich, wiederholt von ihm begnadigt wurden. Allerdings entsprach dieses Vorgehen auch der Adelsautonomie, den besonderen Gesetzen, die nur für die Angehörigen des Adels galten und dem sonstigen Reichs- oder Landesrecht vorgingen. Auch jetzt wollte der König wieder nach diesem Muster handeln. Liudolf und Konrad gaben jedoch keinen ihrer Anhänger preis.
Der totale Richtungswechsel des Königs gegenüber dem in Mainz geschlossenen Vertrag mußte für die beiden jungen Herzöge eine böse Überraschung und bittere Enttäuschung sein. Der König war für sie damit wortbrüchig geworden. Gewiß kann man sagen, daß für die Interessen des Reiches und der königlichen Gewalt »der Mainzer Vertrag eine schwere Niederlage und Beeinträchtigung bedeutet hätte« (R. Holtzmann). Aber war Otto in Mainz wirklich in einer solchen Zwangslage gewesen, daß er sich nur mit einem Scheinvertrag daraus befreien konnte und sich dem Vorwurf des Wortbruches aussetzen mußte? Alle Chronisten schreiben, daß die Empörer keineswegs etwas gegen den König im Schilde führten, sondern ausschließlich Herzog Heinrichs habhaft werden wollten. Da es nur königstreue zeitgenössische Berichterstatter gibt, besteht kein Zweifel, daß König Otto in Mainz von Liudolf und Konrad nichts zu befürchten gehabt hätte, wenn er den Vertrag verweigert hätte.

Liudolf und Konrad trotzten der Vorladung zu dem Reichstag in Fritzlar im Mai 953. Nur Erzbischof Friedrich erschien und setzte sich nachdrücklich für die Aufrechterhaltung und Durchführung des Mainzer Vertrages ein. Bayernherzog Heinrich, der davon am meisten zu befürchten gehabt hätte, klagte den Kirchenfürsten dagegen mit Leidenschaft der Verschwörung gegen den König an und brachte viele und schwere Beschuldigungen gegen ihn vor. Der König entzog dem Mainzer Metropoliten das Amt des Erzkapellans nun endgültig, was natürlich eine weitere Verschärfung in den Beziehungen zwischen den beiden Männern zur Folge hatte.
Seinen Sohn Liudolf und seinen Schwiegersohn Konrad hat Otto bei diesem Reichstag noch geschont. Aber er ist gegen einige thüringische Vasallen eingeschritten, die den beiden aufständischen Herzögen anhingen: Die Grafen Dedi und Wilhelm wurden in die Verbannung zu Herzog Heinrich geschickt, und das war ein hartes Los, denn Heinrich wußte seine Gefangenen mit aller Rachsucht zu traktieren.
Der König zog nach Beendigung des Reichstages zu Fritzlar in sein angestammtes Herzogtum Sachsen. Dort mußte er seine Stellung sichern, denn es machten sich feindliche Regungen gegen ihn bemerkbar. Vor allem die Söhne des alten Wichmann, die Neffen von Markgraf Hermann dem Billunger sind zu nennen. Überhaupt gewann die revolutionäre Bewegung beinahe im ganzen deutschen Reich einen bedenklichen Aufschwung und teilte allerorten die Geister in Königstreue und Antikönigliche. Die Schwaben zeigten sich mit ihrem Herzog Liudolf fest verbunden, und es wäre daher sinnlos, vielleicht sogar gefährlich gewesen, wenn der König gegen seinen Sohn Sanktionen ergriffen hätte. Die lothringischen Adeligen dagegen benutzten die offenkundig gewordenen Differenzen zwischen dem König und Konrad dem Roten dazu, dem ihnen aufgezwungenen, ungeliebten Herzog die Tür zu weisen, zumal nachdem sich der maßgebende Metzer Bischof Adalbero zum König bekannt hatte. Ähnlich verhielt es sich in Bayern, wo sich ebenfalls immer stärkere Widerstände gegen den landfremden Herzog Heinrich aus

Sachsen regten. Während also die Lothringer durch die Absonderung von ihrem Herzog mehr zum König tendierten, gingen die Bayern in das Lager der Empörer, als sie ihren Herzog verließen. Auch die Franken, die nach wie vor gegen die Sachsen grollten, weil diese sie aus ihrer Vormachtstellung unter den deutschen Stämmen verdrängt hatten, erkannten die Gelegenheit, gegen den König aktiv zu werden. Die Situation war für Otto also äußerst gefährlich, und sie spitzte sich rasch weiter zu. Als er im Sommer 953 mit einer sächsischen Streitmacht nach Franken ziehen wollte, erschien es ihm notwendig, den Markgrafen Hermann mit seiner Stellvertretung in Sachsen zu beauftragen, da er sich auf sein Stammesherzogtum auch nicht mehr verlassen konnte. Otto erteilte dem Markgrafen bedeutende Vollmachten – und man kann hier die Anfänge für das Herzogtum der Billunger annehmen, denn Widukind bezeichnet Hermann in seiner Sachsengeschichte fortan als *dux*, als Herzog. Diese Notmaßnahme Ottos lief seinen Bestrebungen zum Ausbau seiner Zentralgewalt zuwider, aber die revolutionäre Bewegung in seinem Reich zwang ihn dazu.

In Franken hat es Erzbischof Friedrich vorgezogen, Mainz zu verlassen und sich in die Festung Breisach zu begeben. Seine Stadt wurde von den schwäbischen Truppen Liudolfs besetzt. Der König rückte Anfang Juli 953 mit starken Streitkräften heran, um die gut befestigte Stadt zu belagern und zu erobern. Widukind schreibt darüber: »Es begann ein Kampf, schlimmer als ein Bürgerkrieg und schmerzlicher als jedes Unglück. Viele Kriegsmaschinen wurden gegen die Mauern geführt, aber von den Verteidigern zerstört oder verbrannt; häufig gab es Kämpfe vor den Toren, aber nur selten wurden die Wachtposten von außen her zersprengt. Im ganzen war die Lage unentschieden durch das Zaudern, das außerhalb der Stadt die Furcht vor dem König verursachte und innerhalb der Mauern vor seinem Nachfolger.«

Offenbar war der Ring der Belagerer nicht vollständig dicht, denn als der König aus Sachsen Verstärkung erhalten sollte, waren nach Widukinds Erzählung Liudolf und Konrad mit

9 *David mit den vier Psalmenschreibern. Psalterium Ambrosianum et Hymni, Bobbio, 10. Jh. Bayer. Staatsbibliothek München.*

10 *Kaiserin Adelheid. Meißen, Dom. Werkstatt des Naumburger Meisters, um 1250.*

11 *Kaiser Otto I. Meißen, Dom. Werkstatt des Naumburger Meisters, um 1250.*

12 *Stiftskirche St. Georg, Oberzell, Insel Reichenau.*

Streitkräften an der Grenze zwischen Franken und Sachsen erschienen. Sie bedrängten das Entsatzheer so, daß es wieder nach Sachsen zurückkehrte. Einen der Anführer, den jungen Wichmann, konnten die beiden Herzöge sogar der königlichen Sache abspenstig machen und dazu bringen, daß er seinen Onkel, Herzog Hermann, als Räuber seines väterlichen Erbes angriff.

Widukind berichtet weiter über die Lage in Mainz: »Als sich dann die Belagerung über sechzig Tage hinzog, suchte man nach einem Weg, den Zwist friedlich beizulegen. König Ottos Vetter Ekbert wurde als Geisel in die Stadt entsandt, um für jeden Leben und Sicherheit zu verbürgen, der ins königliche Lager gehen wollte, um über die Beilegung des Streites zu verhandeln oder sich zu rechtfertigen. Die beiden aufständischen Herzöge nahmen diese Gelegenheit wahr und gingen selbst in das königliche Lager. Dort warfen sie sich ihrem Vater und Schwiegervater zu Füßen und erklärten sich zu jeder Sühne bereit, wenn ihre Freunde und Helfer in Gnaden angenommen und straffrei bleiben würden.«

Der König aber bestand auf seiner Forderung, daß ihm die Mitverschworenen ausgeliefert würden. Ihm genügte nicht, den Aufstand nur niederzuschlagen, er wollte mit der Bestrafung der Rebellen auch ein abschreckendes Beispiel geben. Durch den Fußfall haben Liudolf und Konrad zwar zu erkennen gegeben, daß sie Ottos Königswürde nach wie vor anerkannten, trotzdem waren sie nicht bereit, ihre Anhänger auszuliefern. Der König durfte die beiden im Augenblick aber auch nicht dingfest machen, da er damit das Leben der Geisel gefährdet und sich selbst erneut vor aller Welt als wortbrüchig erwiesen hätte.

Ottos Bruder Brun, der im königlichen Lager vor der Stadt anwesend war, versuchte zwischen den Parteien zu vermitteln. Brun wurde nach dem Tod des bisherigen Metropoliten Wigfrid von Köln im Juli 953 dessen Nachfolger. Da Konrad der Rote Köln in Besitz nehmen wollte, war es für den König wichtig, daß sein Bruder die Herrschaft über die bedeutende Stadt am Rhein so schnell wie möglich übernahm.

Im Gegensatz zu Brun sprach der Bayernherzog Heinrich, der den Verhandlungen zwischen dem König und den Empörern beiwohnte, nach der Überlieferung Widukinds voll Zorn zu Liudolf: »Immer wieder behauptest du, nichts gegen den König, meinen Herrn, getan zu haben. Aber das ganze Heer weiß doch, daß du die Hand nach der Krone ausgestreckt und nach der Herrschaft gegriffen hast. Wenn du mir Vorwürfe machst und alle Schuld mir zuschiebst, warum greifst du dann nicht mich an und führst deine Truppen gegen mich?« Und nachdem er einen Strohhalm vom Boden aufgegriffen hat, rief Heinrich noch: »Aber nicht so viel wirst du mir und meiner Gewalt entreißen können! Wie konntest du nur durch dein Tun deinen Vater so bekümmern? Du versündigst dich gegen Gott, wenn du dich deinem Herrn und Vater widersetzest. Wenn du etwas willst, so halte dich an mich, ich fürchte deinen Zorn nicht!«

Die Hoffnungen der Belagerten und der Belagerer auf eine endliche Beilegung des Streites nach der entbehrungsreichen zweimonatigen Umklammerung erwiesen sich als trügerisch. Liudolf und Konrad kehrten wieder nach Mainz zurück. Ihre Weigerung, ihre Anhänger dem König zu übergeben, machte allseits großen Eindruck, und man erinnerte sich zweifellos daran, wie anders Heinrich mehrmals gehandelt hatte. Der Kampf mußte erneut aufgenommen werden.

Da geschah etwas Unerwartetes, Überraschendes: Die vor Mainz stehenden Truppen des Bayernherzogs Heinrich fielen von ihm ab und gingen in der Nacht zum Schwabenherzog Liudolf über. Das war eine ebenso entscheidende Schwächung der königlichen Partei wie es eine Stärkung der Aufständischen war. Urheber dieses angesichts der schwäbisch-bayerischen Animositäten höchst sensationellen Frontwechsels war Pfalzgraf Arnulf, der zweifellos seit langem danach trachtete, den sächsischen Heinrich aus seines Vaters Herzogtum zu vertreiben.

Der Parteiwechsel der Bayern führte sofort zu einer völligen Veränderung der Lage, denn Herzog Liudolf verließ mit seinen neuen Anhängern Mainz und zog nach Regensburg, das seit dem 6. Jahrhundert bayerische Herzogsstadt war. Während des Marsches dorthin sagte sich das ganze Bayern von Herzog Heinrich los, und neben Regensburg fielen zahlreiche befestigte Plätze in Liudolfs Hand. Fast der gesamte bayerische Adel trat wieder für das angestammte Herzogshaus der Luitpoldinger ein. Wenn wir Widukind glauben dürfen – aber es ist stets zu berücksichtigen, daß er ebenso wie alle anderen zeitgenössischen Berichterstatter rückhaltlos die königliche Partei repräsentierte – dann hat Liudolf den Schatz des Herzogs unter seine Vasallen verteilt und Heinrichs Gemahlin Judith mit ihren Kindern aus dem Land vertrieben. Südlich der Alpen haben Berengar und Adalbert die Marken Verona und Aquileja wieder in ihren Besitz genommen.

Der Abfall der Bayern löste im königlichen Lager eine allgemeine Welle der Mißstimmung und der Widersetzlichkeit aus. Schon seit einiger Zeit gab es hier Sympathisanten für Liudolf und Konrad, die nun immer zahlreicher wurden. Otto sah sich schließlich genötigt, den größten Teil seiner Streitkräfte zu entlassen und die Belagerung von Mainz abzubrechen. Die Stadt diente den Aufrührern künftig als wichtiger Stützpunkt.

Des Königs Situation war nicht nur verworren, sie war katastrophal. Trotzdem blieb er unverzagt und zog mit seinem Bruder Heinrich sowie mit dem Rest seiner Getreuen nach Bayern, um Regensburg zu belagern.

Die trostlose Situation konnte Otto nicht davon abbringen, den Ausbau seiner königlichen Machtstellung weiterzutreiben, und er fällte gerade zu jener Zeit eine bedeutende politische Entscheidung. In all den Wirren hatten sich die Lothringer unerwartet königstreu gezeigt, weil ihre Adeligen, allen voran Graf Reginar III. von Hennegau, Herzog Konrad entmachten wollten. Sie hatten dem Roten schon nach dem Reichstag von Fritzlar an der Maas eine blutige Schlacht geliefert und ihm gezeigt, daß sie nicht mit ihm gegen den König ziehen wollten. Ohne Konrad als Herzog abgesetzt zu haben, ernannte Otto im Herbst, als er vor Regensburg lag, seinen Bruder Brun zum neuen Herzog von Lothringen.

Brun legte nun zwar das Amt des Reichskanzlers nieder, aber als Herzog von Lothringen, Erzbischof von Köln und Erzkapellan des Königs war er der einflußreichste Mann im deutschen Reich nach dem Monarchen. Otto konnte sicher sein, daß sein jüngster Bruder diese Stellung in keiner Weise eigensüchtig ausnützen würde, daß er zu jeder Zeit die Interessen des Reiches und damit die des Königs an oberste Stelle setzen würde: »Als mein Werk will ich ansehen, was du tust und du mögest als deines ansehen, was ich tue.« So hat Ruotger, der Kölner Mönch und zeitgenössische Biograph, Bruns Worte des Königs überliefert, mit denen er seinem Bruder unumschränkte Handlungsvollmacht eingeräumt hat.

Mit der Ernennung Bruns zum Herzog von Lothringen hat König Otto nicht nur viele Widersprüche, sondern auch viele Rätsel ausgelöst. Vermutlich wollte der König seinen Bruder nicht zum Gegenherzog machen, sondern Brun dem Herzog Konrad überordnen. Die beiden sollten weder gleichrangig noch gleichberechtigt sein. Ruotger hat in seiner Biographie Erzbischof Brun in seiner weltlichen Funktion als *archidux*, als Erzherzog bezeichnet, wohl um Bruns Stellung gegenüber Konrad analog dem Verhältnis eines Erzbischofs gegenüber einem Bischof zu charakterisieren. Auch *tutor et provisor*, Vormund und Sachwalter wird Brun von Ruotger genannt, wohl, weil Konrad weiterhin als Herzog bezeichnet wurde. War schon die Kombination eines kirchlichen Amtes mit einem weltlichen ungewöhnlich, so erst recht die Stellung Bruns gegenüber Konrad. So hebt Adalbert von Weißenburg eigens hervor, Brun sei in Lothringen das Herzogtum und die Regierung – *ducat et regimen* – übertragen worden, was praktisch die Ausschaltung Konrads bedeutete.

Nichts zeigt deutlicher, wie bedrohlich Otto im Herbst 953 seine Situation empfunden haben muß, als die beschwörenden Worte, die er nach dem Bericht Ruotgers seinem Bruder Brun für dessen Statthalter-Aufgaben in Lothringen mit auf den Weg gegeben hat: »Bemühe dich also, Gottgeweihter, ich bitte dich, bemühe dich, durch deinen Rat, in dem du so

reiche Erfahrung hast, je nach Ort und Zeit, nicht wie es am schnellsten, sondern wie es am wirksamsten ist, vom Kampfe abzuraten oder ihn durch einen Vertrag beizulegen.«
In der Tat konnte Otto zu dieser Zeit weder über das Herzogtum Schwaben, noch über Franken und Bayern verfügen. In Sachsen war die Situation zwiespältig, und in Lothringen war man mehr gegen den bisherigen Konrad als für den deutschen König, aber Otto profitierte wenigstens von dieser Einstellung. Bruns erste Maßnahme als neuer Herr Lothringens war die Einberufung einer Versammlung der dortigen Großen zum 21. September 953 nach Aachen, um sie am Ort der Königskrönung Ottos, am Ort der königlichen Herrschaft also, neu auf ihre Treue zu verpflichten. Wie brüchig die deutsche Herrschaft in Lothringen war, wurde mit der Vertreibung des Bischofs Rather aus Lüttich deutlich. Obwohl Rather ein enger Freund Bruns war, konnte der Erzbischof ihn nicht gegen den Willen der lothringischen Großen in seiner Kirchenprovinz halten.
Konrad der Rote überfiel nach Beendigung der Mainzer Belagerung Metz, wohl um sich bei dem dortigen Bischof Adalbero für dessen Treulosigkeit zu rächen und um sich Mittel für den weiteren Kampf zu beschaffen. Ein anderer Erfolg war mit diesem kurzen Einfall in Lothringen für Konrad nicht verbunden. Man mußte aber laut Ruotger ähnliche Überfälle Konrads auf Köln und andere Städte befürchten.
Vor Regensburg standen sich die Gegner in einer erbitterten Belagerung gegenüber. Die Königlichen, die mehr und mehr erkennen mußten, daß sie diese Stadt ebensowenig bezwingen würden wie Mainz, verwüsteten in ohnmächtigem Zorn das umliegende Land, und noch während der Belagerung begannen Prozesse gegen die bayerischen Aufständischen wegen Hochverrats. Die bayerischen Bischöfe zeigten sich nicht bereit, für die Sache des Königs einzugreifen. Nur der schwäbische Bischof Ulrich von Augsburg stellte Otto für die Belagerung Truppen zur Verfügung und erklärte sich eindeutig für den König – was aber auch nicht mehr half, das Blatt zu wenden.

Der König mußte im Dezember 953 ohne Erfolg von Regensburg abziehen und ritt nach Sachsen zurück. Wie meist in jener Zeit, hatte der Winter die Einstellung der Kämpfe erzwungen. In Sachsen hatte Herzog Hermann mit Geschick einen größeren Aufstand vor allem seiner und des Königs Neffen Wichmann und Ekbert – desselben, der in Mainz als Geisel gedient hatte – unterdrückt. Otto war also gut informiert gewesen, als er im Sommer, vor seinem Abzug aus Sachsen, Vorsorge gegen eine Rebellion getroffen hatte.
Aber es ist nicht überraschend, daß die verwandtschaftlichen Auseinandersetzungen im ostfränkischen Herrscherhaus die Ungarn lockten, ihren Profit aus diesen Zwistigkeiten auf einem neuen Kriegszug zu suchen. Im Februar 954 brachen sie auf ihren kleinen, schnellen Pferden in Bayern ein. Heinrich und Liudolf beschuldigten sich nachträglich gegenseitig, diese alten Reichsfeinde herbeigerufen zu haben, um mit ihrer Hilfe den Gegner endlich in die Knie zwingen zu können. Tatsächlich hat Liudolf den Ungarn während ihres Wütens in Bayern und Schwaben Führer zur Verfügung gestellt, die sie nach Franken brachten. Und Konrad der Rote hat die beutehungrigen Scharen am Palmsonntag, dem 19. März 954, in Worms öffentlich bewirtet und sie reich mit Gold und Silber beschenkt – sicher um Schlimmeres für sich selbst zu verhüten, aber auch, um die Ungarn persönlich gegen seinen Erzfeind, den Grafen Reginar III. im nördlichen Lothringen zu führen. Die Idee, sich der Ungarn zu bedienen, um sie gegen andere Feinde zu führen, war nicht gerade neu. Aus Italien sind derartige Notkniffe von Berengar I. wie auch von König Hugo bekannt.
Von Lothringen aus zogen die Ungarn 954 weiter nach Frankreich und kehrten über Burgund wieder in ihre Heimat zurück. Für die königliche Partei war es nicht schwer, das vordergründige Paktieren der Aufständischen mit den Reichsfeinden propagandistisch auszunützen. Daß Liudolf und Konrad in Wahrheit das Land vor noch viel schrecklicheren Verheerungen bewahren wollten und ihre angeblichen Helfer vom Hauptkampfplatz so schnell wie möglich

entfernten, statt sie für ihre Interessen gegen die Königlichen kämpfen zu lassen, blieb natürlich unerwähnt.
So gelang es endlich, einen Umschwung der öffentlichen Meinung gegen die Abtrünnigen herbeizuführen. Man bezichtigte nicht nur Liudolf und Konrad des Hochverrats, sondern verwies auch auf eine Konspiration Erzbischof Herolts von Salzburg – möglicherweise ebenso ein Luitpoldinger wie Pfalzgraf Arnulf – mit den Ungarn. Das Erzbistum Salzburg war aber ehedem für die Mission bei den Awaren – »Vorfahren« der Ungarn – bestimmt worden. Und die bayerischen Luitpoldinger – allen voran der große Herzog Arnulf – hatten immer schon ein besonderes Verhältnis zu den Ungarn, die ihnen als zeitweilige Oberherren zwar Tribut abforderten, ihnen dabei aber doch mehr Unabhängigkeit ließen als die deutschen Könige.
In Lothringen trafen Konrad und Brun mit ihren Streitkräften wohl im April 954 bei Rimlingen im Bliesgau an der Kreuzung wichtiger Handelsstraßen aufeinander. Obwohl Konrad auf den »Erzherzog« sicher nicht gut zu sprechen war, gelang es Brun, den Roten in Verhandlungen zu verwikkeln. Der Königsbruder konnte den Herzog überzeugen, daß ein Kampf zwischen ihnen unstatthaft sei, weil er gegen den König gerichtet wäre. Gegen den König wollten die Empörer aber nicht kämpfen, wie sie immer wieder beteuerten. Ihr Aufstand richtete sich ausschließlich gegen Herzog Heinrich – aber daß der König dessen Taten und Ansprüche mit seinem Namen deckte, komplizierte die Sache für Liudolf und Konrad erheblich. Brun hatte erst einige Monate vorher in Aachen zu verstehen gegeben, daß er ausschließlich ein Gefolgsmann des Königs sein wolle. Es klang für Konrad deshalb absolut glaubwürdig, daß er tatsächlich den König treffen würde, wenn er gegen Brun mit Waffengewalt vorginge. Das wäre nicht nur taktisch unklug gewesen, sondern hätte auch der Vereinbarung mit seinem Waffengefährten Liudolf widersprochen. Dann hätte man ihnen nämlich zu Recht Treubruch gegen den König vorwerfen können.

Es mag wohl sein, daß Brun seinen Kontrahenten auch auf die Gefahr des Abspringens Lothringens vom Ostreich im Falle der Ausdehnung des Aufstandes hingewiesen hat. Adalbert von Weißenburg, der damals als Notar in der königlichen Kanzlei tätig war und die wichtigste Quelle dieser Vorgänge ist, läßt uns mit Einzelheiten über das Gespräch zwischen Konrad und Brun leider im Stich. Er berichtet über die Begegnung der beiden Fürsten schon vor dem Einfall der Ungarn. Aber die Chronologie dieser Zeit ist bei Adalbert überhaupt nicht sehr zuverlässig. Aller Wahrscheinlichkeit nach hat der Überfall der Ungarn und die Konrad dadurch deutlich gewordene Gefährdung des Reiches dessen Friedenswillen erheblich bestärkt.
Brun hat, entsprechend dem Wunsch seines königlichen Bruders, die Beilegung des Zwistes sehr dringlich und mit raschem Erfolg betrieben. Er vereinbarte mit Konrad zunächst einen Waffenstillstand, bis ein Friedensschluß die allgemeine Beendigung der Auseinandersetzungen bringen würde. Auf Herzog Konrad konnte Liudolf also künftig nicht mehr zählen, und deshalb zögerte auch der Königssohn nicht mehr lange, Friedensverhandlungen aufzunehmen.
Am 16. Juni 954 trat in Langenzenn westlich von Fürth ein Reichstag zusammen. Alle Hauptpersonen der Auseinandersetzung erschienen hier: König Otto, die Herzöge Heinrich, Liudolf und Konrad sowie Erzbischof Friedrich. Widukind überliefert in seiner Sachsengeschichte folgende Eröffnungsrede des Monarchen: »Ich wollte es ertragen, wenn der Aufruhr meines Sohnes und der übrigen Verschwörer nur mich allein träfe, aber statt dessen bringt er die ganze Christenheit in Verwirrung. Es ginge noch an, daß sie meine Burgen wie Räuber überfallen und mir ganze Landstriche entreißen, wenn sie nicht auch das Blut meiner Verwandten und meiner liebsten Freunde vergossen hätten. Hier sitze ich vor euch, ein kinderloser Vater, dessen eigener Sohn sein ärgster Feind ist. Und der« – womit er Herzog Konrad meinte – »den ich am meisten geliebt, den ich aus geringer Stellung zur höchsten Würde und höchsten Ehre befördert habe, er hat sich

mit meinem Sohn gegen mich verbündet. Aber auch das wollte ich noch hinnehmen, wenn die beiden nur nicht auch noch die Feinde Gottes und der Menschen zu diesem Streit herbeigerufen hätten. Eben haben sie mein Reich verwüstet, die Bevölkerung gefangen oder ermordet, die Städte zerstört, die Kirchen verbrannt, die Priester erschlagen; noch triefen die Straßen vom Blut. Beladen mit dem Gold und Silber, das ich meinem Sohn und meinem Schwiegersohn geschenkt habe, kehren die Feinde Christi in ihre Heimat zurück. Wie weit dieser Frevel und diese Treulosigkeit noch gehen, vermag ich nicht auszudenken.«

König Otto mag diese von Widukind überlieferte Rede wohl dem Sinne nach gehalten haben – im Wortlaut jedoch bestimmt nicht. Das wird erkennbar an dem Satz, in dem sich Otto als kinderloser Vater bezeichnet. Der 952 von Adelheid geborene Sohn Heinrich war zwar bereits tot, aber ein zweiter Sohn von Adelheid namens Brun lebte zur Zeit des Reichstages zu Langenzenn und ist erst 957 gestorben. Otto hat ihn bei seiner Rede sicher nicht vergessen, aber Widukind hat dem König vermutlich um der stärkeren Dramatik willen die Worte von der Kinderlosigkeit später in den Mund gelegt. Zu Liudolf wollte sich der König in diesem Augenblick sicher nicht als Vater bekennen.

Nach seinen erregt vorgebrachten Klagen schwieg der Herrscher, schreibt Widukind. Sein Bruder Heinrich benutzte die Gelegenheit, dem König lebhaft zuzustimmen. Wie sehr der neuerliche Einfall der Ungarn und die ungeklärte Rolle der Empörer ihnen gegenüber die Menschen erregt hat, beweist Heinrichs Anschuldigung, daß jene sich nicht gescheut hätten, die schon zweimal im offenen Kampf besiegten Reichsfeinde hinterhältig und perfide ins Land zu rufen, woraus für alle erneuter unermeßlicher Schaden entstanden sei. Er, Heinrich, wolle lieber jedes Unglück und Unheil ertragen, als sich jemals mit dem Reichsfeind verbünden. Dieser deutliche Vorwurf an die Adresse der Empörer, der eigentlich nur eine Wiederholung der bereits vom König ausgesprochenen Mißbilligung war, veranlaßte Herzog Liudolf, aufgebracht zu erwidern: »Man hat die Ungarn gegen mich gedungen und ich habe, das gebe ich zu, mit Geld erreicht, daß sie mich und die Meinigen unbehelligt ließen. Werde ich in diesem Punkt schuldig gesprochen, so soll jedermann wissen, daß ich nicht aus freien Stücken so gehandelt habe, sondern nur unter dem Zwang der äußersten Not.« Liudolf hat es also nachdrücklich von sich gewiesen, die Ungarn ins Land gerufen zu haben, und im Gegenteil behauptet, sie seien gegen ihn herbeigeholt worden. Das Wahrscheinlichste ist, daß die Ungarn allein durch die Unruhen in Ottos Reich zu dem neuen Einfall veranlaßt worden sind.

Die Heftigkeit der Beschuldigungen gab zunächst wenig Hoffnung auf eine Beilegung des Streites. Als der König jetzt aber auf die Auslieferung der Mitverschworenen verzichtete, schuf er die Voraussetzung für den Frieden. Erzbischof Friedrich erklärte sich seinerseits bereit, durch jedes Rechtsverfahren, das der König befehle, zu beweisen, daß er dem Herrscher niemals feindlich gesinnt war, noch dergleichen wolle oder getan habe. Er habe, so versicherte der Kirchenfürst, den König nur aus Furcht verlassen, weil er erkannt habe, daß dieser gegen ihn zornig sei. Der Metropolit beteuerte, unschuldig das Opfer schwerster Beschuldigungen geworden zu sein und künftig mit jedem geforderten Schwur seine Treue zum König zu geloben. Der Monarch verzichtete jedoch auf einen Eid des Erzbischofs und verlangte nur dessen Beistand bei seinen Bemühungen um Frieden.

Herzog Konrad ergab sich gemäß seiner Vereinbarungen mit Brun bei Rimlingen in Langenzenn dem König. Erzbischof Friedrich und Konrad versuchten dann gemeinsam, Herzog Liudolf zu bewegen, sich seinem Vater zu unterwerfen und damit den inneren Frieden wiederherzustellen. Liudolf war aber über den Vorwurf seines Onkels derart aufgebracht, daß er nicht bereit war, einen Schritt der Annäherung zu tun. Er verließ mit den Seinigen nachts heimlich den Reichstag und ritt nach Regensburg, um sich dort wieder zu verschanzen. Vermutlich wurde ihm ebenso wie Konrad in Langenzenn vom König die Herrschaft über sein Herzogtum entzogen.

Der König brach wenige Tage später mit seiner Streitmacht auf, um seinem Sohn zu folgen. Bereits bei Nürnberg wurde er vor der Burg Roßtal, die von Anhängern Liudolfs besetzt war, aufgehalten. Es kam zur Schlacht, und Widukind schreibt, daß kein Sterblicher je einen härteren Kampf um die Mauern gesehen habe. »Auf beiden Seiten wurden viele getötet, noch mehr verwundet. Erst das Dunkel der Nacht trennte die Kämpfenden. Schwer mitgenommen zog das Heer des Königs, obwohl der Kampf noch nicht entschieden war, beim Morgengrauen weiter, wichtigeren Entscheidungen entgegen.«
Nach drei Tagesmärschen erreichten Otto und sein Gefolge Regensburg. Da man den Zorn und das Draufgängertum des vierundzwanzigjährigen Liudolf fürchtete, wurde der Lagerplatz der königlichen Streitkräfte sorgfältig befestigt, um gegen Ausfälle der Eingeschlossenen gewappnet zu sein. Dann begann man, allerlei Belagerungsgeräte zu bauen. Widukind schreibt von »machinas«. Die Regensburger und Liudolfs Truppen waren aber wachsam und wußten den Bau dieser Geräte sowie ihren Einsatz an der Stadtmauer immer wieder zu stören und zu verhindern. Darüber entwickelten sich zahlreiche kleinere und größere Kämpfe vor der Mauer. Die Truppen des Königs störten ihrerseits die Verbindung der Belagerten zu ihrem Vieh, das jenseits der Donau auf der damals wohl noch ungeteilten Insel Wöhrd zusammengetrieben worden war. Je länger die Belagerung dauerte, um so mehr drohte den Regensburgern der Hunger, denn es erforderte immer Mut und Glück, wieder Lebensmittel zu Schiff oder über die unter Karl dem Großen errichtete hölzerne Brücke in die Stadt zu holen.
Liudolf und die Seinen fanden es schlimmer, vom drohenden Hungertod aufgezehrt zu werden als im ritterlichen Kampf umzukommen. Deshalb wurde beschlossen, daß die Reiter aus dem Westtor – an der heutigen Ludwigstraße – ausbrechen und einen Scheinangriff gegen das Lager des Königs unternehmen sollten. Gleichzeitig sollten Fußtruppen, die man mit Schiffen in die Nähe des Lagerplatzes bringen wollte,

diesen von der anderen Seite stürmen, wenn die Scharen des Königs mit den Reitern beschäftigt wären. Man bereitete alles sorgfältig vor und wollte bei einem vereinbarten Glokkenläuten den Feind überraschen. Aber die Königlichen hatten von dem Plan Wind bekommen – vielleicht war ein Verräter in der Stadt? – und waren auf der Hut. Der Ausfall von Liudolfs Reitern verzögerte sich, und die Schiffe – man kannte im 10. Jahrhundert noch keine Steuerruder, weshalb die Schiffe von den Ruderern gelenkt werden mußten – kamen nicht an der vorgesehenen Stelle ans Ufer. Als die Fußtruppen doch ans Land sprangen und das königliche Lager angriffen, war es keineswegs von den Bewaffneten verlassen, wie man sich das vorher ausgedacht hatte. Liudolfs Fußtruppen blieb deshalb nur die Flucht zu den Schiffen. Aber viele wurden von den Streitkräften des Königs eingeholt und erschlagen, viele wurden vom Weg zu den Schiffen abgedrängt und versanken in den Donausümpfen. Einzelne von Flüchtigen überbesetzte Schiffe kenterten und gingen unter. Auch die Reiterei Liudolfs hatte kein Glück, denn als sie endlich vor die Mauern kam, traf sie auf die längst vorgewarnten Männer des Königs, die sie bald wieder mit vielen Verwundeten in die Stadt zurückdrängte. Der ganze Ausfall war also für Liudolf ein einziges großes Fiasko, während sein Vater einen klaren Sieg errang. Zu allem Unglück konnte sich Herzog Heinrich nun auch noch des Viehs der Belagerten bemächtigen, sodaß der Hunger in der Stadt bald Einzug hielt.
Liudolf entschloß sich deshalb, mit den angesehensten Männern den bitteren Gang zu seinem Vater anzutreten, um den Frieden zu erlangen. Als die Gruppe der Verteidiger in Ottos Lager kam und ihren Wunsch vorbrachte, wurde sie jedoch abgewiesen, weil Liudolf nicht zur bedingungslosen Unterwerfung bereit war. Deprimiert und voller Grimm mußten die Abgewiesenen den Rückweg zu ihren hungernden Genossen antreten. Liudolf wollte die weitere Verschlimmerung der Lage in der Stadt nicht abwarten. Er stürzte sich zusammen mit Pfalzgraf Arnulf und einer Schar Mutiger vor das Osttor, um eine Bresche in den Belagerungsring zu schla-

gen. Sie trafen auf den in vielen Kämpfen gegen die Slawen bewährten Markgrafen Gero und seine Truppe, und so erbittert und mutig Liudolf und seine Männer auch stundenlang kämpften, ihr Ziel erreichten sie doch nicht. Pfalzgraf Arnulf wurde von vielen Geschossen durchbohrt und stürzte tot vom Pferd.

Die Lage in der Stadt wurde nach der sechswöchigen Belagerung immer bedrückender und drohte in offene Verzweiflung auszubrechen. Es entstand ein tiefer Zwiespalt unter den Eingeschlossenen über das weitere Vorgehen. Schließlich zogen Ende August einige namhafte Bewohner der Stadt zu den Belagerern, um mit ihnen über die Friedensbedingungen zu verhandeln. Liudolf, den Widukind ein zweites Mal in das königliche Lager ziehen läßt, nutzte nach einem anderen Bericht mit seinen Getreuen diese Kampfpause und die Unaufmerksamkeit der Königlichen, um die Stadt heimlich zu verlassen.

Die Verhandlungen schlugen ebenso fehl wie die ersten unter Liudolfs Leitung. Die Belagerung wurde deshalb fortgesetzt. Aber König Otto verließ mit seinen Streitkräften das Lager vor Regensburg, um seinem Sohn nachzuziehen, der sich, wie die königlichen Kundschafter feststellten, westwärts in sein Herzogtum Schwaben begeben hatte.

Herzog Heinrich konnte die angeschlagenen und demoralisierten Regensburger bald bezwingen. Er besetzte zunächst die westliche Vorstadt, also das neue Viertel der Kaufleute, das erst etwa dreißig Jahre zuvor unter Herzog Arnulf in den städtischen Mauerring einbezogen worden war. In der darauffolgenden Nacht brach in der Altstadt ein großer Brand aus, durch den Regensburg fast vollständig eingeäschert wurde. Die vielen offenen Feuerstellen in den leicht brennbaren Häusern der damaligen Zeit mit den noch kaum gesicherten Rauchabzügen stellten eine ständige Brandgefahr dar, weshalb aus dem Mittelalter oft von Feuersbrünsten berichtet wird, die ganze Städte oder Stadtteile vernichtet haben.

Der König war über den Lech in Schwaben eingedrungen. Die Streitkräfte von Vater und Sohn standen sich bei Illertissen gegenüber, jederzeit zum Kampf bereit. Die beiden königstreuen schwäbischen Bischöfe Ulrich von Augsburg und Hartbert von Chur gingen zu Liudolf und versuchten, den blutigen Streit abzuwenden. Tatsächlich gelang es ihnen, einen Waffenstillstand zustande zu bringen, der bis zu einem im Oktober nach Fritzlar einzuberufenden Reichstag gelten sollte.

Otto ritt zurück nach Sachsen und entließ sein Heer. Liudolf sah seine Lage nun, da er weder die Hilfe Konrads noch den Beistand Erzbischof Friedrichs hatte, als aussichtslos an. Seit dem Einfall der Ungarn und seiner scheinbaren Parteinahme für die Reichsfeinde hatte Liudolf auch viel Sympathie und Rückhalt im Volk eingebüßt. Diesen Belastungen hielt der junge Herzog offenbar nicht mehr stand und zog bald dem König nach. Die Begegnung zwischen Vater und Sohn schildert Widukind: »Als sich König Otto zur Jagd in Saufeld – vielleicht das jetzige Thangelstedt südlich von Weimar – aufhielt, kam Liudolf auf ihn zu und warf sich dem Vater zu Füßen. Er zeigte so tiefe Reue und bat so flehentlich um Vergebung, daß der König und alle, die es hörten, in Tränen ausbrachen. Mit väterlicher Liebe wurde er in Gnaden wieder aufgenommen, und er gelobte, zu gehorchen und sich in allem dem Willen seines Vaters zu fügen.«

Der nach Fritzlar einberufene Reichstag konnte nicht stattfinden, weil Erzbischof Friedrich erkrankt war und man täglich seinen Tod erwarten mußte. Tatsächlich starb der Mainzer Metropolit am 25. Oktober 954. Er hat von den zeitgenössischen Chronisten wegen seines Verhaltens gegenüber König Otto wenig freundliche Worte erhalten, da diese Geschichtsschreiber – das soll hier nochmals festgestellt werden – durchweg aus dem königlichen Lager kamen. Ihre Berichte haben die Beurteilung Erzbischof Friedrichs bis in die Neuzeit beeinflußt. Zweifellos hatte Friedrich vom Königtum, seinen Aufgaben und Rechten, eine andere Vorstellung als Otto. Das zeigte sich vor allem 939 und 953, als Friedrich zwischen dem König und den Herzögen Verträge vermitteln wollte, der König aber nur eine Unterwerfung anzunehmen bereit war, weil er in den Herzögen keine Gleichberechtigten anerkannte, sondern nur Untergebene sah. Ob der Kirchenfürst deshalb eine so antikönigliche Position eingenommen hat, wie es die Chronisten schildern, ist kaum noch zu beurteilen. Friedrich fühlte sich als ein unabhängiger Geist, der wohl tatsächlich oft in einem viel stärkeren Maß zwischen den streitenden Parteien gestanden hat, als es die königstreuen Historiker wahrgenommen haben.

Wie die Ungarn, so nutzten auch die Slawen die wirren Zeiten im Reich Ottos, um die Oberherrschaft der Deutschen möglichst abzuschütteln. Da Markgraf Gero im Sommer 954 vor Regensburg lag, erhoben sich die slawischen Uckrer. Der Markgraf mußte deshalb sogleich nach seiner Rückkehr aus dem Süden mit seinen Streitkräften über die Elbe und Havel an die Ucker ziehen. Der König hatte Gero den von ihm gleichfalls als Kämpfer hochgeschätzten Konrad den Roten mitgegeben, der ja jetzt im Westen keine öffentliche Aufgabe mehr bekleidete. Beide zusammen haben die Uckrer geschlagen und reiche Beute erobert.

Der für Oktober in Fritzlar geplante Reichstag trat schließlich Mitte Dezember 954 südlich von Erfurt im thüringischen Arnstadt zusammen. Alles, was im Reich Rang und Namen hatte, versammelte sich in Erwartung des Friedensschlusses nach diesem mörderischen Streit in dem seit mindestens zweieinhalb Jahrhunderten bekannten, verkehrsgünstig gelegenen Ort. In einer feierlichen Zeremonie nahm der König die beiden abtrünnig gewesenen Herzöge wieder in seine Huld auf. In ihre Herzogtümer und in die Reichslehen setzte Otto seinen Sohn und seinen Schwiegersohn – dessen Gemahlin und Tochter Ottos allerdings im November 953 verstorben war – nicht mehr ein, aber sie behielten die großen Eigengüter, die sie in Franken und Schwaben besaßen. Lothringen blieb unter der Herrschaft Erzbischof Bruns, obgleich diese weltliche Funktion eines Klerikers von vielen Seiten heftig angegriffen wurde. Aber Brun hatte sich während des zurückliegenden liudolfinischen Aufstandes in seinem Doppelamt glänzend bewährt.

In Schwaben setzte der König den bereits reichlich alten Burchard III. ein, der wahrscheinlich ein Sohn des 926 gefallenen gleichnamigen schwäbischen Herzogs und ein Onkel Königin Adelheids war. In Mainz, dessen Herrschaft dem Erzbischof während der letzten eineinhalb Jahre völlig entglitten war, hatten Adelskreise die Macht an sich gerissen und waren bis jetzt in Opposition zum König gestanden. Es scheint sogar, daß das ganze Herzogtum Franken vom König abgefallen war. Nun setzte der Herrscher 954 in Mainz seinen vorehelichen fünfundzwanzigjährigen Sohn Wilhelm als Erzbischof ein und richtete damit die erzbischöfliche Stadtherrschaft wieder auf. Wilhelm verfügte anscheinend bald über die gesamten Gerichts- und Zolleinkünfte der Stadt – sicher nicht zur Freude der ausgeschalteten Adeligen. Aber Otto hatte durch Wilhelm den bedeutendsten deutschen Erzbischofsstuhl und die größte Kirchenprovinz seines Reiches mit einem Verwandten, sogar mit einem Sohn, besetzen können. Wilhelm war in dem berühmten Kloster Reichenau erzogen worden. Seine Mutter war eine vornehme Slawin, die in deutsche Gefangenschaft geraten war. Sie hat Wilhelm etwa 929 geboren, als Otto gerade siebzehn Jahre alt war.
Die Beendigung des liudolfinischen Aufstandes mit seinen blutigen Auseinandersetzungen war dringend notwendig, denn die äußeren Feinde des Reiches wollten diese Zwistigkeiten für ihre eigenen Ziele ausnutzen. Der Einfall der Ungarn im Jahre 954 war nur das Vorspiel zu einem viel größeren Angriff, wie sich bald zeigen sollte. Aber der Überfall von 954 hatte den großen Vorteil, daß er den Empörern vor Augen führte, wie verheerend sich ihr Aufstand gegen König und Reich auswirken konnte. So waren also jener Ungarneinfall und die Friedensregelung auf dem Reichstag zu Arnstadt eine wichtige Voraussetzung für die Abwehr eines größeren Angriffes der Ungarn und Slawen.

Es zeugt für die Souveränität und Gelassenheit, mit der König Otto seine Staatsaufgaben erledigte, daß er gerade in der zurückliegenden Zeit höchster Bedrängnis eine Angelegenheit weiter bearbeitete, die schon einige Jahre festlag und die wohl auch noch länger hätte liegen bleiben können, nachdem sie einmal auf die lange Bank geschoben worden war. Aber da sich auf dem Reichstag zu Langenzenn eine solch deutliche Reduzierung der gegnerischen Kräfte ergeben hatte, ging Otto sogleich daran, sich wieder mehr um die größeren Verhältnisse zu kümmern. Im Jahre 951, kurz nach dem Tod König Lothars von Italien und kurz nachdem Berengar sich die Krone angeeignet hatte, war bei Otto eine Gesandtschaft des Kalifen Abderrhaman III. von Cordoba aufgetreten, um dem deutschen König ein Freundschaftsbündnis anzubieten. Die unter sich verfeindeten Sarazenen des Kalifats von Mahedia – dem heutigen Tunis – und des Kalifats von Cordoba verfolgten um das Mittelmeer eine sehr aktive Expansionspolitik, getreu ihrer Glaubensmaxime, den Islam mit Feuer und Schwert zu verbreiten. Während der nordafrikanische Kalif in Unteritalien Fuß zu fassen versuchte, hatte sich der spanische bereits in Fraxinetum bei Toulon eine feste Basis geschaffen, von der aus er eine Reihe von Alpenpässen kontrollierte und nach Oberitalien, mindestens aber nach Korsika und Sardinien vorstoßen wollte.
Der Kalif von Cordoba hielt es offenbar trotz seines Reichtums – Cordoba genoß unter Abderrhaman III. den Ruf einer Wunderstadt, in der unter anderem eine Bibliothek mit sechshunderttausend Bänden existiert haben soll – und trotz seiner Macht für zweckmäßig, sich mit dem deutschen König zu arrangieren, nachdem er beobachten konnte, wie Otto immer mehr Einfluß und Stärke im Westfrankenreich, in Burgund und in Italien gewann. Für Abderrhaman waren aber auch die Verhandlungen König Ottos mit dem Kaiser von Byzanz von Interesse, da sie den gemeinsamen Kampf des Kaisers und des Königs gegen den Kalifen zum Inhalt hatten.

Solchen Gefahren wollte der Kalif wohl vorbeugen, mindestens sollte ihm seine Delegation Genaueres über jene Verhandlungen berichten.
Am Hof König Ottos hatte man in dem Sendschreiben des islamischen Kalifen einige Passagen entdeckt, die man als Lästerung des Christentums verstand. Die Gesandten Abderrhamans wurden deshalb seit ihrer Ankunft 951 in Deutschland festgehalten. Der Führer der Delegation, ein christlicher Bischof, war in der Zwischenzeit schon gestorben.
Der Kalif wartete in Cordoba drei Jahre vergeblich auf eine Antwort des deutschen Königs. Otto hatte sich inzwischen mit seinem Bruder Brun über die Angelegenheit besprochen und nach einem Gesandten gesucht, der bereit und geeignet war, zum Kalifen nach Spanien zu reisen. Der Auftrag war nicht ungefährlich, denn der Kalif war mit Sicherheit auf den König nicht gut zu sprechen, nachdem sowohl seine Gesandten wie auch eine Antwort auf seine Bündnisofferte ausgeblieben waren. Die Wahl fiel schließlich auf den Mönch Johannes aus dem Kloster Gorze bei Metz. Er machte sich, mit allen nötigen Instruktionen versehen, im Sommer 954 in Begleitung eines wegekundigen Kaufmanns aus Verdun und eines spanischen Priesters, der der Gesandtschaft des Kalifen angehört hatte, auf die Reise.
König Otto hatte vermutlich auch handelspolitische Ziele im Auge, so zum Beispiel eine Verbindung seines Reiches mit den Mauren in Spanien, die den bereits erwähnten Sklavenhandel erleichtern würde. Darüber hinaus waren für Otto sicher machtpolitische Überlegungen im Spiel, denn die Araber bedrohten ständig den Süden seines Reiches und waren auf ihren Streifzügen zum Beispiel 940 bis nach Chur, 928 sogar bis nach St. Gallen vorgedrungen, also weit in das Herzogtum Schwaben! Sicher hat Otto auch Überlegungen in Richtung auf den Erwerb der Kaiserwürde angestellt, und es war vorstellbar, daß seine Erhebung zum Imperator des römischen Reiches sehr leicht zu Kollisionen mit den Sarazenen führen könnte. Die Kontakte mit dem Kalifen sollten ihm vielleicht auch in dieser Hinsicht Klarheit bringen.

Mit den Vereinbarungen auf dem Reichstag zu Arnstadt waren noch keineswegs alle oppositionellen Kräfte gegen den König zum Schweigen gebracht. Das zeigte sich gleich zu Beginn des Jahres 955. Im Nordosten, in den slawischen Marken, gärte es nach wie vor. Die Vettern des Königs, die Grafen Wichmann und Ekbert, wollten trotz der Friedensbemühungen ihres Onkels und des Herzogs Hermann keine Ruhe geben. Sie versuchten, die Zeit, in der der König noch anderweitig in Anspruch genommen war, für eigene Erwerbungen zu nutzen. Einen Aufstand Wichmanns und Ekberts mit ihren Gefolgsleuten konnte Herzog Hermann rasch niederschlagen. Als sich die königlichen Vettern aber jenseits der Elbe mit den Obodriten verbündeten, geriet Hermann gegenüber den an Zahl weit überlegenen Feinden ins Hintertreffen. Es blieb ihm deshalb nichts, als mit seinen Truppen einen hinhaltenden Widerstand zu leisten in der Hoffnung, daß er bald Verstärkung durch ein königliches Heer erhielte. Bei diesen Kämpfen ist es nicht sicher, ob sie in den frühen Monaten 954 oder 955 stattgefunden haben.
Der König hielt sich jedoch in den ersten Monaten der beiden Jahre im Süden seines Reiches auf. 955 erschien es ihm wichtig, vor allem in Bayern wieder Ruhe und Ordnung herbeizuführen. Sein Bruder Heinrich war dort nach wie vor nicht Herr der Lage; die Ungarn konnten jederzeit einen neuen Kriegszug unternehmen. Es gelang Herzog Heinrich, den oppositionellen Salzburger Erzbischof Herolt, der sich beim letzten Ungarneinfall so schnell den Reichsfeinden angeschlossen hatte, gefangenzunehmen. Heinrich ließ den Metropoliten blenden und verbannte ihn nach Säben.
Bei Mühldorf am Inn kam es dann – anscheinend Anfang Mai 955 – zu einer Schlacht zwischen den Königstruppen und aufständischen bayerischen Grafen. Vier der abtrünnigen Grafen und viele Ritter mußten während des Kampfes ihr Leben lassen. Die Aufständischen erlitten eine völlige Niederlage. Auch Regensburg wollte sich seinem sächsischen Herzog noch nicht wieder unterordnen und mußte nochmals belagert werden. Heinrich konnte sich wohl noch im

Mai wieder in seinem ganzen bayerischen Herzogtum nördlich der Alpen behaupten. Widukind deutet an, der König habe die Anführer des Aufstandes in die Verbannung geschickt und der Menge der Gefolgsleute großmütig verziehen. Die zahlreichen konfiszierten Güter der von königlichen Gerichten Verurteilten wechselten noch auf Jahre hinaus ihre Besitzer.
Heinrich war offensichtlich bald auch wieder Herr der Mark Aquileja südlich der Alpen. Er sah wohl, ähnlich wie im Salzburger Erzbischof, auch im Patriarchen Engelfried von Aquileja einen Oppositionellen und Parteigänger seiner Feinde. Er ließ ihn entmannen, nicht im Jahr 951, wie mitgeteilt, sondern vermutlich erst im Jahr 955. Heinrich hat sich wiederholt nicht nur an Mut, sondern auch an Grausamkeit hervorgetan.
Eine zeitlich nicht sicher feststehende Episode um Herzog Heinrich mit interessanten kulturhistorischen Aspekten sei hier eingefügt. Die wichtigsten Mittel der medizinischen Diagnose waren im Mittelalter die Prüfung des Pulses und des menschlichen Harnes, die sogenannte Harnschau. Herzog Heinrich sandte dem angesehenen St. Gallener Arzt Notker – der wegen seiner Strenge den Beinamen »Pfefferkorn« erhielt – eines Tages eine Harnprobe. Notker stellte dann fest: »Ein noch nie erhörtes Wunder und Wahrzeichen gedenkt Gott jetzt zu wirken – ein Mann wird nämlich ein Kind gebären. Dieser Herzog wird um den dreißigsten Tag von heute an einen Sohn zur Welt bringen und an seine Brüste legen.« Der mißtrauische Bayernherzog hatte dem Arzt den Harn einer Frau gesandt, um seine Kunst und Zuverlässigkeit zu prüfen. Notker stellte in diesem Fall ebenso eine richtige Diagnose wie in einem anderen Fall, wo er einem Bischof Pocken ankündigte und ihn dann davon heilte. Notker Pfefferkorn ist auch als Maler und Dichter hervorgetreten, aber mit seiner Heilkunst wurde er am bekanntesten. Überhaupt waren die Klöster Sammelpunkte der damaligen medizinischen Kenntnisse, die natürlich zumeist mündlich weitergegeben wurden. Aber es gab doch auch bereits schriftli-

che Unterlagen, zum Beispiel den *Hortulus*, eine Handschrift des Abtes Walahfrid Strabo von Reichenau aus dem 9. Jahrhundert über Wirkungen der Heilpflanzen und verschiedene Lehrbücher arabischer und griechischer Autoren.
Der König ging nach der Befriedung Bayerns wieder nach Sachsen zurück, wo er dringend bei den Kämpfen gegen die Wenden gebraucht wurde. Die Slawen hatten unter Führung des jungen Wichmann Herzog Hermann auf sächsischem Gebiet angegriffen, was allein schon zeigt, wie sehr Hermann in Bedrängnis war. Aber Otto konnte nicht helfend eingreifen, denn kaum in Sachsen angekommen, erreichten ihn Nachrichten seines Bruders Heinrich, daß die Ungarn in Bayern eingedrungen seien.
Die Magyaren kamen in so riesigen Scharen, daß sie glaubten, nur der einstürzende Himmel oder die sich öffnende Erde könne sie besiegen. Die in den Annalen von St. Gallen genannte Zahl von hunderttausend Ungarn ist aber nicht wörtlich zu nehmen: Es hat sich ja schon früher gezeigt, daß man diese Zahl gerne gewissermaßen als Synonym für eine unübersehbare Menge eingesetzt hat.
Der Entschluß des Königs, nach der Beendigung des liudolfinischen Aufstandes in erster Linie Bayern abzusichern, erwies sich nun als richtig. Angesichts der wendischen Angriffe mußte Otto allerdings auf eine sächsische Streitkraft verzichten und ritt mit nur wenigen Gefolgsleuten wieder nach Süden. Hier waren die Ungarn Ende Juli 955 bereits bis nach Schwaben vorgedrungen, einzelne Scharen sogar bis zum Schwarzwald. Das Hauptheer lagerte auf dem Lechfeld und griff von hier aus das nahegelegene Augsburg, wo der königstreue Bischof Ulrich seinen Sitz hatte, an. Die Mauern der Stadt, die seit den Zeiten der Römer bestand, waren niedrig, und es fehlten ihr Türme zur Verteidigung.
Der Bischof als Stadtherr wollte zunächst einen Kampf auf offenem Feld vermeiden und hielt seine Männer innerhalb der Mauer. Als er jedoch bei einem ersten Angriff der Ungarn Chancen sah, wagte er doch einen Ausfall aus dem Tor, das zum Lech führte. Der Bischof ritt, wie berichtet wird,

ohne Helm und ohne Panzer inmitten der Seinen. Als es den Augsburgern gelang, einen Führer der Ungarn zu Fall zu bringen, zogen sich diese in ihr Lager zurück. Daraufhin ließ der Bischof die ganze Nacht hindurch von seinen Männern die Befestigungen verbessern.
Zu dem erwarteten neuen Angriff am folgenden Tag brachten die Ungarn Brecheisen, Spaten und sonstige Werkzeuge mit, um die Mauer überwinden zu können. Aber ihr Kampfesmut war offenbar nicht groß, denn ihre Führer mußten die Soldaten der vordersten Linien mit Peitschenhieben antreiben. Die tapfere und energische Verteidigung der Augsburger vom Vortag ließ die Angreifer um ihr Leben fürchten. Aber noch bevor sie die Mauer erreichten und zum Sturm ansetzten, erscholl aus dem Hintergrund ein Trompetensignal, mit dem der ganze Angriff abgeblasen wurde. Die Ungarn kehrten der Stadt den Rücken. Der ungarische Feldherr, der Karchan Bulscu, hatte von einem Verräter, einem Sohn des zu Regensburg im August 954 gefallenen Pfalzgrafen Arnulf, die Nachricht vom Heranrücken König Ottos erhalten. Er wollte seine Streitkräfte gesammelt zur Verfügung haben.
Herzog Heinrich und Konrad der Rote – den Widukind im Gegensatz zu Ruotger nach wie vor als Herzog bezeichnet – hatten ein starkes Heer aus Bayern und Franken zusammengezogen, das sie dem König nach seiner Ankunft vermutlich bei Günzburg zuführten. Die Schwaben waren unter ihrem neuen Herzog Burchard III. mit zahlreichem Aufgebot vertreten, und auch die Böhmen stellten in der Streitmacht des Königs eine Legion. Sogar der Bischof von Augsburg ließ Männer aus der Stadt, die am Kampf des Königs teilnehmen sollten, wie der Augsburger Dompropst Gerhard berichtet. Herzog Heinrich hinderte eine Erkrankung an seinem Erscheinen. Trotzdem stellten die Bayern die meisten Kämpfer dieses Heeres. Die Liudolfinger hatten also – sofern die Überlieferung verläßlich ist – im südlichen Herzogtum das Heft wieder fest in der Hand. Das Gepäck und der Troß wurde den Böhmen anvertraut, die als 8. Abteilung an das Ende des Heeres beordert wurden. Den Kern der deutschen Streit-

macht bildete die dem König direkt unterstellte 5. Abteilung, die von ausgewählten tapferen Kämpfern aus dem ganzen Heer und von mutigen Jünglingen gestellt wurde, bei denen sich auch das Bild des siegverleihenden Erzengels Michael befand. Nur die Lothringer hatten keine Truppen nach Schwaben entsandt, weil Erzbischof Brun befürchtete, die Magyaren könnten wie im Vorjahr nach Lothringen weiterziehen und dann würde sein Herzogtum eine leichte Beute der Feinde.

Nachdem das Heer geordnet und vollzählig war, setzte König Otto zur Vorbereitung auf die Schlacht einen Tag des gottesfürchtigen Fastens und frommen Gebetes fest. Die Männer verziehen sich gegenseitig ihre Reibereien und Unfreundlichkeiten und gelobten einander wie auch ihren Führern alle Hilfeleistung im Kampf. Nicht wenige von ihnen mögen eine Zwiebel der wilden Gladiolen, die man auch Siegwurz oder – beinahe noch hoffnungsvoller – Allermannsharnisch nannte, bei sich getragen haben, denn ein solches Amulett machte nach damaligem Glauben hieb- und stichfest und ließ die Wunden besser heilen. Der König selbst tat das Gelübde, im Falle eines Sieges in Merseburg zu Ehren des Feuermärtyrers Laurentius ein Bistum zu gründen und die dort begonnene Pfalz in eine Kirche umzubauen.

Am folgenden Tag zog das Heer bei der ersten Morgendämmerung südwärts zum Lechfeld, um die Ungarn, die südlich von Augsburg lagerten, von Süden her angreifen zu können. Die beiden Gegner hatten sich mit Hilfe ihrer Kundschafter längst im Auge. So entging den Ungarn der Marsch der Deutschen an Augsburg und ihrem Lager vorbei keineswegs, auch wenn diese versuchten, wie Widukind schreibt, mit Hilfe des unübersichtlichen Geländes möglichst ungesehen zu bleiben. Aber Ottos Spähern entging es offenbar doch, daß die Ungarn einen Teil ihrer Streitkräfte auf der rechten, bayerischen Seite des damals weiter westlich fließenden Lechs ebenfalls südwärts sandten mit dem Auftrag, die Deutschen zu überflügeln, um sie dann, nach einer zweiten Lech-Überquerung, von hinten anzugreifen. Die Deutschen soll-

ten auf diese Weise in die Zange genommen werden – und diese Überraschung glückte den Ungarn vollkommen.
Noch bevor Ottos Heerspitze Kontakt mit dem Feind hatte, attackierte ein plötzlicher Pfeilhagel die Böhmen und den Troß. Die Ungarn demoralisierten mit schauerlichem Schlachtgebrüll die sicher nicht schreckhaften Böhmen, umzingelten sie mit ihren schnellen Pferden, töteten viele, nahmen auch viele gefangen und bemächtigten sich des Trosses. Die böhmische Legion war in Kürze aufgerieben, und den benachbarten Schwaben drohte schon das gleiche Schicksal. Da sandte der König seinen Schwiegersohn Konrad den Roten und dessen Reiter zu Hilfe. Konrad, schon immer als kühner, mutiger Kämpfer zu Fuß und zu Pferd gerühmt, jagte dem Feind seine Gefangenen und seine Beute wieder ab und vernichtete einen großen Teil der schon siegestrunkenen Ungarn. Nur wenige entkamen seinen rächenden Scharen. Widukind schreibt über die Schlacht: »Ist es nicht wunderbar, wie die im Kampf noch kaum erfahrene junge Mannschaft einen Triumph erringen konnte, während die längst erprobten und sieggewohnten Krieger nicht standzuhalten vermochten?« Konrad war es mit seinen Reitern gelungen, die bereits sichtbar drohende Niederlage der deutschen Streitmacht abzuwenden.
Aber noch hatte der Kampf mit der Hauptmacht der Ungarn nicht begonnen. Wir wissen nicht, ob sich die Schlacht auf dem Lechfeld an einem oder an mehreren Tagen abgespielt hat. Widukind, der am ausführlichsten, aber mit größter Wahrscheinlichkeit nicht als Augenzeuge über das Geschehen berichtet, läßt nach dem Erfolg Konrads König Otto sein Heer mit einer Rede anfeuern: »Jetzt müssen wir unseren Mut beweisen, Männer, denn jetzt geht es um die Entscheidung. Der Feind steht uns Aug in Auge gegenüber. Mit eurer Kraft und euren stets siegreichen Waffen habt ihr immer ruhmvoll gekämpft; fern der Heimat gehörte euch stets der Sieg. Jetzt, wo es um das eigene Land geht, wollen wir nicht feige dem Feind den Rücken kehren. Der Anzahl nach sind sie uns überlegen, das wissen wir, aber nicht an Tapferkeit

und nicht mit den Waffen. Die Feinde haben zum größten Teil weder Wehr noch Rüstung und sie entbehren völlig der Hilfe Gottes, die für uns der größte Trost ist. Sie können nur auf ihre verwegene Tollkühnheit vertrauen, wir aber setzen unsere Hoffnung auf Gott und seine Hilfe. Wir sind die Herren schon fast ganz Europas, und es wäre schändlich, wenn wir jetzt mit unseren ärgsten Feinden einen schmählichen Frieden schließen müßten. Lieber wollen wir Kampf und ruhmvollen Tod, wenn es sein muß, als in elender Knechtschaft leben mit dem Strick um den Hals wie wilde Tiere. Ich brauche nicht weiter zu reden, denn ich weiß, daß ihr euch mit aller Tapferkeit und Kühnheit auf den Feind werfen werdet. Jetzt nehmt eure Waffen und laßt uns kämpfen!«

Nachdem König Otto mit diesen Worten den Mut und das Selbstvertrauen seiner Krieger gestärkt hatte, faßte er seinen Schild und die Heilige Lanze und ritt seinem Heer gegen die Feinde voran. Er zeigte sich als Feldherr und als der kühnste Kämpfer in seinem Heer. Zwischen den Deutschen und den Ungarn entbrannte sogleich ein wilder, erbarmungsloser Kampf. Den Bayern, Franken, Schwaben und Böhmen gelang es, immer mehr ihrer Feinde mit Lanzen und Schwertern tot oder lebendig von den Pferden zu werfen und niederzumachen. Bald ergriffen die ersten Ungarn die Flucht, und die Überlegenheit der Deutschen wuchs von Viertelstunde zu Viertelstunde, sodaß immer mehr Ungarn ihre Pferde wendeten, um dem Gemetzel in der flimmernden Augusthitze zu entfliehen. Sie hofften, in den nahegelegenen Dörfern sich mit ihren Pferden etwas ausruhen zu können. Aber die Deutschen blieben ihnen auf den Fersen, umstellten die Ortschaften und verbrannten die Häuser mit allen Eingeschlossenen rücksichtslos. Andere, die sich in den nahen Lech gestürzt hatten, kamen in den Fluten des Gebirgsflusses um, da ihnen das Steilufer auf der anderen Seite keine Rettung bot. Noch am gleichen Tag glückte den Deutschen die Erstürmung des Lagers der Ungarn und die Befreiung aller Gefangenen. Konrad dem Roten freilich, der sich in einer Pause des hitzigen Gefechtes in der Sonnenglut etwas Erleichte-

rung verschaffen wollte und seinen Helm abnahm, wurde in diesem Augenblick von einem feindlichen Pfeil der Hals durchbohrt; er war sofort tot.
Als Tag des großen Sieges über die Ungarn auf dem Lechfeld bei Augsburg ist der Tag des Heiligen Laurentius überliefert, das war der 10. August 955. Nur sehr wenige feindliche Angreifer sind entkommen, denn die Besatzungen der nahegelegenen Burgen rieben die Flüchtigen und Versprengten an den Tagen nach der Schlacht auf. Nach Meinung einiger Historiker wurden die meisten Ungarn erst an diesen Tagen, nicht während der Schlacht auf dem Lechfeld, getötet. Drei Führer der Ungarn, unter ihnen der Karchan Bulscu, wurden gefangengenommen und auf Befehl des kranken Herzogs Heinrich in Regensburg zusammen mit vielen ihrer Landsleute durch den Strang hingerichtet.
König Otto wurde von seinen Männern nach diesem gewaltigen Sieg als Vater des Vaterlandes und als *Imperator* begrüßt, wie Widukind schreibt. Historiker haben diese Mitteilung des sächsischen Chronisten lebhaft erörtert. Die meisten bezweifeln, daß Otto von seinem Heer bei dieser Gelegenheit in Anlehnung an antike und angelsächsische Vorbilder zum *Imperator* im Sinne eines Kaisers ausgerufen worden ist. Man hält es auch für möglich, daß *Imperator* in Widukinds Bericht als oberster Heerführer aufzufassen ist, zumal Widukind noch kurz vor der Schlacht auch Konrad den Roten als *dux*, als Herzog im rein militärischen Sinn, nämlich als Anführer einer Kampfabteilung genannt hat.
Die Rede Ottos vor der Hauptschlacht könnte Rückschlüsse auf die Anzahl der Zuhörer und unter Umständen auf den Umfang des deutschen Heeres ermöglichen. Aber Widukind schreibt nur, Otto habe die Rede vor seinen Gefährten – *socios* – gehalten. Daraus geht nicht hervor, ob der König nur zu den Unterführern oder zum Heer selbst gesprochen hat. Es ist allerdings nicht sehr wahrscheinlich, daß Otto alle seine Streitkräfte um sich versammelt hat. Aber es wäre doch interessant, wenn wir uns ein einigermaßen verläßliches Bild über den Umfang des deutschen Heeres machen könnten.

Die Angabe der *Kaiserchronik* aus dem 12. Jahrhundert, daß 128 000 Ungarn 26 000 Deutsche gegenübergestanden hätten, entspricht sicher nicht den Tatsachen, sondern sollte wohl in erster Linie den Ruhm und die Tüchtigkeit der Sieger unterstreichen. Früher hat man festgestellt, daß sich Widukinds Wiedergabe der Rede zu wesentlichen Teilen auf Texte des römischen Historikers Sallust stützt. Damit wäre es unmöglich, daß Otto, der keine klassische Bildung besaß, diese Rede gehalten hat. Neuerdings hat man ermittelt, daß der zitierte Wortlaut vielfach mit Formulierungen der Bibel übereinstimmt (L. Weinrich). Danach wäre es möglich, daß Widukind Redewendungen Ottos wiedergegeben hat, denn Bibelkenntnisse dürfte der Herrscher gehabt haben.

Der König sandte Botschaften über den Sieg an seine Mutter, an seinen Bruder Brun, an seinen Sohn Liudolf und nach allen Windrichtungen. Er ordnete für alle Kirchen des Reiches Dankgottesdienste und Lobgesänge an. Schon die Zeitgenossen haben die Bedeutung dieses Sieges für das ganze Abendland erkannt, und nach Widukinds Meinung hat kein König der vorangegangenen zweihundert Jahre einen ähnlichen Sieg errungen. Rund zweihundert Jahre zuvor hat Karl Martell 732 die Araber bei Poitiers geschlagen und damit das Abendland vor der mohammedanischen Eroberung bewahrt, sowie seinem Geschlecht den Anspruch auf das Kaisertum gesichert. Die Parallelen waren also von Widukind in zweifacher Hinsicht deutlich gezogen. Adalbert von Weißenburg schreibt, daß niemals zuvor ein solcher Sieg wie der auf dem Lechfeld erfochten worden sei.

Das Abendland blieb seit dieser Schlacht von weiteren Angriffen der Ungarn verschont. Das Reitervolk an der unteren Donau wurde zu einem seßhaften Bauernvolk und nahm mehr und mehr die abendländische Kultur an. Otto hatte einen bedeutenden Sieg für das Christentum errungen, denn nun konnte sich die christliche Mission nach Südosten ausdehnen.

Ruhm und Ansehen König Ottos wuchsen in Europa, denn die Überwindung der Ungarn bedeutete nicht nur für die

deutschen Länder, sondern ebenso für Frankreich, Burgund und Italien die Befreiung von einer ständigen Quelle der Unsicherheit und Bedrohung. Man nannte Otto seit dem Sieg auf dem Lechfeld am 10. August 955 häufiger »den Großen«, und viele Herrscher aus benachbarten Ländern bezeugten ihm Achtung und Respekt. Der Sieg Ottos, an dem Konrad der Rote maßgebenden Anteil hatte, schob den Kern- und Einflußbereich des Abendlandes weit nach Südosten, und die Auswirkungen blieben bis in unsere Gegenwart erhalten. Die unter Markgraf Liutpold 907 an die Ungarn verlorene Ostmark östlich der Enns wurde nun dem Reich wieder eingegliedert. Das Jahr 955 wird deshalb verschiedentlich als das Geburtsjahr Österreichs bezeichnet. Die Donau kam jedenfalls bis Preßburg wieder unter deutsche Hoheit, womit der wichtige Handelsweg nach Südosten geöffnet wurde.
Aber auch innenpolitisch festigte der Sieg auf dem Lechfeld Ottos Position, denn nun war seine Vorrangstellung eindeutig und durch nichts mehr zu erschüttern. Otto war jetzt unbestreitbar der von Gott Bevorzugte, den zu respektieren für jeden gläubigen Christen eine Selbstverständlichkeit sein mußte.
Die durch die Lechfeldschlacht gewonnene Beruhigung im Südosten des Reiches, die sich erst im Laufe der folgenden Zeit festigen konnte, gab Otto die Möglichkeit, sich nun mit Nachdruck den slawischen Marken zuzuwenden. Er ritt schon kurz nach der Schlacht auf dem Lechfeld wieder nordwärts, wo er in Sachsen mit Jubel und Freude empfangen wurde. Es war aber nicht nur Freude über den errungenen Sieg im Süden des Reiches, sondern – vor allem im östlichen Sachsen – noch mehr Hoffnung, daß der starke und vieles vermögende König nun auch die Bedrohungen durch die Slawen abwenden werde. Nach einer Reihe kriegerischer Erfolge der Slawen, die sie teilweise unter Führung oder Beistand der Grafen Wichmann und Ekbert errungen hatten, war man in Sachsen um die Zukunft sehr besorgt. Dazu trug auch eine Serie von merkwürdigen Zeichen und Unwettern bei, die man als äußerst ungünstig für die kommende Zeit deutete.

All diese Ängste schob nun der König mit seinem energischen Eingreifen beiseite. Während er seine Streitkräfte sammelte, hielt er einen Gerichtstag ab, bei dem seine Vettern Wichmann und Ekbert zu Landesfeinden erklärt wurden. Ihren Anhängern dagegen wurde Schonung in Aussicht gestellt, falls sie zu den Ihrigen zurückkehren wollten. Während der Beratungen erschien eine Gesandtschaft der Slawen. Sie versprach weitere Tributzahlungen der Stämme, die sie delegiert hatten, wenn sie dabei die Herrschaft über ihr Land behalten könnten. Sie würden unter dieser Bedingung Frieden halten, sonst aber wollten sie für ihre Freiheit mit den Waffen kämpfen. König Otto erwiderte darauf, er verweigere den Frieden keineswegs, aber zuerst müßten sie für die begangenen Untaten und Treulosigkeiten büßen und sich erneut unterwerfen.
So überschritt der König also in Kürze mit seinem Heer die Elbe und brach mit Feuer und Schwert in die Gebiete der Slawen ein. Markgraf Gero und sein Sohn Liudolf begleiteten den König. Das deutsche Heer kam offenbar sehr rasch und ohne ernstliche Widerstände vorwärts, sodaß es bereits Anfang Oktober 955 das flache Tal der Recknitz, eines Küstenflusses der Ostsee in Mecklenburg, erreichte. Die Sümpfe machten das weitere Vordringen nach Osten jedoch äußerst schwierig. Die Slawen hatten bereits damit gerechnet, daß hier der Vormarsch ihrer Feinde aufgehalten würde, und sich deshalb auf einen Angriff vorbereitet. Im Rücken der Deutschen zogen rasch Streitkräfte der Obodriten auf und legten Baumverhaue, sodaß König Otto mit seinem Heer tagelang weder vorwärts noch zurück konnte, zumal auch jenseits der Recknitz starke Kräfte der Slawen standen. Man saß also in einer Falle. Nahrungsmittel waren in dem sumpfigen Gebiet nicht zu gewinnen, sodaß die Sachsen rasch an Hunger und Krankheiten litten.
König Otto entschloß sich schließlich, den vielerfahrenen, klugen Markgrafen Gero zu Verhandlungen mit dem Führer der Slawen zu beauftragen. Gero war bei den Slawen längst als harter und schlauer Gegner gefürchtet, und man erinnerte

sich nicht nur an seinen kürzlichen Sieg über die Uckrer, sondern auch an seinen tödlichen Streich gegen die rund dreißig Slawenführer im Jahre 939. Der Markgraf ging durch den Sumpf so weit wie möglich an den Fluß und rief seinen Wunsch nach einem Verhandlungspartner zu den Slawen hinüber. Stoinef, ein Fürst der Obodriten, stellte sich dazu zur Verfügung. Gero rief ihm zu, daß es von ihm doch wohl reichlich vermessen wäre, gegen eine Streitmacht des Königs kämpfen zu wollen. Um das Flußhindernis zu beseitigen, meinte Gero, wenn sich Stoinef seiner Sache sicher sei, so solle er den Deutschen zugestehen, die Recknitz zu überschreiten, damit die Streitkräfte am anderen Ufer ihren Kampf austragen könnten – oder die Slawen sollen herüberkommen, denn natürlich könne man auch hier kämpfen. Aber der Slawe ging nicht auf den Leim des Markgrafen. Er wußte, daß die Sachsen ohne Lebensmittel in diesem sumpfigen und moorigen Gebiet in einer hoffnungslosen Lage waren, und er konnte leicht sehen, daß er seine Feinde nur darin festzuhalten brauchte, um sie ohne Risiko in Kürze vernichten zu können. Für den Vorschlag des Markgrafen hatte Stoinef deshalb nur Hohn und Spott, wodurch sich Gero herausfordern ließ, einen Angriff anzukündigen: »Morgen werden wir sehen, wie stark du mit deinem Volk bist, denn morgen werden wir euch jedenfalls zum Kampf zwingen!« (Widukind)
Dem König, den Widukind hier bereits als *Imperator* tituliert, blieb gar nichts anderes übrig, als einen Angriff zu wagen, wenn er mit seinem Heer nicht elendiglich in den Sümpfen verhungern und versinken wollte. Aber er mußte sich eine Finte ausdenken, wenn er aus der Falle entkommen wollte. Am nächsten Morgen – nach der Überlieferung war es der 16. Oktober 955 – schickte er Gero mit einer Truppe etwa eine Meile flußabwärts, um ihn dort in aller Eile und vom Feinde unbemerkt drei Brücken über die Recknitz errichten zu lassen. Von dem Lager selbst ließ der König mit Pfeilen und anderen Geschossen einen Angriff und bevorstehenden Übergang über den Fluß vortäuschen. Die Slawen gingen auf diese Attacke ein, denn sie hatten nach Geros Worten vom

Vortag damit gerechnet und setzten alle ihre Kräfte ein, um die Sachsen am Überschreiten der Recknitz zu hindern. Als Gero mit seinen Männern die Brücken vollendet hatte, holte er den König und das Heer herbei und führte sie aus ihrer unheilvollen Lage heraus.

Die Slawen bemerkten den Plan des Königs zu spät und konnten das Übersetzen ihrer Feinde auf ihr Flußufer nicht mehr vereiteln. Sie sahen den einzigen Ausweg in der Flucht, und Fürst Stoinef suchte mit den Seinen zu entrinnen, nachdem er sich von den Deutschen hatte so schändlich überrumpeln lassen. Aber Stoinef wurde mit zwei Begleitern von einem sächsischen Ritter namens Hosed gestellt. Der Sachse überwand den Slawenfürsten, nahm ihm seine Waffen und schlug ihm den Kopf ab, während er einen seiner Begleiter gefangennahm. Hosed brachte seine Beute dem König, der ihm für seine tapfere Tat zwanzig Hufen Land schenkte. Das war eine königliche Gabe, denn der Ertrag einer Hufe gewährte nach damaliger Auffassung einer Familie den Lebensunterhalt. Die Größe einer Hufe schwankte wegen der unterschiedlichen Ertragskraft der Böden beträchtlich, aber man kann durchschnittlich zehn Hektar annehmen; eine Königshufe umfaßte als ritterliche Stelle das Doppelte. Vielleicht hat König Otto dem Ritter Hosed für seine mutige Attacke gegen den Slawenfürsten sogar die Einkünfte aus zwanzig Königshufen geschenkt.

Aus der prekären Lage in den Recknitzsümpfen erlöst, rächten sich König Otto und seine Krieger an den Slawen mit scheußlichen Brutalitäten. Widukind berichtet darüber: »Am gleichen Tag noch wurde das Lager der Slawen erobert und viele Menschen getötet oder zu Gefangenen gemacht. Das Morden währte bis tief in die Nacht. Am nächsten Morgen wurde der abgeschlagene Kopf des Fürsten Stoinef, auf eine Stange gespießt, dem ganzen Heer zur Schau gestellt und ringsum siebenhundert Gefangene enthauptet. Stoinefs Ratgeber wurden die Augen ausgestochen und die Zunge herausgerissen und so ließ man ihn mitten unter den Leichen der Enthaupteten hilflos liegen, wo er jämmerlich umkam.«

Die Ermordung der Gefangenen entsprach dem alten germanischen Kriegsrecht. Sie war aber auch mit dem Glauben der Deutschen an den christlichen Gott vereinbar. Die Christen rechtfertigten sich damit, daß es sich bei den Slawen um ungläubige Heiden handelte, von denen jeder ein Teufel sei, den man im Namen und für den Sieg Gottes ausrotten müsse. So konnte man die Unterlegenen morden und den Sieg mit Freude und Stolz feiern.
Die beiden Vettern Wichmann und Ekbert des Königs, die das Schlimmste befürchten mußten, flohen zu Herzog Hugo von Franzien, der sie bei sich aufnahm. Hugo war zu dieser Zeit faktisch der Herr im Westfrankenreich, nachdem König Ludwig IV. im September 954 nach einem Jagdunfall gestorben und sein zwölfjähriger Sohn Lothar III. auf den mächtigen Herzog angewiesen war.

Engere Verbindungen mit der Reichskirche

Wenige Tage nach den Ereignissen an der Recknitz starb Herzog Heinrich am 1. November 955 zu Regensburg und wurde dort beigesetzt. Ein gequetschter Arm, den er sich während der Schlacht bei Birten sechzehn Jahre zuvor zugezogen hatte und der nie richtig ausgeheilt war, war wohl die Ursache seines verhältnismäßig frühen Todes. Heinrich war lange Zeit der gefährlichste Feind seines Bruders Otto gewesen. Er hat ein reichliches Jahrzehnt gebraucht, um seine Absicht aufzugeben, den Thron mit Gewalt für sich gewinnen zu wollen. Für Heinrich gab es niemals Kompromisse. So bedingungslos er seinen Bruder zunächst bekämpfte, so vorbehaltlos unterstützte er später den König. Dabei schonte er weder sich noch andere und schuf sich damit zahlreiche Feinde in seinem Herzogtum. Daß er als stammesfremder Herrscher nach Bayern kam, bereitete ihm zusätzliche Schwierigkeiten. Die Revolte gegen seine Herrschaft in Bayern vom Sommer 953 bis zum Frühjahr 955 war ein deutliches Zeichen. Heinrich bewahrte seine starre Haltung bis zuletzt.

13 *Otto II. Aus dem Trierer Registrum Gregorii, um 983 in Reichenau entstanden.*

14 *Markgraf Gero (gest. 965). Zeitgenössisches Siegel.*

15 *Stiftskirche St. Cyriakus in Gernrode. 989.*

16 *Elfenbein-Einband aus dem Bamberger Domschatz. Reichenau, letztes Viertel 10. Jh. Bayer. Staatsbibliothek München.*

Noch auf dem Sterbebett soll er eine vom Regensburger Bischof verlangte Reuebekundung wegen der Blendung des Salzburger Erzbischofs Herolt abgelehnt haben.
Der König setzte den vierjährigen Sohn seines verstorbenen Bruders in das Herzogtum Bayern ein. Er sollte später Heinrich »der Zänker« genannt werden. Das Regiment führte für den Minderjährigen zunächst seine Mutter Judith, die Tochter des großen Bayernherzogs Arnulf. Ihre außerordentliche Schönheit und Klugheit hat Widukind besonders hervorgehoben.
Kurz vor oder nach dem Tod Herzog Heinrichs – der Zeitpunkt steht nicht sicher fest – heiratete der Schwabenherzog Burchard III. die Tochter Hadwig des Bayernherzogs, die zu Beginn der fünfziger Jahre nach Byzanz hatte verheiratet werden sollen. Hadwig, die als Schülerin des gelehrten Mönchs Ekkehard II. von St. Gallen als eine der gebildetsten Frauen des Jahrhunderts galt, war eine sehr tatkräftige Frau und gewann in Schwaben rasch Einfluß. Durch die Ehe Hadwigs mit Burchard III. und die Regentschaft Judiths in Bayern kamen sich die verfeindeten Nachbarn Schwaben und Bayern etwas näher.
Da in Bayern mit Judith das alte Geschlecht der Luitpoldinger wieder in den Vordergrund getreten war und mit Burchard in Schwaben das ursprüngliche Haus der Hunfridinger wieder regierte, könnte man vermuten, der König wollte die früheren Stammesherzogtümer wieder beleben. Für eine Renaissance der alten Geschlechter war aber das liudolfingische Blut in beiden Herzogtümern bereits zu kraftvoll vertreten: in Bayern mit dem jungen Heinrich und in Schwaben mit seiner Schwester Hadwig. So wie die Dinge standen, hatte der König in nächster Zeit von den drei verbliebenen Herzögen nichts zu befürchten. Der alte Burchard von Schwaben hatte sicher ebensowenig Absichten gegen Otto wie dessen Bruder Brun in Lothringen oder Judith in Bayern.
Gegen Ende dieses ereignisreichen Jahres kam auch neues Leben in die königliche Familie, denn Adelheid brachte ihren dritten Sohn zur Welt, den späteren Thronfolger und König

Otto II. Zu Beginn des Jahres hatte sie bereits eine Tochter geboren, die nach der Großmutter auf den Namen Mathilde getauft worden war.
Wohl in den letzten Wochen des Jahres 955 kehrte Abt Hadamar von Fulda von einer neuerlichen Romreise an den Königshof zurück. Otto hatte ihn vermutlich nach der Schlacht auf dem Lechfeld – vielleicht aber auch schon 954 – zum Papst entsandt, um von diesem die Zustimmung zum Aufbau einer neuen kirchlichen Organisation in den slawischen Gebieten zu erlangen. Der Herrscher wollte Magdeburg, wo er 937 schon das Moritzkloster gestiftet hatte und wo er sich immer wieder besonders gerne aufhielt, zu einem Erzbischofssitz erheben. Die Stadt an der Elbe war schon seit Jahrhunderten ein wichtiger Umschlagplatz im Handel mit den Slawen und sollte künftig nach dem Willen Ottos auch bei der Christianisierung der östlichen Völker eine hervorragende Rolle spielen. Bisher gehörte Magdeburg zur Diözese Halberstadt, die ein Teil der großen Mainzer Kirchenprovinz war. Der König wollte den Halberstädter Bischofssitz aus dem Bereich des Mainzer Metropoliten herauslösen und als Erzbischofssitz nach Magdeburg verlegen. Brandenburg, Havelberg, das in Aussicht genommene Merseburg und einige weitere noch zu gründende Bistümer in den Slawengebieten sollten nach den Vorstellungen Ottos die Magdeburger Kirchenprovinz bilden.
Der für den König stets sehr engagierte Fuldaer Abt Hadamar hatte in Rom zu allen Wünschen seines Herrn die Zustimmung des Pontifex erreicht. Obgleich Papst Agapet II. kurz vorher dem Mainzer Erzbischof Wilhelm bedeutende Rechte zugesichert und ihm gestattet hatte, alle Eingriffe in den Besitz der Kirchenprovinz mit dem kirchlichen Bann zu bestrafen, gab er Abt Hadamar nun eine Bulle mit, in der er sich mit der Errichtung des Magdeburger Erzbistums einverstanden erklärte und die Gründung neuer Bistümer völlig in das Ermessen des deutschen Königs stellte.
Otto ließ seine Absichten dem Papst sicher nicht zuletzt mit dem Hinweis erläutern, daß mit Hilfe des Magdeburger Erz-

bistums und seiner Suffraganbistümer eine mögliche Missionierung der slawischen Gebiete durch die byzantinische Kirche verhindert werden könnte. Die Auseinandersetzungen zwischen der römischen und der byzantinischen Kirche wurden außerordentlich scharf geführt und hatten im 9. Jahrhundert schon sehr zum Ärger Roms den Anschluß der Bulgaren an den griechisch-orthodoxen Ritus gebracht. So war der Hinweis König Ottos auf die Mission bei den Slawen sicher für die rasche Zustimmung von Papst Agapet ausschlaggebend.

Bei dem jungen Mainzer Erzbischof Wilhelm mußte die Entscheidung des Papstes großen Unwillen hervorrufen, denn sie bedeutete eine klare Umkehr der ihm gegebenen Zusicherungen. Obwohl der Papst ihn kurz vorher zu seinem Stellvertreter nördlich der Alpen ernannt hatte, sollte seine Kirchenprovinz erheblich verkleinert werden, ohne daß er darauf noch Einfluß nehmen durfte.

Für den König rächte sich jetzt die Zuordnung der beiden 948 gegründeten Bistümer Brandenburg und Havelberg zur Mainzer Kirchenprovinz, denn die Mainzer konnten daraus für sich Anrechte auf Neuerwerbungen des Reiches östlich der Elbe folgern, die aber der König nicht respektieren wollte. Es spielte für Erzbischof Wilhelm keine Rolle, daß diese für ihn so unerfreulichen Pläne von seinem Vater ausgingen. Er schrieb dem Papst umgehend einen Brief, in dem er zunächst die Zustände in den deutschen Landen in den düstersten Farben schilderte: »Wir schweben hier in solcher Gefahr und Not, daß mir, selbst wenn ich vor Euch erschiene, doch die Frage, die mich zu Euch führte, auf den Lippen ersterben müßte. Unsäglich ist der Jammer des inneren Krieges bei uns und nimmer kann man ohne Tränen davon sprechen. Der Vater stellt dem Sohn, der Sohn dem Vater, der Bruder dem Bruder nach; ein Blutsfreund liegt mit dem anderen im Streit; kein Stand, keine verwandtschaftlichen Beziehungen werden geachtet. Der König kann sein Regiment nicht ausüben, den Bischöfen ist das Recht ihres Standes entzogen, sie, die gleichsam Gottes Augäpfel sind, müssen Frondienste tun, werden verbannt und geblendet. Der Herzog und der Graf tun, was des Bischofs ist, der Bischof, was dem Herzog oder Grafen zusteht; keine Kirche gibt es, die nicht Verluste erlitten hätte. Ich klage niemand an, aber ich klage über die Zustände in diesem Land.«

Der Mainzer Metropolit resümiert hier aus seiner Sicht nochmals das Elend des liudolfinischen Aufstandes – er zeigt sich aber auch als Gegner des verstorbenen Herzogs Heinrich, dessen Vorgehen gegen den Salzburger Erzbischof Herolt er anprangert, und ebenso als Gegner der Einsetzung des Kölner Erzbischofs Brun, seines Onkels, als Herzog in Lothringen. Überhaupt sprach sich der Königssohn auf dem Erzbischofsstuhl gegen die Vermischung von Staat und Kirche aus, wie sie sein Vater praktizierte. Während sich die Christen auf der einen Seite um die Bekehrung der Heiden bemühten, herrschte andererseits unter ihnen selbst Streit und Zwietracht. Es zeigte sich, daß Wilhelm, ebenso wie sein Vorgänger Friedrich, trotz dieser Konflikte dem Papst sehr ergeben war. Das wird schon an einem scheinbar äußerlichen Vergleich mit dem Kölner Erzbischof Brun deutlich: Während Wilhelm sehr schnell nach seiner Weihe um das Pallium und damit um die päpstliche Bestätigung nachsuchte, ließ sich Brun damit rund zwei Jahre Zeit.

In der Fortsetzung seines Schreibens an den Papst kam Erzbischof Wilhelm auf seine eigentlichen Beweggründe zu sprechen: »Mit der Verkleinerung meines Bistums und der Verlegung der Halberstädter Kirche werde ich, solange ich lebe, niemals einverstanden sein, selbst wenn einer von jenen falschen Propheten, die außen in Schafskleidern kommen, aber innen reißende Wölfe sind, mit Gold und Edelsteinen bepackt nach Rom geht und von dort zurückkehrend sich brüstet, er bringe so viele Pallien heim wie er wollte, mit barem Gelde gekauft.«

Dabei spielte Wilhelm auf Hadamar an, der von seiner Romreise nicht nur das Pallium für Erzbischof Brun, sondern auch gleich noch eines für den künftigen Erzbischof von Magdeburg mitgebracht haben soll. Mit solch wütenden

Ausfällen fährt der Mainzer Erzbischof fort: »Ich weiß nicht, bei wem man die Pallien kaufen kann, denn daß dies bei Euch möglich sei, kann ich nicht glauben. Selbst wenn jener falsche Prophet apostolische Briefe vorzeigt, nach welchen es dem König in apostolischer Machtvollkommenheit erlaubt sein soll, Bistümer zu ordnen, wie es ihm beliebt, werde ich damit nicht einverstanden sein. Ich kann es nicht für angemessen erachten, daß solches ohne mein Wissen geschieht – ohne mein Wissen, der ich in ganz Germanien und Gallien als der Erste nach Euch in der Christenheit bessern soll, was zu bessern ist und niemandem Rechenschaft schulden soll außer Euch. Wenn solche Beraubung meiner Kirche wirklich in Eurer Absicht liegt, dann werdet Ihr doch zuvor Briefe an unseren Herrn und König, an mich als Euren Vikar, an Erzbischof Brun in Köln und an Erzbischof Rotbert in Trier senden, damit nach Eurem Willen an einem beliebigen Ort – nach meinem Wunsch am liebsten in Mainz – ein Konzil der Heiligen Brüder zusammentrete. Da wollen wir dann zuerst über den Zustand der Heiligen Kirche verhandeln, über die Bischöfe, die geblendet und aus ihren Sitzen vertrieben wurden, über den blinden Herolt, über Rather von Lüttich, der, obwohl kanonisch und gesetzlich eingesetzt, doch alsbald wie ein Pächter ohne Grund weggejagt wurde, und über all das wuchernde Unkraut, das den Weizen der Heiligen Kirche erstickt. Dann will ich zu Euch kommen und Euch anrufen und mich gern zu fremden Völkern um der Ausbreitung des Evangeliums willen senden lassen, wenn ich den Unseren nicht mehr von Nutzen sein kann. Das will ich lieber als die Leiden unserer Kirche und der Heiligen ansehen, wenn wirklich das Geld des Hadamar mehr vermögen sollte als die fromme Stiftung Eurer und unserer Vorgänger. Mag es dann ebenso viele Pallien wie Bischöfe geben, aber ich will nicht mehr Bischof sein.«

Kaum war also der Aufstand des einen Sohnes und des Schwiegersohnes niedergeschlagen, da erhob sich der nächste Sohn gegen den König. Wilhelm verhielt sich ganz im Sinne seines Vorgängers Friedrich, dessen päpstliches Vikariat für

Germanien und Gallien er gleichfalls übertragen erhalten hatte, wie aus dem Brief hervorgeht.
Otto hatte kein Glück mit seiner Verwandtschaftspolitik. Der mächtige römische Patricius Alberich II. hatte sich ehedem von den römischen Adeligen schwören lassen, daß sie nach dem Ableben Agapets seinen Sohn Octavian auf den Heiligen Stuhl erheben würden. Zwar war das mit den kanonischen Vorschriften in keiner Weise zu vereinbaren, aber Octavian, ein lebenslustiger Kavalier von siebzehn Jahren, wurde nun als Johannes XII. römischer Papst. Nach dem Willen seines am 31. August 954 verstorbenen Vaters vereinigte der junge Mann so die weltliche und kirchliche Herrschaft über Rom in seiner Hand. Er hatte nichts von der eisernen Selbstdisziplin seines Vaters gelernt, sondern vergnügte sich bei Jagd, Spiel und Frauen. Trotzdem versuchte er, mit einer harten und rücksichtslosen Interessenpolitik Erfolge zu erringen.
Zunächst stellte sich der neue Papst im Streit um das Magdeburger Erzbistum auf die Seite des Mainzer Metropoliten, sodaß dieser mit päpstlicher Hilfe seinen Vater tatsächlich zur Rücknahme der Pläne um Halberstadt und Magdeburg zwingen konnte.
Auch mit seinem Bruder Brun hatte der König Kummer – freilich nicht, weil dieser plötzlich aufsässig geworden war. Die Brüder lebten in bester Harmonie. Aber unter der Lothringer Aristokratie regte sich immer erneut Widerstand gegen die Herrschaft des Kölner Erzbischofs, schon allein deshalb, weil er ein Fremder war und noch dazu, weil die Lothringer in weltlichen Dingen höchst ungern einem Kleriker unterstellt sein wollten. Daß Brun sich mit großer Hingabe um alle kleinen und großen Probleme in seinem Herzogtum kümmerte, machte ihn bei den Grafen und Ministerialen zusätzlich unbeliebt. König Otto hielt es Anfang 956 für geboten, den Lothringer Adel nach Ingelheim zu rufen. Er ließ sich dort in seiner Pfalz Geiseln ausliefern, die ihm für die weitere Treue und Gefolgschaft der Lothringer bürgen mußten.

Im Februar 956 fand zu Frankfurt am Main ein Reichstag statt. Hier empfing Otto eine neue Gesandtschaft des Kalifen von Cordoba. Den Mönch Johannes aus Gorze, den Botschafter des deutschen Königs, hatte man noch immer nicht zum Kalifen vorgelassen. Man hatte nämlich unter der Hand erfahren, daß in dem Schreiben König Ottos an Abderrhaman scharfe Angriffe auf den Islam enthalten waren. Die offizielle Kenntnis solcher Schmähungen gegen die Religion hätte den Kalifen verpflichtet, den Überbringer an Stelle des deutschen Königs noch am gleichen Tag hinrichten zu lassen, wenn er nach dem Gesetz nicht selbst des Todes sein wollte. Beides wollte der Kalif vermeiden. Der Mönch bestand jedoch darauf, den Brief des Königs zu übergeben, auch wenn es ihn das Leben kosten würde. Johannes war voll des Bekennermutes für seinen christlichen Gott. So vergingen viele Monate des geheimnisvollen Hin und Her, um einen Ausweg aus diesem Dilemma zu finden. Schließlich kam man zu dem Entschluß, einen Boten an König Otto zu senden, der diesem die Situation schildern und nach Möglichkeit eine neue Anweisung für den Mönch Johannes erwirken sollte. Dazu fand sich König Otto nach eingehenden Beratungen in Frankfurt bereit, und er sandte eine neue Delegation nach Spanien mit dem Befehl, Johannes solle nur die Geschenke überreichen, den kritischen Brief aber bei sich behalten und mit dem Kalifen im Namen des deutschen Königs Freundschaft schließen. Dazu sollte er die künftige Respektierung der Südgrenze des Reiches durch die Araber in Fraxinetum erwirken. Sicher war Otto nicht zuletzt wegen der Entwicklungen in Italien so nachgiebig, denn dort hatte sich Berengar zu einer sehr selbständigen Stellung aufgeschwungen. Eine Allianz zwischen Berengar und den Arabern hätte für den deutschen König gefährlich werden können. Otto gab der neuen Gesandtschaft einen zurückhaltenderen Brief an den Kalifen mit, der frei von Angriffen gegen den Islam war.
Die Hindernisse, die einer Verständigung zwischen dem Kalifen und dem deutschen König im Wege standen, waren damit aus dem Weg geräumt. Tatsächlich kam es nun bald, nach-

dem die zweite Gesandtschaft in Cordoba eingetroffen war, zu einem Gespräch mit dem Kalifen, das sehr freundlich verlaufen sein soll, über dessen Inhalt und Ergebnisse aber nichts überliefert ist. Beide Seiten waren offenbar an guten Beziehungen interessiert, sonst hätten sie nicht so viel Geduld und Anpassungsbereitschaft in dieser Angelegenheit aufgebracht. Widukind berichtet aus dieser Zeit, dem ersten Halbjahr 956, von einer ganzen Reihe von Gesandtschaften, die im Auftrag ihrer Potentaten den ruhmreichen deutschen König mit kostbaren Geschenken aufsuchten, um sein Wohlwollen zu erlangen. Römer, Griechen und Sarazenen brachten goldene und silberne Gefäße, kunstvoll getriebene Metallgegenstände, erzene Becken und Glasgefäße, Schnitzereien aus Elfenbein und prachtvolle Teppiche, Balsam und Spezereien zum deutschen Königshof. Sogar Löwen und Kamele, Affen und Strauße gelangten auf diese Weise nach Europa. Widukind von Corvey meinte, derartige Tiere seien bis dahin in Sachsen noch nie zu sehen gewesen. Das könnte wirklich nur für Sachsen zutreffen, denn Karl der Große hielt in Aachen bereits Löwen und Elefanten, Otto bekam 951, ebenfalls in Aachen, zwei Löwen geschenkt. Zweifellos kannte man diese Tiere auch von Beschreibungen und Abbildungen her, zum Beispiel aus dem im Mittelalter viel beachteten und in zahlreichen Abschriften vorhandenen »Physiologus«.
Mit den »Griechen« sind in dem Bericht Widukinds Abgesandte des Basileus in Konstantinopel gemeint. Solange der deutsche König keine allzu nachdrücklichen Ambitionen nach der Kaiserkrone zeigte und dem byzantinischen Kaiser den Primat ließ, war man in Konstantinopel durchaus zu freundschaftlichen Beziehungen bereit. Das sollte sich ändern, als Otto einige Jahre später die abendländische Kaiserkrone erlangte. Angesichts der zahlreichen Gesandtschaften, die König Otto in diesen Monaten aufsuchten, konnte man aber schon zu dieser Zeit von ihm sagen: »Kaiser ist der, dessen Reich hervorragt im ganzen Erdkreis«, ein Wort aus dem vermutlich aus dem 7. Jahrhundert stammenden sogenannten »Ämtertraktat«.

In den deutschen Landen brach im Frühjahr 956 eine Epidemie aus, über die wir zwar nichts Genaues wissen, der aber »eine Unzahl des Volkes« und zahlreiche bedeutende Männer zum Opfer fielen. Als der König im Mai zu Köln einen Hoftag zusammenrief, verschieden plötzlich der anwesende Erzbischof Rotbert von Trier und der Fuldaer Abt Hadamar, wie Adalbert von Weißenburg berichtet.
Der Nachfolger von König Ottos Onkel auf dem Trierer Erzbischofsstuhl wurde ein schwäbischer Verwandter des Königshauses namens Heinrich. Nachdem auch entfernte Verwandte des Monarchen in den Bistümern Cambrai, Würzburg, Metz, Verdun und Osnabrück eingesetzt worden waren, konnte man geradezu von einer »Versachsungspolitik« (F. M. Fischer) im deutschen Episkopat sprechen, die bereits unter Heinrich I. begonnen hatte.
Der Kölner Erzbischof Brun spielte bei den neueren Dispositionen des Königs auf kirchlicher Ebene eine entscheidende Rolle. Wie Ruotger schreibt, suchte Brun »nach eifrigen und tatkräftigen Männern, die den Staat, jeder an seinem Platz, mit Treue und Kraft schützen könnten«. Der Bruder des Königs bildete in Köln zahlreiche Männer heran, die dem Herrscher dann als Bischöfe und Äbte ergeben dienten. Diese Kirchenfürsten sollten künftig ein stabilisierendes Gegengewicht zu eigensüchtigen und unzuverlässigen Herzögen und Großgrafen bilden. Ein solcher Interessenbund zwischen König und hoher Geistlichkeit gegen die ausgreifenden Ansprüche der regionalen Fürsten und Adeligen war zwar alt, wurde aber seit Mitte des 10. Jahrhunderts von Otto I. wieder aktiviert. Er beauftragte die Kirchenfürsten zunehmend mit weltlichen Aufgaben und bestärkte damit die enge Verbindung von Kirche und weltlicher Macht, wie sie bereits seit Karl dem Großen bestand. Der eigentliche Antrieb für diese Entwicklung mag von den meist adeligen Kirchenfürsten ausgegangen sein, die mehr als bloße Seelenhirten sein wollten. Otto soll zu Brun bei dessen Einsetzung als Erzbischof von Köln 593 laut Ruotger gesagt haben: »Es tröstet mich in meinem harten Leiden am meisten, daß ich durch Gottes

Gnade unser Reich jetzt mit dem Priestertum verbunden sehe, denn in dir ist das Priestertum mit dem Königtum vereinigt.«

Aus dem zitierten Brief des Mainzer Erzbischofs Wilhelm an den Papst ist allerdings ersichtlich, daß im deutschen Episkopat auch Kräfte wirkten, die sich ganz und gar nicht mit dieser Zusammenlegung kirchlicher und weltlicher Macht befreunden wollten. Ihnen hielt vor allem der Kölner Erzbischof mit Leidenschaft entgegen, es gelte doch, die höhere Einheit von Reich und Kirche zu verwirklichen, in der sich der König ebenso für die Kirche wie die Bischöfe für das Reich einsetzen. Das war eine bemerkenswerte Parallele, ja ein Rückgriff auf germanische Traditionen. Es wurde damit aber auch das Recht der Eigenkirchen postuliert, nach dem die Herrschaft über die Bistümer und Reichsabteien in den Händen des Königs lag. Der Monarch hatte das Recht, Bischöfe und Reichsäbte einzusetzen und von ihnen zum Beispiel Kriegsdienste mit Mannschaften zu verlangen – aber er hatte auch die Pflicht, die Kirche zu schützen.

Wie ernst Brun die politischen Verpflichtungen des Episkopats zugunsten der Reichsinteressen nahm, stellte er gerade in diesen Jahren erneut unter Beweis. Als 954 der karolingische König Ludwig IV. von Frankreich starb und die Möglichkeit bestand, daß Herzog Hugo von Franzien sich der Krone bemächtigen würde, war es wohl der Einfluß Bruns, der Hugo bestimmte, die Krone den Karolingern zu lassen, sodaß der zwölfjährige Lothar III. 954 den Thron besteigen konnte. Hugo verlangte für seinen Thronverzicht allerdings eine beträchtliche Entschädigung, nämlich die Herzogtümer Bourgogne und Aquitanien. Die Bourgogne war ihm auf sein Verlangen schon 943 einmal zugesprochen worden – aber König Ludwig hatte die tatsächliche Realisierung vermeiden können. Hätte Hugo seine Forderungen jetzt durchsetzen können, so hätte er zusammen mit Franzien über die drei wichtigsten Stämme der westfränkischen Monarchie verfügt, wäre also trotz seines Thronverzichtes endgültig zum allgewaltigen Beherrscher des Westreiches neben einem karolingischen Schattenkönig geworden. Die Bourgogne konnte Hugo durch eine Heirat für seine Familie gewinnen – aber der Schritt nach Aquitanien blieb ihm verwehrt, bis er im Juni 956 starb. Man hat Hugo immer wieder einmal »den Großen« genannt, und er hat jedenfalls ein beachtliches Geschick bewiesen, wenn es um die Verbesserung seiner Position ging. Der eigentliche Erfolg blieb ihm allerdings lebenslänglich versagt, da er die Krone Frankreichs trotz aller Anstrengungen nicht erreichte.

Nach Hugos Tod trat die Witwe König Ludwigs und Mutter König Lothars III., Gerberga, die Schwester König Ottos und Erzbischof Bruns, in Frankreich mehr in den Vordergrund. Ihre Energie und Klugheit hatte sich schon während der Herrschaft König Ludwigs erfreulich ausgewirkt. Aber es sollte nun nicht lange dauern, bis ihr die Kapetinger und die Verwandten ihres ersten Gemahls, des 939 im Rhein bei Andernach ertrunkenen Herzogs Giselbert, das Leben sauer machten.

War Brun also im Westen für seinen königlichen Bruder tätig, so sandte Otto im Herbst 956 seinen Sohn Liudolf in den Süden, damit er in Italien nach dem Rechten sehe. Dort hatten Berengar und sein Sohn Adalbert die Gunst der Zeit genutzt, in der ihr Oberherr, der deutsche König, zunächst mit der inneren Opposition und hernach mit den Ungarn und den Slawen alle Hände voll zu tun hatte. Den beiden Langobarden, die 952 in Augsburg König Otto als Lehnsherrn anerkannt hatten, war es gelungen, ihre Herrschaft in Oberitalien wieder fest zu etablieren. Die Bischöfe, Grafen und sonstigen Granden ihres Gebietes, die sich dem deutschen Oberherrn allzu eifrig angeschlossen hatten, bekamen Zügel und Peitsche Berengars heftig zu spüren. Es wurde höchste Zeit, daß der deutsche König seine langobardischen Vasallen wieder an ihren Treueid von Augsburg erinnerte. Liudolf erhielt zu diesem Zweck von seinem Vater eine ansehnliche Streitmacht und zog damit über die Alpen.

Zahlreiche Feinde Berengars schlossen sich dem deutschen Königssohn an, um ihren Tyrannen möglichst rasch loszuwerden. Liudolf gelang es schon nach kurzer Zeit, Berengar und Adalbert in einer Schlacht zu besiegen und in Pavia einzumarschieren. Innerhalb weniger Monate konnte Liudolf das ganze Oberitalien unterwerfen.

Der König selbst mußte im Spätsommer 957 erneut gegen die Slawen ziehen. Sein Vetter und Feind Wichmann war aus dem Westen zurückgekehrt, da er dort für sein Ziel, Herzog Hermann zu stürzen, nichts erreichen konnte. Was sich Wichmann nach einem Sturz seines Onkels vorstellte, ist unklar, denn er konnte nicht mit seiner eigenen Einsetzung als Herzog rechnen. Ob ihm die Slawen eine führende Rolle übertragen hätten, wenn es ihnen gelungen wäre, die deutsche Oberherrschaft abzuschütteln, ist auch fraglich. Sein Bruder Ekbert genoß durch Vermittlung von Erzbischof Brun wieder die Gnade des Königs, deshalb mußte Wichmann seinen Kampf jetzt alleine weiterführen. Er besuchte zunächst heimlich seine Frau und seine Familie. Dann ritt der Verfemte weiter zu seinen slawischen Freunden, um sie gegen ihre deutschen Herren aufzuhetzen. Trotz der vernichtenden Niederlage, die sie 955 an der Recknitz hatten einstecken müssen, waren vor allem die Redarier wieder bereit, einen neuen Versuch zu unternehmen, sich von dem deutschen Joch zu befreien. Aber König Otto war mit seinen Truppen rasch zur Stelle und konnte die Erhebung abermals unterdrücken.

Noch während dieses Feldzuges gegen die Slawen erreichte Otto die Nachricht vom Tod seines Sohnes Liudolf, der in Italien Berengar und Adalbert auch in einer zweiten Schlacht besiegt hatte. König Otto hatte seinem Sohn Italien vermutlich als Unterkönigreich zugedacht. Ruotger schreibt sogar so, als sei dies bereits eine vollendete Tatsache gewesen. Liudolf bereitete seine Rückkehr über die Alpen vor, da er Oberitalien in Händen treuer Gefolgsleute wußte. Am 6. September 957 starb er jedoch im Alter von 27 Jahren an einem Fieberanfall in Pombia südlich des Lago Maggiore. Widukind schreibt, König Otto habe viele Tränen über das Ende seines Sohnes vergossen. Im Volk erfreute sich der junge Held gro-

17 *Burgberg mit Stiftskirche St. Servatii zu Quedlinburg.*

18 *Otto I. Aachen, Karlsschrein.*

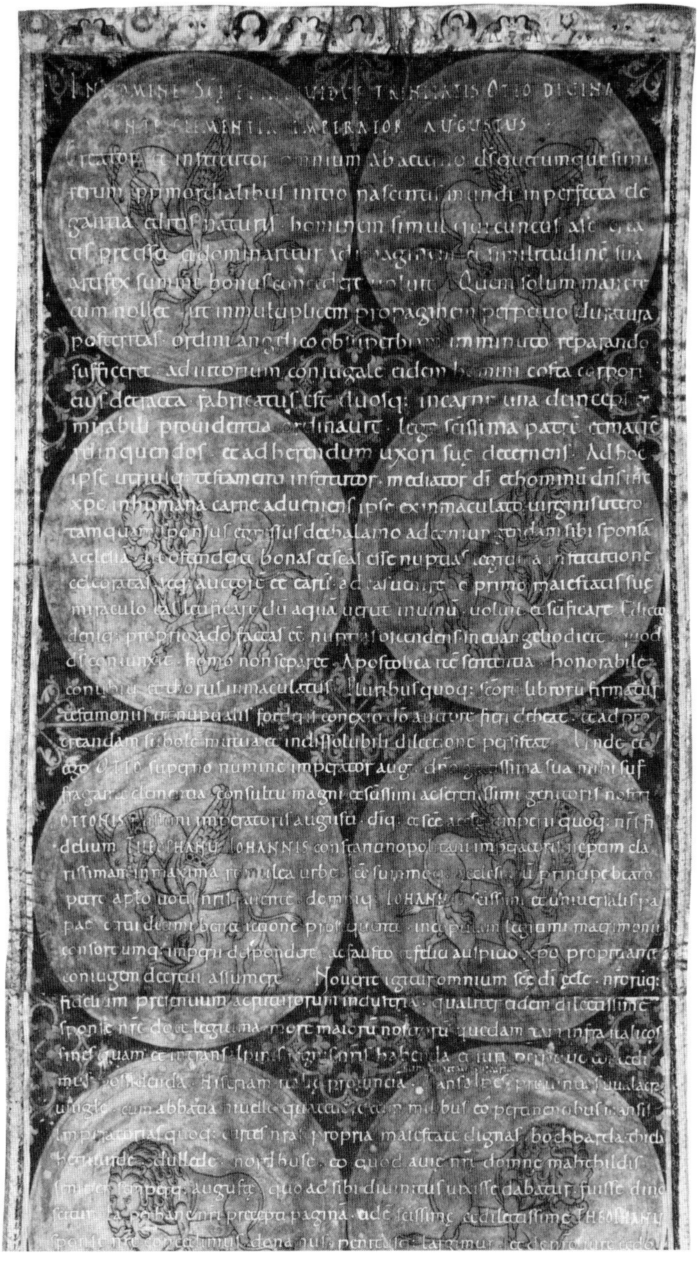

19 *Heirats-Prachturkunde Kaiser Ottos II., ausgefertigt am 14. 4. 972.*

20 *Spätkarolingische und ottonische Keramik aus der Pfalz. Histor. Museum der Pfalz, Speyer.*

21 *Schwerter aus dem 10. Jh. Bayer. Armeemuseum Ingolstadt.*

ßer Beliebtheit, und noch lange erzählte man von seinen Taten und seinem tragischen Schicksal. Ruotger schreibt in Anlehnung an Cicero, Liudolf habe den Weg zum Olymp beschritten, aber dann sei jene reinste Blume und jener feste Hort des Reiches plötzlich dahingesunken. Im 12. Jahrhundert war Liudolfs Gestalt und sein Leben sogar teilweise noch das Vorbild für die damals entstandene rheinfränkische Dichtung von Herzog Ernst, wo über die Versöhnung zwischen Vater und Sohn zu lesen ist:

Sie säumten nicht länger mehr
kamen hären und barfuß.
Sie fielen dem König zu Fuß,
seine Gnad' sie erbaten.
Die Fürsten zum König traten
und mahnten ihn hoffnungsreich
um Gottes Königreich
und seiner Marter willen
der heil'gen Tage vielen
ihm seine Huld zu schenken.
»Was er mir auch getan,
und hätt' er genommen mein Leben,
das sei ihm durch Gott vergeben
ich will ihn dazu bewegen.«
Er verkannte den Degen
und hob ihn auf zu der Stund'
küßte ihn auf den Mund.
Alle Gnad schenkt er ihm
bis er erkannte ihn.
Als er in sein Aug' konnt' sehn,
reut' es ihn, was gescheh'n.
Und als er ihn richtig erblickte
der Kaiser verneinend nur nickte
und wollt' ihn nicht sprechen mehr.
Da baten die Fürsten gar sehr
»Herr Kaiser so edelich,
was Ihr so öffentlich
vor dem Reich habt gesagt
das sollt Ihr halten unverzagt.
Ihr ließt's durch uns und durch Gott
und werdet haben großen Spott
wenn Ihr's nun widerrufen tut.«

»Nun Ihr Herren es steht Euch gut
daß Ihr Gnade haben wollt.
Ich will ihm immer bleiben hold
und meinen Zorn wohl lassen.«

Liudolf wurde in Mainz begraben. Aber er war nicht der einzige, den der König in jenen Tagen betrauerte. Zwei Tage nach Liudolf starb auch der erst etwa vier Jahre alte Brun, der zweite Sohn Adelheids. Otto hatte damals bereits drei Söhne verloren, denn auch der Erstgeborene Adelheids, Heinrich, hatte das Kleinkindalter nicht überlebt. Nur der 955 geborene Otto, der spätere Thronfolger, sowie der voreheliche Sohn und jetzige Erzbischof Wilhelm lebten noch. Aus der ersten Ehe Ottos mit Edgitha waren also beide Kinder tot, aber Liudolf hatte einen Sohn hinterlassen, der auf den Namen des Großvaters Otto getauft war.
Liudolfs Tod machte seine Erfolge in Italien zunichte. Weshalb König Otto die Herrschaft seines Sohnes nicht in andere Hände legte, um seinen Einfluß im Langobardenreich zu sichern, ist nicht ersichtlich. Liudolfs Gefolgsleute verließen Italien, und König Berengar konnte mit seinem Sohn die alten Positionen rasch wieder zurückgewinnen. Die beiden Fürsten nahmen nicht nur die Gelegenheit wahr, ihre Herrschaft noch fester zu gründen als vorher, sie machten auch Anstalten, ihr Herrschaftsgebiet auf Kosten des Kirchenstaates auszudehnen.
Im Westfrankenreich hatten Ottos Schwester Königin Gerberga und ihr Sohn König Lothar schon seit einiger Zeit mit den Querelen zu kämpfen, die von den Söhnen Herzog Hugos von Franzien ausgingen. Die Mutter der Söhne, Gerbergas Schwester Hadwig, konnte daran offenbar wenig ändern. Gerberga mußte sich zudem auch gegen ihren Neffen Reginar III. wehren, der ihr einige Erbschaften ihres ersten Gemahls Herzog Giselbert in Lothringen streitig machte. Da Reginar in Lothringen auch eine Reihe von Gewalttaten gegen Kirchen und Klöster verübte, setzte ihn Erzbischof Brun eines Tages gefangen und verbannte ihn nach Böhmen. In dem fremden Land führte Reginar ein kümmerliches Leben

und kam schließlich um. König Otto hatte ihm eine selbständige Position nicht geben können, und mit der Abhängigkeit konnte sich der Sproß Kaiser Lothars nicht abfinden.
Im Westfrankenreich wurde also immer noch der alte Streit zwischen den mächtigen und reichen Kapetingern und den arm und machtlos gewordenen Karolingern ausgetragen. Es konnte kaum anders sein, als daß sich die kraftstrotzenden Kapetinger von dem schwachen König zu allerlei Aggressionen herausgefordert fühlten. Wie schon früher, rief Gerberga nach der Hilfe ihrer Brüder aus dem Ostfrankenreich. Erzbischof Brun marschierte mit einer Streitmacht in das Westfrankenreich, um die kapetingische Bedrohung seiner Schwester und deren Sohn zurückzudrängen. Der ostfränkische König beanspruchte also seine Schiedsrichterrolle auch gegenüber der jüngeren Generation westfränkischer Fürsten. Otto verfolgte damit zweifellos nicht nur politische Ziele, sondern bei seinem starken Familiensinn ist mit Sicherheit anzunehmen, daß es ihm auch um einen Ausgleich zwischen den Familien, vor allem den Söhnen seiner Schwestern, zu tun war.
Im Mai 958 kam der König zu einer Synode nach Ingelheim. Obwohl seit 955 geblendet und verbannt, war der Salzburger Erzbischof Herolt immer noch im Amt, jedenfalls war noch kein Nachfolger gewählt. Um diesem Zustand ein Ende zu machen, hatte man den blinden Erzbischof zu der Synode bestellt. Herolt wurde der Zusammenarbeit mit den ungarischen Reichsfeinden und somit der Treulosigkeit gegenüber dem König bezichtigt, außerdem warf man ihm Verschleuderung des Kirchengutes vor. Daß Herolts Schuld jedoch keineswegs erwiesen war, geht aus dem zitierten Brief Erzbischof Wilhelms an den Papst hervor. Trotzdem konnten seine Fürsprecher nichts erreichen, und Herolt verlor sein Erzbistum, zumal man im Mittelalter der Meinung war, daß mißgestaltete oder verletzte Menschen kein Amt ausüben können. Das Erzbistum Salzburg wurde einem Angehörigen eines königstreuen bayerischen Grafengeschlechts namens Friedrich übergeben. Herolt mußte seiner Absetzung in In-

gelheim zustimmen. Wie sich später noch zeigen wird, resignierte er trotzdem nicht.
Der König hatte somit einen weiteren Erzbischofsstuhl mit einem ihm ergebenen Metropoliten besetzt. Er fuhr von Ingelheim mit dem Schiff den Rhein hinunter nach Köln, wo er einen Hoftag hielt. Ruotger schreibt, der König habe bei dieser Gelegenheit einen strengen Gerichtsspruch »gegen die schurkischen und unverschämten Bürger des Reiches« gefällt. »Gegenüber den guten und ruhigen Bürgern jedoch fehlte es nicht an freundlicher Freigebigkeit des frommen Herrschers. Über den Stand des Reiches und seine Einrichtungen, die geschützt und ausgebaut werden sollten, wurde mit Eifer und Tatkraft gemeinsam beraten. Mit großer Klugheit wurde dafür gesorgt, daß man mit äußerster Vorsicht vorging in dem, was unverbrüchlich festgesetzt, beziehungsweise ausgemerzt werden sollte.« Dieser Bericht Ruotgers läßt auf wichtige innenpolitische Entscheidungen während des Hoftages zu Köln schließen. Tatsächlich übertrug der König einem Schüler Bruns, dem Grafen Gottfried von Jülich, die Nachfolge Reginars III. im Hennegau und in Brabant. Reginars Familie und seine Anhänger wurden gleichfalls weitgehend ausgeschaltet. Diese Neuordnung der Verhältnisse im nördlichen Lothringen war radikal.
Ottos Kampf gegen die Slawen im Jahre 957 hatte ebensowenig nachhaltige Wirkung wie sein Sieg an der Recknitz 955. 958 mußte er bereits wieder gegen aufständische Stämme ziehen, die sein Vetter Wichmann wie schon früher für seine Absichten hatte einspannen können. Aber auch diesmal erreichte Wichmann sein Ziel nicht, sondern sah sich schließlich im Gegenteil genötigt, seine Unterwerfung anzubieten. Sein unmittelbarer Gegner, Markgraf Gero, zögerte lange, bevor er an die Ernsthaftigkeit von Wichmanns Angebot glaubte. Der König wollte seinem Vetter erst glauben, als Markgraf Gero nachdrücklich für Wichmann sprach und sich für dessen künftige Gefolgschaft verbürgte. Wichmann mußte einen heiligen Eid leisten, niemals mehr etwas gegen König und Reich durch Taten oder Worte zu unternehmen.

Als der Abtrünnige dies geschworen hatte, befreite man ihn von der Acht, und er durfte zu seiner Familie heimkehren, die sich in der Gegend von Verden, der uralten Allerfurt befand, wo Karl der Große 782 rund 4500 sächsische Geiseln (die Anzahl ist umstritten) hatte hinrichten lassen.
Wenn wir der Chronologie Widukinds vertrauen, wurde der König in den letzten Monaten des Jahres 958 von einer heftigen Krankheit befallen. Der sächsische Mönch berichtet, daß zu dieser Zeit auch seltsame Zeichen beobachtet wurden: An den Kleidern vieler Leute tauchten Flecken auf, die wie Kreuzesmale aussahen. Was die einen als Vorboten kommenden Unglücks deuteten, war für andere ein Symbol des Heils und des Segens. Wieder andere meinten später, es sei ein Aussatz an den Kleidern gewesen, da bald viele Menschen an Lepra starben. Der König aber genas von seiner Krankheit und dankte dafür dem Heiligen Vitus oder St. Veit, dem Schutzpatron gegen den gefürchteten Veitstanz. Aus diesem Verhalten des Königs Rückschlüsse auf die Art der Erkrankung des Monarchen zu ziehen, wäre wohl zu spekulativ. Da der Heilige Vitus seit dem 9. Jahrhundert gerade in Corvey besonders verehrt wurde, ist es durchaus möglich, daß Widukind bei dieser Gelegenheit den Schutzheiligen seines Klosters in seiner Sachsengeschichte hervorheben wollte.
Bei den mittelalterlichen Geschichtsschreibern ist zu berücksichtigen, daß sie alle klerikaler Herkunft waren, denn das Bildungswesen lag damals fast ausschließlich in den Händen der Klöster und Domschulen. Ein nicht-kirchlicher Mann hätte kaum die Möglichkeit gehabt, sich neben der Sorge um den täglichen Lebensunterhalt einer ausgedehnten Schreibtätigkeit hinzugeben, sofern er überhaupt die Kenntnisse und das Material dazu gehabt hätte. Die Quellen, die wir heute kennen, sind deshalb durchweg von einer besonderen Sicht der Ereignisse geprägt. Zwar vertreten die Verfasser der einzelnen Chroniken durchaus eigene Meinungen, aber alle stehen auf der gleichen klerikalen Grundlage, ob das nun der Sachse Widukind, der Kölner Ruotger, der Franzose Flodoard, der Italiener Liudprand ist. Da die Chronisten in Klö-

stern lebten, werden wir über das tägliche Leben in jener Zeit kaum oder höchst mangelhaft und meist nur nebenbei unterrichtet.

Das gilt auch für technische und allgemein naturkundliche Entwicklungen. Daß die klerikalen Autoren die in der Bevölkerung des 10. Jahrhunderts noch stark vorhandenen Reste germanischen Naturglaubens einseitig verurteilten oder verschwiegen, muß immer bedacht werden, wenn wir uns ein Bild der damaligen Zeit machen wollen. Diese einseitige Geschichtsschreibung geht so weit, daß wir auch über das Leben der Frauen nur aus dem Blickwinkel der unverheirateten Mönche gelegentlich etwas erfahren. Für die deutschen Autoren gilt außerdem, daß sie alle auf der Seite des Königs als dem Schutzherrn der Kirche standen. Über die Argumente und Motive der Gegenseite, etwa in dem liudolfinischen Aufstand der Jahre 953/954, erfahren wir von keinem einzigen Zeitgenossen. Die Opposition verfügte über keine Chronisten. Wir müssen uns also mit einseitigen Unterlagen begnügen, wenn wir uns mit dem 10. Jahrhundert – und dem Mittelalter überhaupt – befassen wollen. Vieles läßt sich nur vermuten, vieles ist und bleibt strittig.

Ungeklärt sind zum Beispiel auch einige Vorgänge im Herzogtum Lothringen, dem der Kölner Erzbischof mit großem Eifer vorstand, nötigenfalls aber auch mit Härte, wie sich bei der Verbannung Reginars III. gezeigt hat. Um die Herrschaft des Königs nicht unterminieren zu lassen, gab Brun den Auftrag zur Zerstörung einiger Burgen im nördlichen Lothringen, die ohne Erlaubnis des Monarchen gebaut worden waren. Diese Aktion und Gerüchte über bevorstehende zusätzliche Belastungen trieben einige Grafen 959 zu einer neuen Revolte, die jedoch glücklich unterdrückt werden konnte. In Lüttich und Cambrai hingegen lehnten sich die Bürger beharrlich gegen ihre bischöflichen Stadtherren auf. Diese Vorgänge haben wohl den Ausschlag dafür gegeben, die politischen Verhältnisse in Lothringen neu zu ordnen.

Manche Historiker nehmen an, das Herzogtum Lothringen sei 959 in zwei Teile geteilt und zwei Herzögen unterstellt worden, über die Brun allerdings eine Art Oberaufsicht geführt habe. Tatsächlich schreibt Ruotger, Brun habe die »Gesamtregierung« über die Lothringer ausgeübt. Und der Königsbruder hat 959 den Grafen Friedrich aus dem südlichen Lothringen, einen Bruder des Bischofs Adalbero von Metz, zu seinem Stellvertreter ernannt, damit er selbst ins Westreich ziehen konnte. Friedrich führte den Titel eines Herzogs, der damals gelegentlich – zum Beispiel bei Hermann Billung und Gero – für befristete militärische Aufträge im altgermanischen Sinn gebraucht wurde. Der herizogo war im Althochdeutschen der, der mit dem Heer auszog und so vorübergehend unter den Fürsten eine führende Stellung erhielt.

Daß die Teilung Lothringens, immerhin eine einschneidende Maßnahme, weder von Ruotger noch von Flodoard erwähnt wird, läßt die These von den Unterherzogtümern doch zweifelhaft erscheinen. Der zweite Herzog soll angeblich jener Graf Gottfried gewesen sein, dem der König 958 in Köln die Nachfolge Reginars III. im Hennegau und in Brabant übertragen hatte, womit er aber keineswegs Herr über das ganze nördliche Lothringen war. Ruotger bezeichnet Gottfried erst gelegentlich eines Heerzuges im Jahre 965 als Herzog, was mit dem erwähnten althochdeutschen Sprachgebrauch übereinstimmt. Die Einsetzung von Stammesangehörigen, wie es die Grafen Friedrich und Gottfried waren, zu Beauftragten des stammesfremden Brun, gehörte sozusagen zum Eingliederungsprogramm Ottos für Lothringen.

Die Verhältnisse im Westen verlangten eine ständige Beobachtung und eine vorausschauende Politik. Da Lothar III. nun achtzehn Jahre alt war und die Regierung in seine Hände überging, wurde zu Ostern 959 in Köln eine Zusammenkunft zwischen ihm, seiner Mutter und Erzbischof Brun vereinbart. Der Königsbruder war um die Entwicklungen im Westreich sehr besorgt und hat dem jungen Monarchen sicher wichtige Ratschläge erteilt. Ob Brun bei dieser Gelegenheit, wie öfters behauptet wird, von Lothar eine Zusicherung der Nichteinmischung in Lothringen verlangt hat, erscheint zweifelhaft. Der Westfranke hatte ohnedies alle Hände voll zu tun, um sich seiner Feinde im eigenen Reich zu erwehren.

Der Friedenspakt zwischen Otto und dem englischen König Edgar, den Otto sich mit kostbaren Geschenken 959 erkaufte, sollte ihm vermutlich den Rücken freihalten und es ihm ermöglichen, mit der labilen Situation im Westen seines Reiches fertig zu werden.

Im Herbst 960 gelang es schließlich, mit Bruns Hilfe einen Frieden zwischen dem karolingischen König und seinen kapetingischen Vettern zu vereinbaren, sodaß die beiden Söhne Hugos von Franzien dem französischen König huldigten. Lothar erhob dafür den älteren Sohn, Hugo, zum Herzog von Franzien und verlieh ihm Poitou, also einen Teil des ursprünglich geforderten Aquitanien. Den jüngeren Otto belehnte Lothar mit der Bourgogne. Die Vermittlung Bruns unter seinen Neffen brachte den Kapetingern zweifellos mehr ein als dem Karolinger, dem »nur« endlich der Frieden in seinem Reich winkte, den er anders wohl kaum erlangen konnte. Auf die Dauer trieben die Dinge ohnedies auf eine Ablösung der herrschenden Dynastie zu, wenn es dem Karolinger nicht überraschend gelänge, das Blatt zu seinen Gunsten zu wenden.

Erzbischof Brun brachte der Friedensschluß im Westreich die Möglichkeit, sich wieder eingehender mit den kirchlichen Aspekten seiner Politik zu beschäftigen.

Seit dem Ende des liudolfinischen Aufstandes im Jahre 954 zeigte sich zunehmend, wie günstig sich König Ottos Rückgriff auf die hohe Geistlichkeit für die Verwaltung des Reiches auswirkte. Der König hatte damals erkennen müssen, daß selbst die Besetzung der Herzogtümer mit den eigenen Verwandten keine Gewähr für die Königstreue war. Dank der Harmonie mit seinem Bruder Brun ergab sich die engere Zusammenarbeit mit dem Klerus förmlich von selbst. Eine vorsätzliche Planung des Königs, von der man immer wieder lesen kann, war gar nicht nötig und wohl auch nicht vorhanden. Mit dem Instinkt des Politikers erkannte Otto die Situation und nutzte die Chancen, die sich ihm boten. Er hatte die Erblichkeit der Herzogtümer nie anerkannt, sondern in Franken und Sachsen versucht, ein Grafschaftssystem aufzubauen, in dem die Grafen als seine unmittelbaren Beauftragten in ihren Bezirken die Militär- und Verwaltungshoheit einschließlich der Gerichtsbarkeit ausüben sollten. Aber gerade bei den Grafen hatte sich die feste Belehnung mit diesen Aufgaben im Zuge einer von West nach Ost fortschreitenden abendländischen Entwicklung bereits weitgehend durchgesetzt. Ihre Funktionen und Ämter vererbten sich also zumeist vom Vater auf den Sohn, und damit verlor der König seine freie Verfügung darüber.

Im Gegensatz dazu eröffneten sich für den Monarchen ganz andere Möglichkeiten, wenn er den Bischöfen und Äbten die Immunität verlieh, das heißt, sie von den Befugnissen der Grafen ausnahm und ihnen das Recht der Gerichtsbarkeit sowie Markt- und Zollrechte im Bereich ihrer Besitzungen überließ. Otto ging schließlich dazu über, Bischöfen und Äbten ganze Grafschaften und alle damit verbundenen staatlichen Hoheitsrechte zu verleihen. Man hat deshalb die zweite Hälfte des 10. Jahrhunderts als das goldene Zeitalter der Reichsklöster und Reichsbistümer bezeichnet.

Naturgemäß erwuchsen den Bischöfen und Äbten aus jenen Begünstigungen auch zunehmend Pflichten gegenüber König und Reich. Die hohen Geistlichen lebten – im Gegensatz zu vielen Priestern – bereits unter dem Gebot des Zölibats, sodaß Erbansprüche auf die ihnen verliehenen Güter und Rechte gar nicht entstehen konnten, sondern die Ämter nach dem Tode der Inhaber wieder an den König zurückfielen und somit in seiner Verfügungsgewalt blieben. Auf diese Weise konnte der Herrscher also seine Zentralgewalt aufrechterhalten, und sie konnte ihm nicht fortschreitend geschmälert werden, zumal die Besetzung der Bistümer und Abteien in seiner Hand lag. Diese Praxis widersprach zwar den kanonischen Bestimmungen, wonach Klerus und Volk die hohen Geistlichen wählen sollten, aber deren Ernennung durch den König war ein altes Gewohnheitsrecht, das auf Bräuche der

Römer und Germanen zurückging. Der König galt selbst als ein Geweihter, als von Gott Beauftragter und Höchster unter den Gottesdienern, dem die Einsetzung der ihm untergeordneten Funktionäre selbstverständlich zustand. Den Kirchenmännern war dies durchaus recht, denn sie fühlten sich nach unliebsamen Erfahrungen mit einigen Herzögen beim König im allgemeinen besser aufgehoben. Vierzig Jahre zuvor hatte sogar ein Papst, Johannes X., dem Kölner Erzbischof geschrieben, »nach altem Brauch« dürfe niemand außer dem König ein Bistum verleihen, weil dem König von Gott das Zepter übergeben worden sei. Der Herrscher konnte also Männer seiner Fasson auf die Bischofsstühle setzen. König Otto benützte das entstehende Reichskirchensystem, um seine Zentralgewalt zu festigen und auszubauen.
Nach einem längeren Aufenthalt in Franken im Frühjahr 960 besuchte der König im Sommer das Herzogtum Lothringen. Nur durch sein persönliches Erscheinen in den verschiedenen Ländern und Gauen des Reiches konnte Otto seine Herrschaft sichern und den kleinen Grundherren sowie den Bauern und Bürgern klarmachen, daß er nach wie vor ihr oberster Herr und Beschützer war. Bei einer geschätzten Bevölkerungsdichte von nur acht bis zehn Menschen pro Quadratkilometer, insgesamt fünf Millionen in den deutschen Landen, war die Besiedelung sehr dünn und beschränkte sich auf die weit auseinanderliegenden Lichtungen in den riesigen Wäldern. Der König hatte deshalb große Mühe, im Vergleich zu den ständig anwesenden regionalen Herrn als oberster Herrscher im Bewußtsein seines Volkes zu bleiben. Wie oft konnte der König die verschiedenen, weit auseinanderliegenden Teile seines Reiches besuchen, zumal, wenn er so viel gegen innere und äußere Feinde zu kämpfen hatte wie Otto der Große?
Zog der König aber friedlich durch sein Land, dann löste der königliche Prunk und das höfische Zeremoniell bei den meist in sehr kargen Verhältnissen lebenden Menschen der damaligen Zeit ehrfürchtige Bewunderung aus. Gefühle von Neid und Unzufriedenheit mit der eigenen Situation angesichts

des königlichen Glanzes kamen kaum auf, denn der König war eine heilige Gestalt, mit der sich der gemeine Mann nicht verglich. Nur sehen wollte man den König, der durch seine Siege über die »heidnischen« Ungarn und Slawen sowie über die inneren Feinde von Gott so sichtbar bevorzugt und ausgezeichnet worden war, daß man es als unermeßliches Glück betrachtete, wenn man etwa heimlich beim Vorbeigehen dieses Gottgesegneten das prachtvolle Gewand aus der fremdartigen byzantinischen Seide berühren konnte. Die ehrfurchtsvollen Vorstellungen von den übernatürlichen Kräften eines Königs waren aus dem germanischen Glauben übernommen, aber das »Königsheil« wurde nun mit der christlichen Lehre erklärt und legitimiert.
Die Christenheit des frühen und hohen Mittelalters war stark von den Lehren des Heiligen Augustinus beeinflußt. Könige und Päpste – vielleicht nicht gerade der seinerzeit regierende Johannes XII. – wollten den Gottesstaat verwirklichen, den Augustinus im 5. Jahrhundert in seinem *De civitate Dei* beschrieben hatte. Otto bekämpfte die Slawen weniger um seine Macht auszudehnen, sondern um die Ungläubigen oder Andersgläubigen für das Christentum zu gewinnen. Vor allem seit seinem Sieg über die Ungarn auf dem Lechfeld 955 war er davon überzeugt, daß es ihm von Gott aufgetragen sei, die »Heiden« und besonders die Slawen zum Christentum zu bekehren. Einen Bevölkerungsüberschuß, wie er einige Jahrhunderte später westlich der Elbe zur Expansion nach Osten führte, gab es im 10. Jahrhundert nicht.
Wie schon 959 mußte Otto zu einem nicht genauer überlieferten Zeitpunkt auch 960 nochmals gegen die Elbslawen ziehen. Wahrscheinlich war es im Herbst, als er in Sachsen weilte. Es wird kein langwieriger und ausgedehnter Kampf gewesen sein, aber offenbar gelang es dem König, mit diesem Feldzug die letzten Empörer unter den Slawen westlich der Oder zu vernichten und ihren Aufstandswillen für lange Zeit zu zerstören.
Mit um so größerer Energie konnte Otto dann seine Pläne für die Missionierung der Slawen in den eroberten Gebieten be-

treiben. Als 959 die Großfürstin Olga von Kiew eine Delegation zu Otto sandte, die ihn um die Entsendung von Missionaren bat, erhielten seine Überlegungen neuen Auftrieb. Es hatte sich als undurchführbar erwiesen, das Bistum Halberstadt aus der Mainzer Kirchenprovinz herauszulösen und als Erzbistum nach Magdeburg zu bringen. Nun sollte Halberstadt nach dem Willen des Königs nur zwei Gebietsstreifen an die neu zu errichtenden Bistümer Magdeburg und Merseburg abgeben, die im übrigen slawische Gebiete umfassen sollten. Dazu gab nun wohl Erzbischof Wilhelm von Mainz seine Zustimmung, aber jetzt wehrte sich der Halberstädter Bischof Bernhard gegen die Beschneidung seiner Diözese. Ohne das Akzept des Bischofs konnten die Grenzen seines Bistums aber nicht verändert werden. Also mußte auch dieser Plan aufgegeben werden.

Ein sicheres Zeichen dafür, daß man in nächster Zeit mit keinem Aufstand der Slawen rechnete, ist die neuerliche Wallfahrt Markgraf Geros nach Rom, wo er für seinen verstorbenen Sohn beten wollte. Es blieb aber doch nicht so ruhig, wie man sich erhofft hatte. Allerdings waren es nicht die Elbslawen, die den Frieden störten, sondern Entwicklungen östlich der Oder. Nach deutschen Darstellungen ist um das Jahr 950 ein vermutlich dänischer Normanne namens Dago mit einigen Gefährten die Oder hinaufgezogen und hat, ähnlich wie im 9. Jahrhundert der Schwede Rurik in Rußland, die slawischen Stämme zwischen Oder und Weichsel in Kämpfen zusammengeschlossen. Die Slawen gaben Dago in ihrer Sprache den Namen Mieszko, und aus den von ihm geeinigten Stämmen wurden die Polen. Nach polnischer Darstellung (O. Halecki) war Mieszko jedoch bereits der vierte Herrscher der piastischen Dynastie, die in den Kämpfen der ansässigen Stämme seit Mitte des 9. Jahrhunderts die Oberhand gewonnen hatte. Daß der normannische Dago bzw. Mieszko von außen eingegriffen habe, wird als falsche Hypothese bezeichnet. Mieszko I. konnte um 960 bereits einen ansehnlichen Staat übernehmen, dessen Hauptstadt Gnesen war. Aus deutscher Sicht war Posen die erste Hauptstadt Polens, und

Mieszko I. versuchte, sein Herrschaftsgebiet über die Oder nach Westen auszudehnen, was ihm zwar nicht gelungen ist, jedoch gezeigt hätte, daß die Grenze des deutschen Einflußgebietes am großen Strom doch nicht so respektiert wurde, wie man sich das später gerne vorgestellt hat. Nach polnischer Darstellung wurde jedoch Mieszko von deutscher Seite angegriffen und zwar 963 von Graf Wichmann. In diesem Punkt decken sich die beiderseitigen Angaben, wie noch zu zeigen sein wird.
König Otto ritt wohl nach dem Ende seines Feldzuges gegen die Slawen über Sachsen nach Bayern. Hier führte Judith, die verwitwete Schwägerin des Königs, das Regiment für ihren unmündigen Sohn Heinrich. Die Herzogin ließ sich vor allem von Bischof Abraham von Freising beraten, der 957 vom König in dem alten bayerischen Bistum eingesetzt worden war und sich als verläßlicher Gefolgsmann des Herrschers erwies. Allerdings gerieten die Herzogin und der Bischof bald in den Verdacht allzu enger und herzlicher Beziehungen. Im Gegensatz zu früher zeigte man sich in Bayern jetzt königstreu, und der Monarch hielt an Weihnachten 960 zu Regensburg einen glanzvollen Reichstag, zu dem viele Große des Reiches und auch Abgesandte aus Italien kamen. Der König wohnte in der karolingischen Pfalz bei St. Emmeram. Ein Hinweis in Widukinds Chronik macht deutlich, daß Otto in der alten Stadt an der Donau die königliche Herrschaft besaß oder mindestens beanspruchte. Er hielt sich allerdings höchst selten und nie sehr lange in Bayern auf – diesen Reichstag und die Folgezeit ausgenommen.
Für Otto erhielt dieser Regensburger Reichstag eine besondere Bedeutung durch die Ankunft der Gebeine des Heiligen Mauritius. Sie kamen, ebenso wie ehedem die Heilige Lanze, aus Burgund. Da man in den deutschen Landen nur über relativ wenige Reliquien verfügte, wurden die vorhandenen um so mehr geschätzt und verehrt. Der König erhob den Heiligen Mauritius mehr und mehr zum Patron des Reiches und ließ seine Gebeine in das Mauritius-Kloster in Magdeburg überführen.

Die Vorgänge um diese Reliquie beherrschten die Tage in Regensburg offenbar so sehr, daß die Beschlüsse der Reichsversammlung von den Chronisten nicht überliefert wurden. Lediglich das sächsische Idiom des Königs und der Umstand, daß er in St. Emmeram zu Ehren des Stiftsheiligen die Minne getrunken hat, erschien einem Berichterstatter außerdem erwähnenswert.
König Otto besuchte im Jahr 960 vier der fünf Herzogtümer seines Reiches. Nur nach Schwaben kam er nicht. Dafür machte er dem Bischof von Chur, dem gegenüber er sich schon 940 und 951 sehr freigebig gezeigt hatte, neue Schenkungen. 958 hatte Otto dem Bischof unter anderem die Grundherrschaft über die halbe Stadt Chur verliehen, und nun schenkte er ihm das Bergell, das Alpental südlich des Maloja- und des Septimerpasses, in dessen unterem Teil schon üppige südliche Vegetation sprießt.
Otto ließ 960 auch Liudprand mit einer Gesandtschaft nach Byzanz reisen. Einem Gerücht zufolge war Kaiser Konstantin VII. von seiner Schwiegertochter vergiftet worden. Konstantins Sohn und Nachfolger Romanos II. stand stark unter dem Einfluß seiner gebieterischen Gemahlin Theophano. Nach Meinung verschiedener Historiker ist Ottos Delegation am Hof zu Konstantinopel überhaupt nicht empfangen worden, und man begründet diese Ansicht mit einem Bericht Liudprands, wonach er sich längere Zeit auf der Insel Paxos bei Korfu aufgehalten hat. Andere Forscher verweisen aber auf eine Aufforderung von Romanos II. an die Verbündeten von Byzanz, ihre Verträge zu erneuern, und schließen daraus, Ottos Delegation habe den Auftrag gehabt, die Zustimmung Konstantins VII. zu einem »fränkischen Kaisertum« Ottos durch Romanos II. erneuern zu lassen. Es »spricht alles für einen positiven Ausgang« (W. Ohnsorge), da von einem nachherigen Einspruch aus Byzanz gegen Ottos Kaiserkrönung nichts bekanntgeworden ist.
Die widersprüchlichen Hypothesen über Aufgaben und Erfolge der Gesandtschaft des deutschen Königs am Hof zu Byzanz kennzeichnen die unterschiedlichen Auffassungen über

die Einstellung Ottos zum Basileus in Konstantinopel. Es sind im wesentlichen nur Vermutungen, die sich infolge der spärlichen Überlieferung anstellen lassen: Die Unmöglichkeit eines Beweises für diese oder jene Auffassung Ottos über sein Kaisertum läßt die gegensätzlichen Auslegungen zu. Wo die einen auf byzantinische Vorstellungen im Abendland des 10. Jahrhunderts und damit bei Otto dem Großen hinweisen, meinen die anderen, in dieser Zeit habe der »romfreie« Kaisergedanke im Abendland keine Rolle mehr gespielt. Ein friedliches Nebeneinander der beiden Kaiser war aber nur möglich, wenn sowohl Otto wie auch der Basileus in Byzanz das deutsche Kaisertum nicht als Nachfolge des römischen ansahen, also frei von jeder Forderung nach Weltherrschaft. Byzanz hatte nämlich den Anspruch auf die alleinige Nachfolge der universalistischen römischen Kaiser niemals aufgegeben.

Kaiserkrönung und Jahre in Italien

Kaiserkrönung

Eine überraschende Situation entstand für König Otto gegen Ende des Jahres 960, als ihn in Regensburg eine Delegation von Papst Johannes XII. erreichte. Während der Papst 959 einen glücklosen Feldzug gegen Capua unternommen hatte, war König Berengar in das zum Kirchenstaat gehörende Herzogtum Spoleto eingefallen, und gleichzeitig hatte sich sein Sohn Adalbert westlich davon auf andere Kirchengüter gestürzt. Der junge unpäpstliche Papst, der mit einer ganzen Reihe von Frauen im Lateran ein flottes Leben führte, fühlte sich von Berengar und seinem Sohn bedroht, aber nicht nur von diesen beiden, sondern auch von einer wachsenden Opposition unter den Römern. Er sah, trotz seines machtpolitischen Gebarens, keine Möglichkeit, seiner Feinde allein Herr zu werden. Wie schon einige seiner Vorgänger in ähnlichen Notlagen rief Papst Johannes XII. nach Norden um Hilfe zur Stützung seiner Unabhängigkeit.

Einige frühe Quellen besagen allerdings, daß der Hilferuf nicht vom Papst ausgegangen sei, sondern im Gegenteil von einer oppositionellen Gruppe in Rom, die den ihr widerwärtigen Johannes XII. mit Hilfe des deutschen Königs beseitigen und die römische Kirche aus ihrem Niedergang befreien wollte. Vielleicht war der Papst nur der Scheinabsender der Delegation, der von der Opposition zu dem Hilferuf an Otto gezwungen worden war. Für die beiden Gesandten hatte die Reise später jedenfalls üble Folgen. Otto war der Hilferuf aus Rom jedoch sehr willkommen, denn er sah nun eine Möglichkeit, endlich die Kaiserkrone und damit die offizielle Bestätigung der kaiserlichen Position zu erlangen, die er nach seinen Siegen über die Slawen und Ungarn, als Träger der langobardischen und deutschen Krone sowie als Oberherr über das Königreich Arelat und bei seiner einflußreichen Stellung im westfränkischen Reich und in Dänemark, nicht zuletzt auch als Eigentümer der

Heiligen Lanze de facto und symbolisch – was damals ebenso wichtig war – längst eingenommen hat.
Selbstverständlich war Otto aber auch die Wiederherstellung seiner Herrschaft in Italien wichtig, die ihm infolge der inneren und äußeren Kämpfe seit seinem ersten Ansatz im Jahre 951 beinahe völlig verlorengegangen war, zumal er die Erfolge Liudolfs aus dem Jahre 957 in keiner Weise genützt hat.
Otto blieb bis April 961 in Regensburg und nahm die Vorbereitungen zu seinem bevorstehenden Zug über die Alpen sehr intensiv auf. Obwohl mehrere hohe Geistliche aus der Lombardei – Vertriebene König Berengars – ihn um sein Eingreifen baten, war sich Otto bewußt, daß ihm die Kaiserkrönung zahlreiche Komplikationen bringen würde: angefangen von Berengar und seinem Sohn über die selbstbewußten Römer, die von einem deutschen Oberherrn nichts wissen wollten, dem Kaiser von Byzanz, der keinen Rivalen dulden wollte und sich als den einzigen rechtmäßigen römischen Kaiser betrachtete, bis hin zum Papst, der im Grunde auch keinen Kaiser wünschte und die Krönung nur notgedrungen vornehmen würde. So war es ein beträchtlicher Vorteil für Otto, daß er wenigstens nach außen als erwünschter Freund und Helfer nach Rom kommen würde. Es waren also neben allgemeinen organisatorischen auch besondere militärische, diplomatische, kirchliche und staatsrechtliche Vorkehrungen für den Zug über die Alpen zu treffen.
In gewisser Hinsicht gehört zu den Vorbereitungen der Romreise auch die Entsendung einer Mission nach Kiew, die Großfürstin Olga schon 959 erbeten hatte. Eine Delegation war zwar schon 960 nominiert worden, aber aus unbekannten Gründen kam das Vorhaben nicht zustande. Erzbischof Wilhelm ließ jetzt Adalbert von Weißenburg, unseren wiederholt zitierten Chronisten, zum Bischof weihen, und der König schickte ihn gegen seinen lebhaften Widerspruch mit einigen Begleitern nach Rußland. Wenn es gelänge, das große russische Reich für die römische Kirche zu gewinnen, hätte diese einen riesigen Vorsprung vor ihrer griechischen Rivalin in Byzanz erhalten. Otto setzte alles daran, diesem Unternehmen zum Erfolg zu verhelfen, denn damit konnte er zeigen, daß er bereit

und in der Lage war, als Schutzvogt der römischen Kirche zu fungieren.
Ein anderes Ereignis in den Reisevorbereitungen des Königs erregte mehr Aufsehen. Otto schätzte, wie gesagt, den Ritt keineswegs als gefahrlos ein und versuchte, Unglücksfälle im voraus zu bedenken. So wollte er für den Fall vorsorgen, daß er selbst nicht lebend in die Heimat zurückkehren würde. Er berief dafür im Mai 961 einen Reichstag nach Worms ein. Obgleich man im Reich von dem geplanten Zug nach Süden längst wußte, verkündete ihn der König in Worms offiziell und ließ sich die Zustimmung der Fürsten dafür geben. Er bewog außerdem die Fürsten, vorbeugend einen Nachfolger für ihn zu beschließen. Daß der Monarch seine Dynastie auf dem Thron halten wollte, lag nahe, aber die Zeitgenossen vermerkten es doch mit Erstaunen, daß er seinen Sohn noch während der eigenen Regierungszeit zum Mitkönig vorschlug. Otto folgte dabei wie so oft dem Vorbild Karls des Großen.
Die wahlberechtigten Fürsten nahmen den Antrag einstimmig an und wählten Otto II. zum König. Der Vorschlag des Herrschers war für die Fürsten nach der Auffassung der damaligen Zeit verpflichtend, denn da er so viele bedeutende Siege hatte erringen können, glaubten sie in ihm den von Gott Begünstigten erkennen zu können, durch den Gott seinen Willen kundtut. Und Gottes Wille, nicht der der Menschen, sollte in der Wahl des neuen Königs verwirklicht werden. Diese Auffassung hatte schon die Wahl Ottos des Großen im Jahre 936 bestimmt, die der Designation seines Vaters Heinrich I. entsprochen hatte. Aber der Glaube an Gottes Willen war nicht so fest, daß er Kämpfe gegen den neuen König hätte ausschließen können. Bei all diesen Wahlen der damaligen Zeit wirkten germanische Anschauungen noch stark mit, nach denen man bei einer Abstimmung auch einer Mehrheit keine große Bedeutung beimaß, denn man wollte und konnte nicht ohne weiteres glauben, daß aus ihr Gottes Wille sprach.
Nach der Wahl zu Worms zogen der königliche Hof und sein Gefolge nach Aachen. Hier wurde Otto II. am Pfingstsonntag, dem 26. Mai 961, durch die Erzbischöfe von Mainz, Köln und

Trier im Münster gekrönt. Es war die zweite deutsche Königskrönung in Aachen, der Stadt Karls des Großen; die deutschen Könige ließen sich dann beinahe sieben Jahrhunderte lang, bis 1531, in Aachen krönen.

So war die Nachfolge Ottos des Großen geklärt und gesichert, daß sie in der Dynastie der sächsischen Liudolfinger bleiben würde. Der Herrscher hatte nach menschlichem Ermessen eine wesentliche Voraussetzung für die friedliche Weiterentwicklung seines Reiches nach seinem Tod geschaffen. Er ließ die Regierungsjahre des jungen Königs für Deutschland und Italien von 961 an zählen.

Andere Vorbereitungen für den Romzug galten bereits dem Zeremoniell der Kaiserkrönung. Otto sah in diesen Feierlichkeiten von Anfang an einen Höhepunkt, wenn nicht sogar den Gipfelpunkt seines Wirkens. Deshalb legte er Wert darauf, daß das Ritual von Würde und Hoheit getragen sei. Es sollte alles genau vorbereitet und möglichst wenig dem Zufall und der römischen Kurie überlassen werden, damit sich Otto nicht wie Karl der Große mit den römischen Prälaten herumschlagen müsse. Erzbischof Wilhelm ließ im Auftrag des Königs im Mainzer Kloster St. Alban einen Krönungsordo aufstellen. In diesem Kloster waren um 950 Anweisungen für die liturgischen Amtshandlungen der Bischöfe und Priester außerhalb der Messe niedergeschrieben worden. Dieses Mainzer Pontifikale bildete nun die Grundlage für die Pläne zur Gestaltung der bevorstehenden Kaiserkrönung in Rom.

Aus verschiedenen Indizien kann angenommen werden, daß Otto schon um die Zeit seiner Erkrankung im Jahre 958 eine Krone in Auftrag gegeben hat, die er jetzt mit nach Rom nehmen wollte, um sie sich vom Papst aufsetzen zu lassen. Freilich ist es eben nur eine Annahme, daß die Darstellung eines kranken Königs auf einem Emailschildchen der Krone auf ihre Herstellung zur Zeit von Ottos Erkrankung schließen läßt – natürlich kann dieses Bild auch später in Erinnerung an die Wiedergenesung des Monarchen angefertigt worden sein. Sicher hat die Herstellung der goldenen Krone längere Zeit beansprucht, zumal sich das Sammeln der zahlreichen, sehr verschiedenartigen Edelsteine über einige Jahre hingezogen haben wird. Da jedoch zum Beispiel Widukind die Erhebung König Ottos zum Kaiser schon durch das Heer nach der Schlacht auf dem Lechfeld 955 berichtet und man angesichts der Stellung Ottos des Großen im Abendland während der folgenden Jahre bei ihm vielfach von einem »imperialen Königtum« spricht, ist es nicht auszuschließen, daß in diesen Jahren bereits die Kaiserkrone angefertigt wurde. Widukind war keineswegs der einzige, der eine Kaiserkrönung durch den Papst als unnötig betrachtete.

König Otto wollte vor seiner für den August 961 festgesetzten Abreise noch ein frommes Werk verrichten – und gleichzeitig einem beharrlich verfolgten Ziel näher kommen. Gegen alle Widerstände hielt er an seinem Plan fest, Magdeburg zum Erzbistum der Slawenmission zu erheben. Er war überzeugt, daß es ihm gelingen würde, seinen Willen gegen seinen Sohn in Mainz und gegen den Halberstädter Bischof durchzusetzen. Nun schenkte er dem Moritzkloster in Magdeburg den Slawengau Neletice, zu dem auch die wichtigen Salzquellen von Halle an der Saale und die Siedlung Giebichenstein gehörten, um damit die Neuordnung der kirchlichen Organisation weiter vorzubereiten.

Der König bestellte seinen Bruder Brun und seinen Sohn Wilhelm als Reichsverweser. Er vertraute ihnen nach dem Bericht Adalberts von Weißenburg auch seinen sechsjährigen Sohn Otto II. an, da Königin Adelheid mit nach Italien ziehen sollte. Es wäre eine eigenartige Anordnung des Königs gewesen, wenn er den Billunger Hermann in Sachsen über das Herzogsamt hinaus neben den beiden Reichsverwesern mit seiner Stellvertretung beauftragt hätte, wie zwar verschiedene Historiker meinen, wofür es jedoch keinen Beweis gibt.

Um Augsburg, wo vor genau sechs Jahren die große Schlacht auf dem Lechfeld gegen die Ungarn mit dem bedeutenden Sieg Ottos geendet hatte, sammelte sich im August 961 ein ansehnliches Heer, mit dem der König in Begleitung seiner Gemahlin und mehrerer Bischöfe zu seinem Krönungszug aufbrach. Augsburg war damals noch eine sehr bescheidene Siedlung an der alten Römerstraße, denn es hatte den Aufstieg anderer Orte wie Regensburg, Mainz, Köln, Aachen in karolingischer Zeit nicht mitgemacht. Trotzdem war der Ort ein Mittelpunkt in dem Raum nördlich der Alpen, der ansonsten noch ohne größere Siedlungen war. In erster Linie war Augsburg ein befestigter Bischofssitz, und Bischof Ulrich war wie alle Bischöfe verpflichtet, den königlichen Hof im Rahmen der sogenannten Servitialpflicht während des Aufenthaltes zu versorgen. Das war eine der Gegenleistungen für die Verleihung der Immunität, also die Befreiung von der Gewalt der Grafen und die Überlassung von Markt-, Zoll- und Münzrechten sowie der Gerichtsbarkeit, die der König den Bischöfen zukommen ließ. Eine Urkunde Ottos aus diesem Jahr läßt den Schluß zu, daß er in Augsburg damals über eine eigene Pfalz verfügt hat.

Buchard III. von Schwaben war der einzige Herzog, der an dem neuen Italienzug des Königs teilnahm. Brun blieb mit den Lothringern ebenso zu Hause wie Hermann von Sachsen und die Bayern. Aber wendische Scharen waren in dem Zug dabei. Als man die Alpen überschritten hatte und die Etsch hinunterzog, stieß man an der Veroneser Klause, wo der Fluß in die Po-Ebene austritt, auf ein großes Heer Berengars, der dem deutschen König den Zutritt nach Italien verwehren wollte. Aber noch ehe es zu einem Kampf kam, löste sich Berengars Streitmacht infolge innerer Zwistigkeiten auf, und Otto konnte mit den Seinen ungehindert weiterziehen.

Ottos erstes großes Ziel war, wie zehn Jahre zuvor, Pavia, die alte langobardische Hauptstadt. Dort konnte er auch diesmal ohne jeden Widerstand einziehen, denn Berengar hatte sich viel weiter südlich in die Mark Ancona zurückgezogen. Als Folge von Berengars gewaltsamer und unbeliebter Herrschaft, die stark von seiner Frau Willa beeinflußt war, wurde der deutsche König von allen Städten, Bischöfen und Grafen mit Freuden begrüßt. Er ernannte den Markgrafen Otbert aus dem Hause der Este, die zu den Ahnen der deutschen Welfen gehören, zu seinem Pfalzgrafen und damit zu seinem Stellvertreter für Italien. Die Mark Verona gliederte er wieder dem Herzogtum Bayern ein. Liudprand, der sich seit seiner Trennung von Be-

rengar im Jahre 950 zumeist am deutschen Hof aufgehalten hatte und dort eine Vertrauensstellung genoß, erhielt für seine Verdienste das Bistum Cremona. Auch die anderen von Berengar vertriebenen geistlichen und weltlichen Großen setzte Otto wieder in Ämter und Würden ein, und er baute die von Berengar zerstörte königliche Pfalz zu Pavia wieder auf.
Die Angst vor den anders gearteten Männern von jenseits der Alpen, vor dem *furor teutonicus*, steckte den Römern seit jeher in den Gliedern. Daher war es seit den Karolingern üblich, daß der zur Krönung kommende Kaiser dem Papst einen Sicherheitseid leistete. Auch der sonst so kecke und unkonventionelle Johannes XII. erbat – oder verlangte – von Otto Zusicherungen für sein persönliches Heil, die Unverletzbarkeit der kirchlichen Besitztümer und die Übergabe der in Ottos Hände kommenden Gebiete des Heiligen Petrus an die Kirche. All dies war dem frommen deutschen König mehr als selbstverständlich, weshalb er die gewünschten Gelöbnisse zur Beruhigung des Papstes mittels einer Gesandtschaft rückhaltlos und ohne lange Überlegung geben konnte.
Otto hat vermutlich gewünscht, wie Karl der Große in Rom an Weihnachten gekrönt zu werden. Aber die Vorverhandlungen über den Ablauf der Zeremonie zogen sich länger als erwartet hin. Johannes XII. hat möglicherweise angenommen, der deutsche König würde ihm gegen Berengar zu Hilfe kommen, ohne eine Gegenleistung zu verlangen, wenn der Hilferuf an Otto überhaupt vom Papst ausgegangen war. König Otto feierte das Weihnachtsfest 961 mit Glanz und Prunk noch in Pavia. Anfang Januar 962 marschierte er mit seinem Heer über den Po nach Süden. Berengars Splittergruppen ließ er in ihren Burgen unbehelligt, denn es war ihm wichtiger, jetzt nach Rom zu gelangen und die Kaiserkrönung zu erreichen. Vielleicht wollte er mit der etwaigen Vernichtung Berengars auch keine Vorleistung erbringen, wenn er nicht sicher sein konnte, daß ihn der Papst krönen würde.
Am 31. Januar kam das deutsche Heer vor Rom an, und Otto schlug seine Zelte auf dem Monte Mario auf, einem sich reichlich hundert Meter über die Stadt erhebenden Hügel. Seine

Männer lagerten vornehmlich auf der darunterliegenden Neronischen Wiese. Man war damit nur noch etwa zwei Kilometer von der Peterskirche entfernt. Da der König am folgenden Sonntag zur Krönung feierlich einziehen sollte, konnte er sich mit seinem Gefolge noch einen Tag vom Marsch erholen und vorbereiten.

Am 2. Februar, dem Sonntag Mariä Lichtmeß 962, war es soweit. Der König instruierte seinen jungen Schwertträger: »Während ich heute vor dem Heiligen Apostelgrab beten werde, sollst du das Schwert immer über mein Haupt halten. Ich habe nicht vergessen, welche Erfahrungen meine Vorgänger mit der Treue der Römer gemacht haben, und es ist klüger, auf Unheil gefaßt zu sein und ihm vorzubeugen als sich davon überraschen zu lassen. Wenn wir wieder im Lager zurück sind, kannst du beten, soviel du willst.«

Der Schwertträger des Königs hat die Instruktion seines Herrn später Thietmar von Merseburg erzählt, der sie in seine Chronik aufnahm. Das gegenseitige Mißtrauen war also beträchtlich, und wenn sich nicht Papst und König von der Krönung erhebliche Vorteile versprochen hätten, hätten beide wahrscheinlich die Hände von dem Unternehmen gelassen. Sie waren sich auch nicht sympathisch, der fünfzigjährige erfahrene, grundsolide Sachse und der fünfundzwanzigjährige, leichtlebige Italiener. Die Gegensätze waren zu groß.

Der deutsche Zug formierte sich auf der Neronischen Wiese und marschierte über die alte *via triumphalis* zur Stadt. Den Römern erschienen die deutschen Scharen fremdartig, und sie erschraken, als sie das Kriegsgerät sahen, das die Männer des Königs auf Karren und anderen Fuhrwerken in ihre Stadt schleppten. Der Papst kam mit dem Klerus und dem römischen Adel dem König zur Begrüßung entgegen. Gemeinsam zogen dann alle zur Peterskirche und in die fünfschiffige Basilika. Sie war seit ihrer Gründung durch Kaiser Konstantin im Jahre 324 immer mehr ausgebaut und bereichert worden, sodaß sie im 10. Jahrhundert die glanzvollste christliche Kirche war.

Bevor der Krönungszug die Peterskirche durch die Silberne Pforte, das Hauptportal, betrat, sprach der Bischof von Albano ein Gebet für den künftigen Kaiser. Ein zweites Gebet sprach der Bischof von Porto im Mittelschiff auf der Rota, einer in den Fußboden eingelassenen Porphyrplatte, nach dem in Mainz erstellten Ordo. Der Zug schritt zum Grab des Heiligen Petrus, wo sich Otto zu Boden warf und betete, während der Archidiakon die Litanei sang. Der Bischof von Ostia salbte den wieder aufgestandenen Monarchen mit Exorzismus-Öl am rechten Arm und zwischen den Schultern, wobei er erneut für den zu Krönenden betete. Die Krönung selbst nahm der Papst vor, der Otto am Altar erwartete. Man nimmt an, daß es der Mauritius-Altar war, den Otto möglicherweise selbst gestiftet hatte. Johannes XII. sprach bei der Krönung: »Empfange dieses Zeichen der Herrlichkeit, im Namen des Vaters und des Sohnes und des Heiligen Geistes; so mögest du, unter Verachtung des altbösen Feindes und unter Verabscheuung aller Laster, Recht und Gerechtigkeit lieben und barmherzig leben, auf daß du von unserem Herrn Jesus Christus in der Gemeinschaft der Heiligen die Krone des ewigen Reiches empfängst – von ihm, der mit dem Vater und dem Heiligen Geist lebt und herrscht für immer, von Ewigkeit zu Ewigkeit. Amen.« Nach der Krönung folgte eine Messe für den Kaiser.

Die Zeremonie, bei der auch Adelheid gesalbt und gekrönt wurde, sollte man sich nicht allzu herzlich und gefühlvoll vorstellen, denn jeder der beiden Hauptakteure, der Papst und der Kaiser, dachte vor allem an die für ihn günstigen Folgen. Die Römer haben das Ereignis mit gemischten Gefühlen hingenommen, denn ein Oberherr aus ihrer eigenen Stadt wäre ihnen zweifellos lieber gewesen als der fremdartig erscheinende, breitschultrige, wuchtige und bärtige Germane, mit dem sie sich nur über einen Dolmetscher verständigen konnten. Es war nur gut, daß Kaiserin Adelheid, die schöne Burgunderin, die Gegensätze etwas milderte – nicht nur dank ihrer äußeren Erscheinung, sondern auch kraft ihrer karolingischen Abkunft und ihrer Erbansprüche als Witwe König Lothars. Die Akklamation der Römer und des Klerus, von dem der nicht anwesende Adalbert von Weißenburg schreibt, wird nicht sehr enthusiastisch gewesen und vornehmlich von den Deutschen gekommen sein.

Otto I. der Große war der erste Träger des später als »Reichskrone« bezeichneten Symbols der deutschen Kaiser. Otto faßte sein Kaisertum als Erneuerung und Fortsetzung der karolingischen Tradition auf. Der Kaiser war nun wieder wie zur Zeit Karls des Großen der machtvollste Herrscher des Abendlandes, und das Kaisertum hatte alle Aussicht, wieder die frühere Achtung zurückzuerlangen, nachdem es zuletzt Anfang des Jahrhunderts so sehr erniedrigt worden war.
Obgleich die Majestät des Kaisers der des Königs übergeordnet war, fehlte dem Kaiser doch der Thron, der dem König als wichtige Beigabe seiner Würde gebührte. Die Salbung war stets ein Symbolakt der Weihe des Herrschers, durch den er vor Unglück geschützt werden sollte. Dabei sprach der uralte Glaube an die Zauberkraft von Fett und Öl sowie der Hand (Handauflegen usw.) mit. Man dachte auch an eine Analogie des gesalbten Monarchen mit Christus, griechisch »dem Gesalbten«. Die prächtige Krone, die heute in Wien aufbewahrt wird, gab unter ihrem eigenartigen Bügel Platz für eine flache bischöfliche Mitra. In verschiedener Hinsicht weist sie eine Analogie zur Beschreibung Jerusalems in der Apokalypse des Johannes auf und macht damit die Freude des mittelalterlichen Menschen an Symbolen deutlich. Vor allem spielt die Zahl Zwölf sowohl im Text des Johannes als auch bei dem Zierat der Krone eine bedeutende Rolle: »Die Reichskrone ist nach Zahlsystem, Steinsetzung und Farbskala, wohl auch nach Perlenzahl, nichts anderes als ein Abbild des himmlischen Jerusalem« (H. Dekker-Hauff). Der König war seit jeher bei den vorchristlichen Völkern in enger Verbindung zu den Priestern und zum sakralen Bereich gesehen worden und diese Anschauungen setzten sich auch für den Kaiser in christlicher Zeit fort.
Die Kaiserkrönung Ottos I. wird in der Geschichtsschreibung oft kritisch interpretiert. Schon Widukind und andere zeitgenössische Chronisten lehnten sie ab. Weder Ludwig der Fromme noch sein Sohn Lothar I. waren zunächst vom Papst gekrönt worden, und nach der 817 aufgestellten Reichserbordnung sollte das künftig die Regel sein. Freilich hat sich das später geändert. Aber wenn wir unterstellen, daß Otto die An-

fertigung der Krone tatsächlich schon mehrere Jahre vor seiner Krönung in Auftrag gegeben hat, dann könnte auch er der Ansicht gewesen sein, daß der Papst zur Krönung nicht nötig sei. Es ist doch keineswegs erwiesen, daß Otto 951 in Rom Ansprüche auf die Kaiserkrönung angemeldet hat – und wenn dies so gewesen wäre, dann könnte der König nach dem Sieg auf dem Lechfeld 955 oder während der folgenden Jahre seine Meinung geändert haben. Er hätte dann nur den Zufall des Hilferufes aus Italien dazu benutzt, sich entgegen seiner ursprünglichen Absicht in Rom krönen zu lassen. Allerdings zeugt nichts zuverlässig davon, daß Otto jene Krone von Anfang an als Kaiserkrone betrachtet hat.

Meinungsverschiedenheiten über Ottos Kaiserkrönung durch den Papst hat es von Widukind bis Heinrich von Sybel und darüber hinaus gegeben. Sybel bezeichnete den Krönungstag 962 rund neunhundert Jahre später als einen schwarzen Tag in der deutschen Geschichte, er verurteilte die ganze Italienpolitik der mittelalterlichen deutschen Kaiser als einen Irrweg. Andere Gegner von Ottos Romzug warfen dem Kaiser Mangel an Überlegung und Leichtfertigkeit vor. Solche Zensuren aus der Retrospektive lassen jedoch die Zeitumstände unberücksichtigt. Als sich Otto zum Kaiser krönen ließ, dürfte er von Anfang an die Gewinnung der restlichen Teile des Mittelreiches von 843 und damit eine Ausdehnung seines Reiches nach Westen im Auge gehabt haben. Der Besitz des ehemaligen Mittelreiches und Roms konnte nach den Entwicklungen im 9. Jahrhundert – vor allem unter Lothar I., Ludwig II. usw. – als Bestandteil der Kaiserwürde gelten. Ob Otto auch von vornherein angestrebt hat, den Papst zu beherrschen und dessen Einfluß auf den deutschen Episkopat zu beseitigen, wie ihm dies nachher gelungen ist, mag dahingestellt bleiben, ist aber durchaus möglich. Es ist angesichts des regierenden Papstes Johannes XII. auch vereinbar mit dem Wunsch Ottos, die Kirche vor Feinden und falschen Freunden zu schützen.

Nach der Krönung ließ der Kaiser – karolingischen Vorbildern folgend – den Papst einen Treueid leisten. Johannes mußte insbesondere schwören, daß er sich nicht mit Berengar verbinden werde. Das erlaubt den Schluß, daß nicht der Pontifex um Hilfe gegen Berengar gebeten hat und daß der Kaiser das mittlerweile wußte. Der *Imperator Augustus*, wie sich die Kaiser seit Ludwig dem Frommen nannten, war der weltliche Oberherr in Rom und im Kirchenstaat. Aber seit rund vierzig Jahren hatte es keinen Kaiser mehr gegeben, und Johannes XII. hatte bei seinem Vater, dem Patricius Alberich II. nur erlebt, daß er unbeschränkter Beherrscher der Ewigen Stadt war. Als Johannes den deutschen König krönte, rechnete er damit, daß sich Otto bald wieder zurückziehen würde. Aber darin hatte er sich getäuscht, wie er bald erkennen mußte.

Kaiser und Papst tauschten eine Reihe wertvoller Geschenke aus. Otto hielt sich noch einige Tage in Rom auf. Die Zeit wurde zu Verhandlungen genutzt, und die Ergebnisse traten bald zutage.

Die Kaiserkrönung hat die Stellung des Papstes gegenüber seinen Gegnern zweifellos sehr gehoben. Otto konnte deshalb von Johannes XII. viel erreichen. Zunächst bestätigte der Papst den neuen Erzbischof Friedrich von Salzburg und verbot dem geblendeten Herolt bei Androhung des Bannes weitere Amtshandlungen als Metropolit.

Am wichtigsten war für Otto, daß Johannes seinen Magdeburger Plänen während einer Synode in der Peterskirche am 12. Februar 962 zustimmte. Die Urkunde des Papstes hob die Siege des deutschen Königs über die Heiden besonders hervor. Otto erhielt die Genehmigung, das Erzbistum Magdeburg für die Slawenbekehrung zu gründen. Der Papst ließ dem Kaiser freie Hand bei der Gründung und Abgrenzung neuer Bistümer in den slawischen Gebieten. Das hieß mit anderen Worten, daß der Kaiser das Erzbistum Magdeburg und damit auch die politischen Grenzen mit Zustimmung des Papstes unbeschränkt nach Osten ausdehnen konnte. Otto hatte den Papst demnach völlig für seine Pläne gewinnen können, sodaß dieser die Erzbischöfe in Mainz, Köln, Trier, Hamburg und Salzburg verpflichtete, die kirchliche Neuordnung zu unterstützen. Das reiche Bistum Halberstadt sollte nach den jetzigen Plänen aber nicht mehr nach Magdeburg verlegt werden, sondern das neue

Erzbistum sollte aus dem Moritzkloster hervorgehen, das der Kaiser wohlbedacht kurz vorher mit einem Slawengau beschenkt hatte.

Ebenso wichtig wie die Unterstützung der Ostpolitik Ottos war eine Anordnung des Papstes für das westfränkische Reich während der gleichen Synode in Rom. Auf dem Erzbischofsstuhl zu Reims war der dem deutschen König zugetane Metropolit Artold verstorben. Reims war der geistige Mittelpunkt des Westreiches, soweit es noch in fränkischer Tradition stand. Deshalb war der dortige Erzbischofsstuhl für Otto sehr bedeutsam, zumal weil sich der lothringische Klerus den von Reims ausgehenden Einflüssen stets besonders aufgeschlossen zeigte. Er hätte sich von einem deutschfeindlichen Reimser Erzbischof leicht auf eine antideutsche Linie bringen lassen. Deshalb wollten Otto und sein Bruder Brun nach dem Tode Artolds die Fäden in der Hand behalten. Es gelang ihnen, den Metzer Domherrn Odelrich auf den vakanten Erzbischofsstuhl zu bringen, der die Gewähr für eine deutschfreundliche Kirchenpolitik gab. Papst Johannes bestätigte diese Neubesetzung der Reimser Kirchenprovinz auf Wunsch des Kaisers in der Synode am 12. Februar 962.

Diese Zugeständnisse honorierte Otto, indem er am folgenden Tag, dem 13. Februar 962, dem Papst ein Privileg, das berühmte und später heftig umstrittene *Ottonianum* ausstellte. Darin bestätigte der Kaiser, der auch im Namen seines Sohnes Otto II. sprach, dem Pontifex den Besitz des Kirchenstaates, den Pippin der Jüngere – den man fälschlich auch den Kleinen nennt – 754 dem Papst geschenkt hatte. Diese Schenkung hatten in der Zwischenzeit schon mehrere Karolinger – auch Karl der Große – bestätigt und teilweise erweitert. Das *Ottonianum* nennt als wichtigste Gebiete den Dukat von Rom, das Exarchat von Ravenna, die Sabina und das Herzogtum Spoleto. Dazu kam noch Streubesitz auf der ganzen Apenninen-Halbinsel bis nach Sizilien und diverse Steuereinnahmen. Die Päpstlichen hatten die Urkunde der Konstantinischen Schenkung herbeigeholt und sich mit ihrer Hilfe Gebiete angeeignet, die nie zum Kirchenstaat gehören konnten. Diese Urkunde, die wahrscheinlich

Mitte des 8. Jahrhunderts entstanden und erst im 15. Jahrhundert als Fälschung entlarvt worden ist, hat ebenso wie die gefälschten Pseudoisidorischen Dekretalen die Geschichte des Mittelalters wesentlich im päpstlichen Sinn beeinflußt.
Der Kaiser schränkte mit dem *Ottonianum* seine Herrschaft über Italien erheblich ein und erschwerte seine Herrschaftsausübung ganz beträchtlich. Der Papst aber konnte zufrieden sein, daß der mächtigste Fürst des Abendlandes seinen Besitz und seine Einkünfte garantierte.
Aber Otto fügte dem *Ottonianum* auch Verbindlichkeiten für die Wahl des Papstes und die Kompetenzen des Kaisers in Rom bei. Gerade die jüngste Zeit hatte doch gezeigt, wie sehr sich das Papsttum von der ursprünglich so oft beschworenen Zwei-Schwerter-Vorstellung des Papstes Gelasius I. aus dem 5. Jahrhundert entfernt hatte, nach der die Welt entsprechend Gottes Willen von zwei gleich großen und gleich bedeutenden Schwertern, dem kirchlichen des Papstes und dem weltlichen des Kaisers, regiert werden sollte. Seinem Vorbild Karl dem Großen entsprechend wollte Otto nun wieder mehr Herrschaft über den Papst gewinnen, weil er den Papst nach dessen eigenem Wunsch beschützen sollte und als Kaiser weltlicher Führer der römisch-katholischen Christenheit war. Zur Wahrnehmung der kaiserlichen Amtsgewalt sollte ein ständiger Vertreter seinen Sitz in Rom erhalten. Die Wahl des Papstes sollte künftig wieder streng kanonisch erfolgen, also durch den römischen Klerus und das römische Volk. Der Gewählte sollte aber seine Weihe erst erhalten, nachdem er vor dem kaiserlichen Gesandten einen Treueid auf den Imperator abgelegt haben würde. Damit wurde die von Lothar I. 824 erreichte Verpflichtung der Päpste gegenüber dem Kaiser erneuert. Vermutlich hat sich Johannes XII. gegen dieses Wiederaufleben des päpstlichen Treueides heftig gesträubt. Die Einflußnahme des Kaisers auf die Einsetzung des Papstes führte dann auch bald zur gründlichen Entzweiung zwischen Kaiser und Papst.
Das *Ottonianum* gehörte über die Jahrhunderte zu den umstrittensten Dokumenten der mittelalterlichen Geschichte, nicht zuletzt deshalb, weil das Original verlorenging und nur eine et-

was später angefertigte Prunkabschrift vorhanden ist, die zudem bis in die zweite Hälfte des 19. Jahrhunderts in den päpstlichen Geheimarchiven aufbewahrt wurde und der Forschung nicht zugänglich war. Das mit Purpur gefärbte und mit Goldtinktur beschriebene Pergament ist das älteste überlieferte Privileg eines Kaisers für einen Papst. Aber immer wieder tauchen Vermutungen auf, daß die Prunkhandschrift gegenüber dem Original verfälscht worden sei, daß ihr vor allem die Vorschriften über die Papstwahl und die Amtsbefugnisse des Kaisers in Rom erst später zur Zeit eines Papstes beigefügt worden seien, der dem Kaiser gefügiger war als Johannes XII. Otto hätte aber seine Zugeständnisse an den Papst nicht gegeben, wenn er nicht gleichzeitig seine Oberherrschaft in Rom hätte sichern können. Der junge Papst mag damit gerechnet haben, daß ihn diese Vorschriften kaum behindern würden, da er doch schon auf Petri Stuhl saß und der Kaiser außerdem in der Regel weit weg über den Alpen war.

Hader mit Päpsten und Römern

Aber der erste Streit zwischen Otto und Johannes entstand gar nicht um das *Ottonianum*, sondern um den Eid, den Otto vor seiner Krönung den Papst durch seine Abgesandten hatte leisten lassen. Unmittelbar nach Ausfertigung der Urkunden verließ der Kaiser Rom, um sich gegen Berengar und dessen Anhang zu wenden. Berengar hatte sich, ähnlich wie früher, in einem schwer zugänglichen Felsennest des Apennin südwestlich von San Marino verschanzt. Die zahlreichen Burgen, die die Streitkräfte Berengars besetzt hielten und die Otto vor seiner Krönung geflissentlich umgangen hatte, machten ihm nun erhebliche Schwierigkeiten. Die Männer des Kaisers konnten zwar verschiedene Festungen in Oberitalien bezwingen, aber Berengar und seinen Sohn Adalbert bekamen sie das ganze Jahr 962 über nicht zu fassen. Später gelang es immerhin, Adalbert aus Italien zu vertreiben. Er setzte sich nach dem von den Arabern beherrschten Korsika ab und nahm von dort nicht nur mit den Moslems in Fraxinetum Kontakt auf, sondern auch mit dem Papst in Rom. 956 waren die Verhandlungen zwischen dem Kalifen in Cordoba und Otto zu einem freundschaftlichen Ende gekommen; wie würden sich die Araber nun verhalten? Würde es Berengars Sohn gelingen, sie gegen den mächtigen deutschen König und Kaiser zu mobilisieren?

Otto versuchte mit gutem Erfolg, die Bischöfe des Landes für seine Sache zu gewinnen, indem er einigen von ihnen wichtige Privilegien erteilte. Möglicherweise erregte er damit bereits den Argwohn von Papst Johannes, der ohnedies allmählich merkte, daß er die selbständige Stellung seines Vaters Alberich neben Kaiser Otto niemals würde erreichen können. Es liegt deshalb nahe, daß Johannes darauf sann, wenigstens soviel wie möglich für sich zu retten.

Der Kaiser ließ sich in einigen Gebieten, die er soeben Berengar und dessen Anhang abgenommen hatte, den Untertaneneid leisten. Er verfuhr aber auch so in Bezirken, die er später entsprechend seinem Eid vor der Krönung und den Zusicherungen im *Ottonianum* an den Papst geben wollte. Es ging ihm darum, die Bewohner tunlichst von einem Rückfall zugunsten Berengars abzuhalten. Aber dieses Vorgehen säte Mißtrauen beim Papst, und Johannes entschloß sich eines Tages, dem Kaiser, der sich viel in Pavia aufhielt, eine Beschwerde zu übermitteln. Der Kaiser antwortete dem Papst ungehalten, er müsse doch wohl zuerst Berengar ganz besiegen und alle in dessen Besitz befindlichen Ländereien zurückerobern, ehe er das, was des Papstes sei, diesem übergeben könne. Um dem Papst seine Aufrichtigkeit zu beweisen, schlug er ein Gottesurteil in Form eines Zweikampfes zwischen kaiserlichen und päpstlichen Rittern vor – aber Johannes ging nicht darauf ein.

Otto hatte im Sommer 962 die Burg von Berengars Frau Willa auf der Insel San Giulio im Orta-See erst nach mühsamer zweimonatiger Belagerung überwinden können, und auch die Eroberung anderer Festungen kosteten ihn zermürbende Kämpfe. Deshalb forderte der Kaiser aus Deutschland Verstärkungen für seine Streitmacht an. Den Herbst und Winter verbrachte Otto zumeist in Pavia. Im Mai 963 entschloß er sich, mit der Belagerung Berengars im Apennin zu beginnen. Freilich war sein Elan, sich für den Papst einzusetzen, dahin, seit er aus aufgefangenen Briefen erfahren hatte, daß Johannes sich bemühte, sowohl die Ungarn wie den Kaiser von Byzanz gegen ihn aufzuhetzen. Dem Papst wäre offenbar jedes Mittel recht gewesen, sogar ein Bündnis mit den »Heiden«, um den kurz vorher ins Land gerufenen Helfer wieder loszuwerden. Mochte Otto den unbeschwerten Umgang des Papstes mit allerlei Frauen noch großzügig mit dessen Jugendlichkeit entschuldigen, so waren die Versuche, eine ganze Koalition gegen ihn in Marsch zu setzen, für den Kaiser durch nichts zu entschuldigen.

Wenn es dem Papst gelungen wäre, den byzantinischen Basileus gegen Otto aufzuhetzen, hätte für das Abendland eine höchst gefährliche Situation entstehen können. Konstantinopel aber befand sich nach dem überraschenden Tod von Romanos II. im März 963 bis August in einem Interregnum, bis der Feldherr Nikephoros Phokas das Regiment übernahm. Aber grundsätzlich bestanden die Kaiser von Byzanz seit Jahrhunderten auf ihrem Anspruch, in der Nachfolge ihrer römischen Vorgänger über alle Länder zu gebieten, über die jene geherrscht hatten. Dazu gehörten große Teile von Kaiser Ottos Reich. Selbst wenn es zutrifft, daß der milde und gelehrte Konstantin VII. mit der Erneuerung des westlichen Kaisertums durch Otto den Großen einverstanden gewesen wäre, so konnten seine Nachfolger völlig anderer Meinung sein und mit ihren Truppen in kurzer Zeit gegen Rom vorstoßen.

Erkundigungen Kaiser Ottos in Rom bestätigten zudem die Gerüchte, daß sich Berengars Sohn Adalbert auf Einladung des Papstes dort befand. Unter den Römern waren die Meinungen zwar geteilt, aber die Mehrheit stand doch auf der Seite des Papstes gegen den ihnen fremden Kaiser. Nur eine kleine Anzahl Adeliger zeigte offen, daß sie mit dem Verhalten des Papstes nicht einverstanden waren.

Nachdem Otto Berengars Burg bei San Marino bereits seit einigen Monaten vergeblich eingeschlossen hielt, brach er Ende September 963 mit einem Teil seiner Streitmacht gegen Rom auf, um den Treubruch des Papstes zu bestrafen und den Fortgang der gegen ihn gerichteten Intrigen aufzuhalten. Kurz bevor Otto am 2. November 963 wieder in die Stadt am Tiber einmarschierte, flohen der Papst und Adalbert und nahmen einen großen Teil des wertvollen Schatzes von St. Peter mit. Otto zog aus dem Scheitern seiner Beziehungen zu Johannes XII. Konsequenzen. Zunächst ließ er sich von den Römern Geiseln stellen. Außerdem mußten sie schwören, sie würden künftig nur noch einen Papst wählen oder seine Weihe zulassen, der die Zustimmung des Kaisers hatte. Damit verschärfte der Kaiser die im *Ottonianum* festgelegte Bestimmung über die Papstwahl durch die Römer derart, daß sie praktisch unter seiner Kuratel stand, wie die Wahl eines deutschen Bischofs. Er wollte sich und seinen Nachfolger vor einem ähnlichen Fiasko der Kirchenpolitik bewahren, wie er es soeben hatte erleben müssen. Wie widerwillig und unter welchem Zwang jedoch die Römer diesen Schwur leisteten, der ihnen ein wichtiges Recht nahm, das sollte sich bald zeigen.

Am 6. November 963 eröffnete der Kaiser in Rom eine neue Synode. Wenn wir dem Chronisten und Bischof Liudprand von Cremona glauben, so haben an dieser Kirchenversammlung nicht weniger als einundvierzig Erzbischöfe und Bischöfe teilgenommen – eine ungewöhnlich große Anzahl, zu der noch viele Erzpriester, Priester und Diakone aus Rom kamen. Wohlüberlegt ließ der Kaiser auch eine stattliche Anzahl römischer Adeliger zu der Synode zu, um die Verhandlungen auf diese Weise möglichst weit in die Öffentlichkeit hineinzutragen. Ganz gegen die Bestimmungen der pseudoisidorischen Dekretalen, die damals ja noch ernst genommen wurden, setzte sich der Kaiser an die Spitze einer Kirchenversammlung. Er wollte zweifellos nichts anderes erreichen als die Absetzung von Papst Johannes XII. Otto stellte also die Bestimmungen Pseudoisidors geradezu auf den Kopf, denn dort war festgelegt worden, kein Laie dürfe über einen Priester zu Gericht sitzen, der Stuhl Petri sei das höchste Tribunal auf Erden und stünde auch über allen weltlichen Gewalten. Aber Kaiser Otto der Große hatte offenbar die Macht und das Ansehen, diese Bestimmungen vor aller Welt beiseite räumen zu können.

Der Herrscher gab zunächst seiner Verwunderung Ausdruck, daß Papst Johannes nicht erschienen war – aber so überrascht wird er in Wirklichkeit wohl nicht gewesen sein. Johannes hielt sich in der nahen Campagna auf und wollte die Entwicklung lieber erst einmal abwarten. Der Kaiser forderte die anwesenden Synodalen auf, ihre Beschuldigungen gegen den Papst vorzubringen. Das gab dann ein stundenlanges Aufzählen aller wirklichen und vorgeblichen Fehltritte, ein Anklagen, Mißbilligen und Tadeln beinahe ohne Ende, bis alle Sünden des zu Verdammenden ans Tageslicht gezogen und mehrmals hin- und hergewendet waren. Schließlich veranlaßte der Kaiser, daß die Wahrheit aller Anklagepunkte – man soll auch über eine Klageschrift verfügt haben – mit den stärksten Gelöbnissen verbürgt wurde, denn dem Papst sollte kein Unrecht geschehen.

So sah man sich also für die weiteren Schritte wohl gerüstet und lud den Angeklagten zur nächsten Sitzung der Synode vor. Die wesentlichsten Beschuldigungen wie Totschlag, Meineid, Kirchenraub, Blutschande, Anrufung von Dämonen sowie einiges andere wurden ihm mitgeteilt, und er erhielt die Zusicherung, man werde ein gerechtes Urteil ausschließlich nach den geltenden Kirchengesetzen über ihn fällen. Für seine Reise nach Rom sollte Johannes freies Geleit erhalten.

Aber der Papst erschien auch zur zweiten Sitzung der Synode am 22. November nicht, sondern schrieb den versammelten Bischöfen nur kurz und bündig: »Wir haben davon gehört, daß Ihr einen neuen Papst wählen wollt. Wenn Ihr das tut, so banne ich Euch vor Gott dem Allmächtigen, sodaß Ihr künftig nicht mehr die Macht haben werdet, einen zu weihen und die Messe zu feiern.«

In einem Antwortschreiben wurde dem Papst die doppelte Verneinung in seiner Epistel als grober grammatikalischer Fehler vorgehalten und mit beißender Ironie die Frage aufgeworfen, ob die päpstliche Machtfülle sogar die grammatikalischen Lehrsätze der Alten außer Kraft setzen könne. Die Bannandrohung beeindruckte die Bischöfe in keiner Weise, wie schon aus diesem sprachlichen Diskurs deutlich wird. Das Prestige des Papstes war auf dem Nullpunkt angelangt. Es zeigte sich auch hier, daß der kirchliche Bann sehr stark mit dem Glauben verbunden war. Wer daran nicht glaubte, gegen den war der Bann wirkungslos, es sei denn, der Bannende hatte die Macht, materielle Benachteiligungen damit zu verbinden.

Die Synode versuchte, Johannes zu einer dritten Sitzung vorzuladen, aber er war nicht zu erreichen, da er für längere Zeit mit Pfeil und Bogen zur Jagd gegangen war. Am 4. Dezember 963 trat der Kaiser vor der Synode als Kläger gegen den Papst auf. Bischof Liudprand von Cremona war sein Dolmetscher. Der Herrscher beschuldigte Johannes des meineidigen Treubruches, da er einen inneren Krieg anzuzetteln versucht und sich dazu mit den Feinden des Reiches – den Ungarn und den Byzantinern – verbündet habe. Der Kaiser forderte die Synode auf, über diesen Papst ein Urteil zu fällen.

Die Bischöfe beschlossen, den Kaiser um die Ausstoßung von Papst Johannes XII. aus der römischen Kirche zu bitten, da dieser mit seinem Verhalten der gesamten Christenheit schade. An seiner Stelle solle der Imperator einen tugendhaften, rechtschaffenen Mann auf den Stuhl Petri setzen.

Der Kaiser bestätigte umgehend das Urteil und damit die Absetzung von Papst Johannes XII. und forderte die Bischöfe auf, einen neuen Papst vorzuschlagen. Liudprand berichtet, man sei sich sofort einig gewesen, daß Leo, der Kanzler der römischen Kirche, würdig sei, Papst zu werden. Schon zwei Tage nach der entscheidenden Sitzung der Synode wurde Leo VIII. in der Peterskirche zum höchsten Priester der Christenheit geweiht.

Die Wirren um den Stuhl Petri beantwortete der Kaiser mit einer beträchtlichen Erweiterung seines Einflusses auf das Kirchenregiment. Er setzte sich damit rigoros über ein Postulat der Kirche hinweg, das Karl der Große noch uneingeschränkt respektiert hatte: die Unantastbarkeit des Papstes durch weltliche Richter. Karl der Große hat zwar noch dogmatische und liturgische Entscheidungen für die Kirche getroffen, woran Otto ein reichliches Jahrhundert später nicht mehr denken konnte. Aber in politischer Hinsicht sicherte sich Otto gegenüber dem Papst die gleichen Rechte wie gegenüber den deutschen Bischöfen.

Der Dezember 963 brachte dem Kaiser noch weitere Erfolge: Sowohl die Burg zu Garda in Oberitalien als auch Berengars Burg bei San Marino fielen Otto endlich in die Hände. Damit waren wohl alle feindlichen Burgen in deutschem Besitz, mit einer einzigen Ausnahme, der Festung im Comersee, die sich noch bis Ende 964 halten konnte. Der Kaiser schickte Berengar und seine Frau Willa in die Verbannung nach Bamberg. Dort lebte Berengar noch bis 966 in der Burg des Königs, die wohl gegen 900 von den Babenbergern auf dem heutigen Domberg errichtet worden war.
Obwohl Otto nun das Langobardenreich fast vollständig beherrschte, vermied er es, der Bevölkerung weitgehende Veränderungen und Neuerungen aufzunötigen. Der Kaiser bestellte deshalb für seine italienischen Reichsgebiete einen eigenen Kanzler und eigene Notare, die mit den Verhältnissen vertraut waren und ihn beraten konnten.
Nördlich der Alpen hatten sich während Ottos Abwesenheit einige Dinge anders entwickelt, als er es sich vorgestellt hatte. Im Jahre 962 war der neue Bischof Adalbert von seiner Reise nach Kiew ohne jeden Erfolg zurückgekehrt. Seit im Jahre 959 eine Delegation aus Kiew den König um die Entsendung von Missionaren gebeten hatte, hatten sich die Chancen der römischen Kirche erheblich verschlechtert, während die byzantinische Kirche ihren Einfluß auf Kiew hatte stärken können. Die Großfürstin Olga hatte sich 955 in Konstantinopel zwar für das Christentum entschieden, sich aber mit Kaiser Konstantin VII. Porphyrogenetos nicht über die Modalitäten der Entsendung von Missionaren einigen können. Darauf war ihr Wunsch an König Otto zurückzuführen gewesen. Nach dem Tod Konstantins hatten sich in Konstantinopel die Verhältnisse nun so geändert, daß man es in Kiew erneut mit der byzantinischen Kirche versuchen wollte. Bischof Adalbert hatte seine Reise deshalb vergeblich unternommen, aber es war beinahe ein Wunder, daß er von dem weiten Weg durch die Gebiete vieler fremder, feindlicher Völker wieder lebend zurückkehrte. Von seinen Begleitern mußten allerdings einige ihr Leben lassen.

Der ewig unzufriedene Wichmann wollte im Jahre 962, als der König länger als erwartet nicht aus Italien zurückkehrte, sein Glück noch einmal versuchen. Seinen Unterwerfungseid von 958 schob er kurzerhand beiseite und zog zu König Harald Blauzahn nach Dänemark, um ihn für den Kampf gegen seinen Onkel, Herzog Hermann Billung, zu gewinnen. Der Däne spielte jedoch nicht mit, obgleich es ihm zweifellos ein Vergnügen gewesen wäre, sein Land wieder mehr nach Süden auszudehnen. So blieb Wichmann diesmal auf sich allein gestellt. Herzog Hermann fiel es unter diesen Umständen nicht schwer, ihn in die Enge zu treiben. Wichmann mußte sich schließlich zu Markgraf Gero flüchten und erneut um einen Frieden mit den Königlichen bitten. Seine Glaubwürdigkeit war inzwischen reichlich angeschlagen.

Gero versuchte das Problem zu lösen, indem er Wichmann für die Interessen des Kaisers einspannte und ihn mit dem Auftrag zu den Redariern schickte, diese für einen Kampf gegen die Slawen östlich der Oder – die nachmaligen Polen – zu mobilisieren. Wichmann konnte den Mieszko 963 zweimal schlagen. Gero gelang gleichzeitig die Unterwerfung der Lausitzer, die wohl mit den Polen verbündet waren. Das führte schließlich zu einem Vertrag zwischen Mieszko und Gero, der den Polen verpflichtete, für sein Land bis zur Warthe Tributzahlungen an den deutschen König zu leisten. Damit kam das Gebiet zwischen Oder und Warthe erstmals unter die Oberhoheit eines deutschen Königs. Für Mieszko war das allerdings nur etwa ein Fünftel oder ein Sechstel seines riesigen Reiches, wie ein Reisebericht des Juden Ibrahim-ibn-Jakub aus dem Jahre 965 erkennen läßt. Mieszko galt seit dem Vertrag von 963 als »Freund« des deutschen Königs. Otto griff also erneut auf Gepflogenheiten Karls des Großen zurück, die dieser seinerseits von den Römern übernommen hatte. Ein »Freund« war zwar souverän, aber doch vertraglich zu einer freundschaftlichen Haltung und zu gewissen Leistungen verpflichtet.

Das Jahr 963 war für Kaiser Otto trotz mancher Rückschläge doch so positiv verlaufen und die Verhältnisse in Italien schienen so gefestigt, daß er im Dezember einen wesentlichen Teil seiner Streitkräfte in die Heimat entließ. Aber wie falsch hatte Otto seine Lage beurteilt. Kaum hatte der abgesetzte Papst Johannes von Ottos Truppenreduzierung gehört, sandte er Boten nach Rom, um die Römer zum Mord an Kaiser und Papst aufzuhetzen. Dafür versprach er reichen Lohn aus dem Schatz von St. Peter.

Die Römer, in ihrem Stolz durch Otto gekränkt und von den Versprechungen des Johannes verlockt, bereiteten tatsächlich einen Aufstand vor. Am 3. Januar 964 brachen die Kämpfe aus. Die Tiberbrücke versperrten die Rebellen mit quergestellten Wagen, um Kaiser und Papst an einer Flucht zu hindern. Aber Otto war offenbar doch nicht ganz unvorbereitet gewesen und trieb mit seinen verbliebenen Soldaten die Römer »wie Jagdfalken einen Vogelschwarm ohne Widerstand in die Flucht«, berichtet Liudprand. Die Aufständischen wurden bis in die Abwasserkanäle und sonstigen Schlupfwinkel verfolgt; so wurde die Rebellion völlig niedergeschlagen.

Am folgenden Tag stellten die Römer dem Kaiser hundert Geiseln und gelobten aufs neue Frieden. Die Geiseln gab Otto wenige Tage später auf Bitten Papst Leos VIII. wieder frei, um dessen Ansehen bei den Römern zu festigen. Mit der gleichen Absicht übergab er Leo auch eine Reihe von Städten, die er Berengar abgenommen und die Johannes vorher schon ungeduldig begehrt hatte.

Am 11. Januar 964 verließ der Kaiser die Stadt am Tiber, um in den nördlichen Marken nach Adalbert zu fahnden, der aber schon wieder nach Korsika gegangen war. Die Römer bewiesen immer wieder, wie wenig ihre Schwüre wert waren – allerdings waren es stets erzwungene Schwüre. Jetzt nutzten sie die Abwesenheit des Kaisers zu einem erneuten Aufstand. Die Mätressen des verjagten Johannes hatten ihre Hände kräftig mit im Spiel, denn würde ihr Galan erst wieder auf dem Stuhle Petri sitzen, könnten sie sich wieder aus dem Kirchenschatz bereichern. Papst Leo VIII. mußte im Februar Rom fluchtartig verlassen, und Johannes konnte erneut in den Lateran einziehen.

Am 26. Februar eröffnete Johannes sogleich eine Synode, in der er die Beschlüsse der von Otto im November 963 einberufenen

Kirchenversammlung für ungültig erklären und seinen Rivalen Leo VIII. exkommunizieren ließ. Einige Bischöfe, die Leo mitgeweiht hatten, taten nun dafür Buße. Johannes war jetzt über Ottos Italienzug offenbar so wütend, daß er die Gesandten, die den deutschen Herrscher 960 zu Hilfe gerufen hatten, mit blinder Rachsucht verfolgte: dem einen wurden Zunge, Nase und die Schwurfinger abgeschnitten, dem anderen hackte man die ganze rechte Hand ab. Die beiden hatten 960 den deutschen König wohl tatsächlich gegen den Willen von Johannes XII. gerufen, und es ist nur verwunderlich, daß der Papst so lange mit seiner Rache gewartet hat.

Bischof Otgar von Speyer, den der Kaiser als seinen Statthalter in Rom zurückgelassen hatte, ließ Johannes zunächst geißeln und foltern, dann schickte er ihn, sprunghaft wie er war, als Boten zum Kaiser, mit dem er sich plötzlich wieder verständigen wollte. Es war ihm natürlich klar, daß er sich auf längere Zeit nicht gegen den Willen des Kaisers auf dem apostolischen Stuhl würde halten können.

Ehe der Kaiser noch etwas gegen den sich in Rom wieder wild seinen Vergnügungen hingebenden Johannes unternehmen konnte, fand dieser ein für ihn kennzeichnendes Ende: Bei einem seiner vielen Liebesabenteuer, diesmal mit einer verheirateten Frau, traf den Sechsundzwanzigjährigen ein Gehirnschlag, an dessen Folgen er am 14. Mai 964 starb. Niemand gab dem Sterbenden die letzten Tröstungen der Kirche, der er so schlecht gedient hatte – im Gegenteil: Es fehlte nicht an Stimmen, die in dem Tod des Papstes ein Gottesurteil sahen.

Die Römer sandten zu Otto und schlugen ihm den Kardinalsdiakon Benedikt als neuen Papst vor, weil sie bei einer Rückkehr Leos Strafen für seine Vertreibung fürchteten. Der Kaiser verweigerte den Römern seine Zustimmung zur Wahl des wohlangesehenen Benedikts, weil er Leo VIII., der bei ihm Schutz gefunden hatte, wieder einsetzen wollte. Obwohl der Kaiser nur zwei Tagesmärsche von Rom entfernt war, widersetzten sich die Römer seinem Spruch und hoben ihren Kandidaten nach einer stürmischen und widerspruchsvollen Wahl auf den Stuhl Petri. Daraufhin rückte Otto mit seinen Streitkräften vor die Mauern der Ewigen Stadt und begann, als man ihn nicht einließ, eine Belagerung. Er hatte inzwischen neue Truppen aus den deutschen Landen erhalten, darunter ein ansehnliches Kontingent schwerer Panzerreiter aus Lothringen unter Herzog Gottfried. Benedikt V. bedrohte den Kaiser und seine Männer von den Mauern Roms herab mit dem kirchlichen Bann, denn es war ihm klar, welche Folgen der Fall der Stadt für ihn haben würde. Aber er wollte auch die Unabhängigkeit des Papsttums gegen die kaiserliche Bevormundung verteidigen. Der Hunger der Römer öffnete dem Kaiser schließlich die Tore, und er konnte am 23. Juni 964 zum dritten Mal in die Ewige Stadt einziehen.

Der wieder eingesetzte Leo VIII. berief eine weitere Kirchenversammlung ein, in der nun Benedikt seiner Würden entkleidet wurde. Liudprand und Adalbert von Weißenburg beschreiben diese Absetzung, bei der der Kaiser anwesend war, höchst dramatisch, aber ihre Darstellungen weichen voneinander ab. Benedikt sei, mit seinen päpstlichen Gewändern bekleidet, vor die Synodalen geführt und dort gefragt worden, nach welchem Recht er sich die päpstlichen Würden angemaßt habe. Da Benedikt um Gnade und Verzeihung bat, bat auch der Kaiser unter Tränen – so Liudprand – um Milde für den Angeklagten. Leo VIII. zerbrach zum Zeichen der Beendigung von Benedikts Pontifikat dessen Bischofsstab und zeigte die Stücke den Anwesenden. Dann befahl er Benedikt, sich auf den Boden zu setzen, und entkleidete ihn der päpstlichen Gewänder. Er nahm ihm zunächst alle bischöflichen und priesterlichen Würden. Weil aber der Kaiser für den Angeklagten sprach, weihte er ihn wieder zum Diakon. Da der Kaiser mit Johannes so schlechte Erfahrungen gemacht hatte, verbannte er den ungleich ehrenhafteren Benedikt V. zu Erzbischof Adaldag nach Hamburg, um eine Rückkehr nach Rom möglichst zu erschweren. In dem fremden Land ist Benedikt schon ein Jahr später gestorben.

Otto wollte ursprünglich bald nach seiner Kaiserkrönung wieder in die Heimat zurückkehren. Nun weilte er schon bald vier Jahre in Italien und hatte bereits zweimal Truppenverstärkung aus der Heimat nachfordern müssen. Glücklicherweise hat

während seiner bisherigen Abwesenheit in den deutschen Landen Ruhe geherrscht, von Wichmanns kurzem Aufstand abgesehen. Aber wie würden sich die Dinge entwickeln, wenn er über die Alpen nach Norden ziehen würde? Schließlich konnte er nicht seinen ständigen Sitz in Rom nehmen, denn seine Heimat war für ihn nach wie vor die Basis seines Wirkens, wenn er auch sehr stolz war, daß ihm die Inbesitznahme von Rom wie ehedem Karl dem Großen gelungen war.
Um seine Herrschaft in der Ewigen Stadt zu sichern, führte Otto wieder das Amt des Stadtpräfekten ein. Papst Leo VIII. hatte offenbar das volle Vertrauen des Kaisers, denn der Präfekt wurde ihm unterstellt. Eine Woche nach seinem Einzug in Rom verließ Otto die Stadt bereits wieder und zog mit seinen Truppen nach Norden, um der Sommerhitze in Rom zu entgehen. Trotzdem ereilte die Kaiserlichen das Schicksal, das so manchem deutschen Heer auf der Apenninen-Halbinsel widerfuhr: Eine verheerende Seuche – man spricht von der Pest – brach unter den Männern aus, und neben zahlreichen Kriegern fielen ihr auch Herzog Gottfried von Niederlothringen, Erzbischof Heinrich von Trier und der Abt von Weißenburg zum Opfer. »Die Gesunden hatten am Morgen wenig Hoffnung, den Abend noch lebend zu erreichen«, schreibt ein Chronist.
Im Herbst erholte sich der Kaiser bei der Jagd in Ligurien von den überstandenen Strapazen. Zu dieser Zeit fiel auch noch die letzte Burg von Berengars Anhängern auf einer Insel im Comersee in die Hände der Kaiserlichen. Otto konnte sich nun als Beherrscher eines befriedeten Nord- und Mittelitalien fühlen. Er beauftragte den Bischof Liudprand von Cremona, einen Bericht über seinen Krönungszug und seine Taten in Italien abzufassen. Als instinktsicherer Politiker war Otto darauf bedacht, sein Wirken den Zeitgenossen und der Nachwelt in seinem Sinn darzustellen. Liudprand, der bereits in seiner Antapodosis – seinem »Buch der Vergeltung« – gezeigt hatte, daß er ganz auf der Seite des Kaisers stand, war für diese Aufgabe der richtige Mann. Spätere Geschichtsschreiber benutzten seine Aufzeichnungen als wichtige Quelle, aber mit der Vorsicht, die dem propagandistischen Charakter dieses Werkes angemessen war.

Der Kaiser feierte Weihnachten 964 zusammen mit seiner Gemahlin noch in seiner neuen Pfalz zu Pavia und brach dann bald zu seiner Heimreise auf. Es ist beachtenswert, daß er mitten im Winter über die Alpen ritt. Er benutzte den Lukmanierpaß, über den damals etwa die Grenze zwischen Italien und dem Herzogtum Schwaben verlief. Den Rhein hinunter kam Otto gut nach St. Gallen, wo der von ihm 958 investierte Abt Burchard I. wirkte. Er trug den Beinamen »der Ungeborene«, weil seine Mutter bereits tot war, als er durch einen Kaiserschnitt entbunden wurde. Nach dem Glauben der damaligen Zeit waren derartige Menschen mit besonders reichen Gaben ausgestattet, und Abt Burchard ragte tatsächlich durch Gelehrsamkeit hervor. Nach St. Gallen machte der Kaiser im Kloster Reichenau im Bodensee Station. Seit seinem Italienzug fühlte sich Otto nicht mehr nur als Beschützer der kirchlichen Einrichtungen, sondern als ihr eigentlicher Herr. Da er zwei Päpste abgesetzt und einen seiner eigenen Wahl eingesetzt hatte, besaß er weit mehr als früher die Autorität, in den Klöstern nach dem Rechten zu sehen und die Mönche zu Arbeit und Sittenstrenge anzuhalten.
Trotz aller Verfallserscheinungen des Mönchtums, die die cluniazensische Reform provoziert haben, gelang es den Benediktinern, getreu dem alten mönchischen Ideal »bete und arbeite«, gegen die aus der Antike überkommene Geringschätzung der Arbeit und der Arbeitenden einen neuen, sittlichen Wert der Arbeit zu etablieren. Die benediktinische Regel schrieb den Mönchen neben vier bis fünf Stunden religiösem Dienst pro Tag auch sieben Stunden Handarbeit vor. So wurden alle Klöster damals zu landwirtschaftlichen und handwerklichen Musterbetrieben, von denen die Bauern und Handwerker viel lernten. Die Benediktiner, die zu jener Zeit die einzigen organisierten Mönche waren, haben sehr viel zum Fortschritt der Bodenbearbeitung, der Obst- und Gemüsezucht, der Anwendung der Heilpflanzen und der Heilkunde, der Bautätigkeit usw. getan. Auch zur Vergrößerung der landwirtschaftlichen Anbau-

flächen und des menschlichen Siedlungsraumes haben die Benediktiner durch Rodung von Waldflächen beigetragen.
Auf seiner Weiterreise wurde der Kaiser an der Grenze zwischen Alemannien und Franken im Dorf Heimsheim (zwischen Stuttgart und Pforzheim) von seinen Söhnen König Otto und Erzbischof Wilhelm erwartet, wie Adalbert von Weißenburg berichtet. Die Grenzen zwischen Ländern, Herzogtümern und anderen Territorien waren damals keine exakt gezogenen Linien wie heute, sondern meist nur breite Streifen »Niemandsland«, auf denen gelegentlich gekämpft wurde, deren Besitz aber nicht genau geregelt war. Die Grenze zwischen Franken und Schwaben wurde jedoch zu Beginn der sechziger Jahre von der königlichen Kanzlei in einigen Urkunden mehr als früher präzisiert (H. Maurer). Der Kaiser mag seinen neunjährigen Sohn Otto prüfend gemustert haben, denn er hatte ihn doch fast vier Jahre nicht gesehen, und aus dem Kleinkind war nun ein selbstbewußter Knabe geworden. Dem Vater lag das Wohlergehen des heranwachsenden Thronfolgers natürlich sehr am Herzen, obgleich zur Erhaltung des Geschlechtes auch noch sein Enkel Otto von seinem Sohn Liudolf da war. Erzbischof Wilhelm wäre als Nachfolger seines Vaters in Anbetracht seiner Herkunft von einer slawischen Mutter nicht in Betracht gekommen.
Mit seiner Gemahlin und seinen beiden Söhnen zog der Kaiser weiter nach Worms, wo sie Erzbischof Brun trafen, der seinem Bruder über die Ereignisse in Lothringen berichtete. In Sachsen hatte Brun kurz vorher zu Soest eine erzbischöfliche Pfalz gegründet, von der heute noch Reste zu sehen sind. Auf ihrem gemeinsamen Ritt vereinbarten Otto, Brun und Wilhelm dann für die nächste Zeit ein großes Familientreffen in Köln.
Aus Italien erhielt der Kaiser in diesen Tagen schlechte Nachrichten. Papst Leo VIII. war unerwartet im März 965 gestorben, und um die gleiche Zeit, aber anscheinend ohne inneren Zusammenhang, begannen einige langobardische Granden gegen den Kaiser zu konspirieren. Die Römer schickten, wie es ihr Eid verlangte, eine Gesandtschaft an den Kaiser nach Deutschland und schlugen die Restitution Benedikts V. vor,

der zu dieser Zeit noch in Hamburg lebte. Dadurch entstand eine längere Sedisvakanz.
Die langobardischen Verschwörer, unter denen sich auch einige Bischöfe befanden, setzten zwar auch eine Gesandtschaft in Marsch, aber in eine ganz andere Richtung: Sie wollten den vertriebenen Adalbert wieder bei sich haben, denn er schien ihnen der richtige Führer für einen Aufstand gegen den Kaiser zu sein. Als Otto in Deutschland von der neuen Rebellion erfuhr, sandte er Herzog Burchard III. von Schwaben mit einer Streitmacht nach Oberitalien. Im Juni 965 gelang es Burchard, dem Aufstand ein Ende zu bereiten.
Ein bitterer Verlust traf den Kaiser mit dem Tod von Markgraf Gero am 20. Mai 965. Der große, tapfere Mann war Otto seit seinem Regierungsantritt zur Seite gestanden, und er hatte wesentlich zur Ausdehnung des deutschen Reiches nach Osten bis zur Oder beigetragen. In zeitgenössischen Berichten über seine letzten Lebensjahre war er wie Hermann Billung wiederholt als Herzog bezeichnet worden. Adalbert preist Gero in seiner Chronik als »den besten und vorzüglichsten unter den Markgrafen unserer Zeit«, und Widukind charakterisierte ihn bei früherer Gelegenheit als »mit einer Fülle vortrefflicher Eigenschaften ausgezeichnet, kriegserfahren und ebenso reich an Rat für Friedenszeiten, zwar nicht ohne Beredsamkeit, aber doch einer von denen, die ihre Klugheit lieber durch Taten als durch Worte beweisen. Er war zielbewußt und freigebig und – was das beste war – ein eifriger Diener Gottes.« Gero hatte seine Gläubigkeit nicht nur durch zwei Wallfahrten nach Rom bewiesen, sondern 961 auch durch die Gründung eines Frauenklosters am Nordrand des Harzes, das nach ihm Gernrode benannt wurde. Die Witwe seines früh verstorbenen Sohnes setzte er dort als Äbtissin ein. Geros Leben war von dem Wunsch bestimmt, das Christentum auszubreiten, und seine Eroberungen waren immer auch Erwerbungen für den christlichen König, dessen wichtigste Aufgabe es war, die Ungläubigen zum Christentum zu bekehren. Gero wird auch im Nibelungenlied zu den besten Recken gezählt, »von großer Kraft und Kühnheit, in allen Kämpfen unverzagt«.

Mitte Mai 965, zu Pfingsten, konnte der Kaiser nach langer Zeit im stattlichen Köln wieder einen Reichstag halten. Die glückliche Rückkehr aus Italien sowie die neue kaiserliche Würde Ottos gaben dem Treffen eine besondere Bedeutung. Ruotger schreibt darüber: »Als nun bei seinem gottgefälligen Tun der König im dreißigsten Jahr seiner Regierung und sein Bruder noch nicht oder kaum vierzigjährig im zwölften seines Bischofsamtes standen, feierten sie das Heilige Pfingstfest in Köln, zusammen mit der erlauchten Mutter, ihrer königlichen Schwester (Gerberga, die Witwe des französischen Königs Ludwig IV.), mit den königlichen Neffen und Söhnen (König Otto II. und König Lothar III. von Frankreich) und mit der ganzen von Gott geliebten Familie und allen Großen des Reiches, und während der heiligen Festfeier bedachten sie einander mit so großen Ehren, wie Sterblichen sonst nie gewährt wurden. Es ist nämlich sicher, daß keine Stätte jemals durch solche Feierlichkeit und Glanz von Menschen jeglichen Geschlechtes, Alters und Ranges ausgezeichnet worden ist.«
Auch Mathilde, die Tochter des Kaisers, und zwei seiner Neffen, der zweite Sohn Gerbergas und der junge Herzog von Bayern, waren in Köln. Trotzdem war die Familie nicht vollzählig versammelt. Es fehlte Ottos zweite Schwester, Hadwig, die Witwe des kapetingischen Herzogs Hugo von Franzien mit ihren Söhnen, die wieder einmal mit König Lothar über Kreuz waren. Auch der Mainzer Erzbischof Wilhelm, Ottos vorehelicher Sohn, der während der vorangegangenen Monate so oft in der Nähe seines Vaters gewesen war, kam nicht nach Köln. Es mochte ihn schmerzen, daß er nicht so ganz zu dem Familienkreis gehörte. Zweifellos hat er seine slawische Mutter nie vergessen, denn mehrmals ist festzustellen, wie er zugunsten der Slawen interveniert hat. Sosehr Wilhelm auch die Bekehrung der östlichen Völker gewünscht hat, so brachte er doch dem Freiheitsdrang der Angehörigen seiner Mutter mehr Verständnis entgegen als sein Vater, Herzog Hermann, Markgraf Gero und all die anderen. Und trotz seiner Frömmigkeit gehörte Erzbischof Wilhelm bestimmt nicht zu denen, die in den Slawen Unmenschen und Genossen des Teufels sahen.

Vielleicht war dies auch die Ursache, weshalb sich Wilhelm zu den Plänen seines Vaters zur Gründung des Erzbistums Magdeburg immer wieder querlegte. Vielleicht wollte er selbst der gute Hirte der Slawen werden, sah darin eine ihm vom Schicksal gestellte Aufgabe? Als der Kaiser nach dem Kölner Reichstag nach Magdeburg zog, um auch hier einen Reichstag zu halten, war er jedoch fest entschlossen, die Gründung des Erzbistums Magdeburg weiter voranzutreiben. Er hatte die Zustimmung des Papstes aus dem Jahre 962 zu diesem Plan und ließ nun dem Moritzkloster zur Vorbereitung seiner Umwandlung in das Erzstift große und interessante Schenkungen zugehen. Der Kaiser überließ dem Kloster die Zollerträge und das Münzrecht, wie er das 937 und 942 schon bei anderen Klöstern getan hatte. Erstmals wird in den Quellen auch vom Marktrecht gesprochen, das wie das Münzrecht der Stadt einen großen Aufschwung des Handelsverkehrs brachte. Daß der Kaiser dieses Privileg verlieh, war eine der wichtigsten Grundlagen der Magdeburger Handelsgeschichte. In der Folge davon konnte die Schiffahrt auf der Elbe eine zunehmend wichtigere Rolle für die Stadt spielen. Der Kaiser verlieh dem Moritzkloster auch die Gerichtsbarkeit – Bann und Immunität – und unterstellte ihm die Juden und alle Kaufleute. Zu den Schenkungen des Kaisers an das Kloster kam 966 auch das sogenannte Hagenmünster in Mainz, mit dem unter anderem eine Fährgerechtigkeit, das heißt eine Rheinüberfahrt verbunden war, die viel benutzt wurde und damit reichen Gewinn brachte. Was sich hinter dem Namen »Hagenmünster« verbarg, ist heute allerdings unbekannt.
Der Kaiser schätzte wohl das Akzept des von ihm abgesetzten Papstes Johannes XII. zu den Magdeburger Plänen selbst nicht sehr hoch ein, denn er wich auch jetzt wieder vor dem Einspruch des Halberstädter Bischofs Bernhard und dem stummen Protest seines Sohnes Wilhelm zurück. Otto wollte nicht vor aller Welt gegen die kanonischen Bestimmungen verstoßen, sondern faßte sich weiter in Geduld.
Geros Markgrafschaft mußte rasch wieder besetzt werden, wollte man nicht neue Aufstände der Slawen provozieren. Ot-

to war wohl der Meinung, das Gebiet Geros sei durch die verschiedenen Eroberungen zu groß geworden, als daß er es einem einzigen Nachfolger hätte anvertrauen können. Die Region mußte dem Druck der Slawen standhalten und durfte gleichzeitig nicht zur Keimzelle einer neuerlichen Opposition gegen den Herrscher werden. Otto entschied sich für eine sehr radikale Lösung und teilte im Juli von Magdeburg aus Geros Mark in nicht weniger als sechs Teile. Es entstanden die drei Marken Meißen, Zeitz und Merseburg. Im Nordwesten davon bildete er um Aschersleben an der unteren Saale ein Gebiet, im Nordosten faßte er Bezirke im Nordthüringau, in der sächsischen Ostmark und in der Lausitz zusammen, und weiter nördlich bildete er die Nordmark, die spätere Altmark mit dem Gebiet der Heveller um das heutige Brandenburg. Der Kaiser übertrug jedem der Nachfolger für sein Gebiet die markgräflichen Rechte, die zuvor Gero besessen hatte.

Otto hatte Ende Juni, vermutlich auf Vorschlag Erzbischof Adaldags, den drei dänischen Suffraganbistümern von Hamburg-Bremen alle Abgaben erlassen. Dieser großzügige Akt war wohl Ottos Belohnung dafür, daß der dänische König Harald Blauzahn das Christentum angenommen hatte. Die Bistümer Aarhus, Schleswig und Ripen mußten trotzdem weiter hart gegen den alten Glauben der Nordmänner kämpfen, an dem diese zäh festhielten. Die Missionare hatten es im Norden besonders schwer, weil der neue Glaube von den Deutschen kam, denen man hier mißtrauisch und feindselig begegnete. Daß sich König Harald Blauzahn hatte taufen lassen, konnte der christlichen Mission in Jütland vielleicht manche Tür öffnen, aber so sicher war es nicht, ob sich die Fischer und Bauern nicht eher von ihrem König als von ihren Göttern distanzieren würden. Die Befreiung der Bistümer von den Abgaben an die Reichskirche war jedenfalls eine wichtige Unterstützung der Bemühungen auf den vorgeschobenen Missionsposten. Ob Otto die Oberhoheit über Dänemark hatte, ist unklar; auf die kirchliche Verwaltung hat er sicher großen Einfluß gehabt. Aber es scheint so, daß Harald Blauzahn zu jener Zeit Tribut an den Kaiser zahlte, womit dann ein Lehnsverhältnis bestanden hätte.

Für Kaiser Otto, den eifrigen Vorkämpfer des Christentums, war die Bekehrung des Dänenkönigs von großer Bedeutung. Widukind von Corvey erzählt dazu eine Episode, die allerdings nur dem Wunderglauben der damaligen Zeit entsprungen sein kann. Bei einem Gastmahl soll es zum Streit über die Fähigkeiten der verschiedenen Götter gekommen sein. Die Dänen ließen Christus zwar als Gott gelten, meinten aber, es gäbe andere Götter, die mehr Macht hätten, da sie den Menschen größere Zeichen und Wunder kundtäten. Dagegen erklärte ein Geistlicher namens Poppo, es gebe nur den einen christlichen Gott, das andere seien Götzen und Dämonen, jedoch keine Götter. König Harald Blauzahn forderte den Kleriker zu einem Beweis für seinen Glauben auf. Dazu erklärte sich Poppo bereit. Am folgenden Tag ließ der König ein großes Stück Eisen erhitzen und befahl Poppo schließlich, das glühende Metall mit seinen Händen zu tragen. Ohne langes Überlegen habe Poppo das Eisen in seine Hände genommen und so lange festgehalten, wie der König wollte. Hernach zeigte er allen seine unverletzten Hände. Der König ließ sich nun christlich taufen und befahl seinen Untertanen, die Götzen zu verwerfen. So erzählt Widukind – der Kaiser soll Poppo hernach zum Bischof von Schleswig erhoben haben.

Über dem monatelangen Tauziehen um die Nachfolge auf dem apostolischen Stuhl war der von den Römern gewünschte Benedikt V. am 4. Juli 965 in Hamburg gestorben. Der Kaiser sandte die Bischöfe Otger von Speyer und Liudprand von Cremona als seine Beauftragten nach Rom, und auf seinen Wunsch wurde endlich ein halbes Jahr nach dem Tod Leos VIII. der Bischof Johannes von Narni als Johannes XIII. am 1. Oktober 965 zum Papst geweiht. Damit saß ein Anhänger Ottos auf dem Stuhle Petri.

Ähnlich wie vorher in Magdeburg dem Kloster, verlieh der Kaiser im August in Hamburg dem Bischof das Recht, in Bremen einen Markt abzuhalten, den Gerichtsbann zu verhängen und das Zoll- und Münzrecht wahrzunehmen. In Magdeburg wie in Hamburg wurde zwar längst Handel getrieben, aber Otto stellte die Kaufleute unter seinen besonderen königlichen

Schutz, »ein Gebot, mit eigener Hand gezeichnet und mit dem Aufdruck Unseres Siegelringes bestätigt«, wie es in der in Merseburg ausgestellten Urkunde vom 10. August 965 heißt.
Als der Bruder Ottos, Brun, im Alter von vierzig Jahren am 11. Oktober 965 starb, bedeutete das einen großen Einschnitt für Leben und Wirken des Kaisers. Seit Otto 951 Brun zum Erzkapellan ernannt hatte, hatte er sich bei seiner Regierungsarbeit mehr und mehr auf die Ideen und Ratschläge des Kölner Erzbischofs gestützt. Trotz seiner verinnerlichten christlichen Gesinnung war Brun kein engstirniger Frömmler, sondern ging zeitlebens auch literarischen und philosophischen Interessen nach, wodurch er sich den Angriffen streng orthodoxer Kleriker aussetzte, wie sein Biograph Ruotger berichtet. Seit Brun auf dem Kölner Erzbischofsstuhl saß und seit sich gleichzeitig Liudolf und Konrad der Rote gegen den König erhoben hatten, war deutlich zu beobachten, wie König Otto die Bischöfe immer stärker zu politischen Aufgaben heranzog. Es gab gegen diese Verquickung von kirchlichen und politischen Funktionen Widerstände, die vor allem von den Mainzer Erzbischöfen Friedrich und seinem Nachfolger Wilhelm, aber auch vom Salzburger Metropoliten Herolt ausgingen. Gegen den starken und zähen Willen des Königs kam diese Opposition auf die Dauer nicht auf. Dabei war es für den durch den liudolfinischen Aufstand hart angeschlagenen König ein entscheidender Vorteil, daß er mit Unterstützung seines Bruders Brun die Verbindungen zu den Bischöfen so eng gestalten konnte – sein Sohn Wilhelm hätte sich dazu bestimmt nicht bereit gefunden. Brun wurde wegen seiner kirchlichen und weltlichen Doppelfunktion viel angefeindet, und der lothringische Adel akzeptierte den Stammesfremden nur widerwillig. Aber durch die Einsetzung königstreuer Bischöfe in Lothringen ist es Brun gelungen, das Herzogtum enger an Ottos Reich zu binden und den Trend zum Westreich zu dämpfen. Vielfältig waren auch Bruns Bemühungen, im Auftrag seines Bruders zwischen den Parteien des Westreiches einen Ausgleich zu erzielen, der freilich keine Nachteile für das Ostreich zur Folge haben durfte. Bei solchen Bemühungen

und nach Schlichtungsverhandlungen zwischen seinen französischen Neffen in der alten merowingischen Königspfalz Compiègne ist Brun in Reims gestorben.
Die Beziehungen zwischen den beiden unter Karl dem Großen noch vereinten Teilreichen waren im 10. Jahrhundert nicht nur durch die verwandtschaftlichen Verflechtungen der Herrscherhäuser, sondern durch die gemeinsamen Traditionen viel intensiver, als man sich das heute vorstellt. Gerade 965 wurden die familiären Bindungen durch die Heirat König Lothars III. von Frankreich mit Emma, der einzigen Tochter Kaiserin Adelheids aus ihrer ersten Ehe, erneut gefestigt. Das Reich der Westfranken hatte schlimme Jahre hinter sich, da Herzog Richard von der Normandie 962 Hilfstruppen aus Dänemark erhalten hatte, die schreckliche Verwüstungen angerichtet haben.
In Bruns Amt als Führer des ganzen Lothringen wurde nach seinem Tod kein Nachfolger eingesetzt. Obwohl der Kaiser nun schon dreiundfünfzig Jahre alt war, hoffte er wohl, er könnte diese Gebiete ebenso wie Sachsen und Franken soweit persönlich kontrollieren, daß Ruhe und Ordnung gesichert wären. Der alternde Monarch vertraute immer seltener neuen Männern und lud sich damit eine schwere Last auf. Typisch dafür war seine Entscheidung, Geros Mark in sechs Grafschaften zu teilen. Auf seinen heranwachsenden Sohn konnte der Kaiser sich noch nicht stützen, denn er war erst zehn Jahre alt. Häufiger auftretenden Schmerzen, deren Ursache nicht bekannt ist, machten dem Herrscher das Leben zusätzlich schwer und hielten ihn gelegentlich von der Erfüllung seiner Aufgaben ab.
Die Nachfolge Bruns als Erzbischof von Köln übertrug der Kaiser im Dezember 965 Bruns Kapellan Folkmar. Erzbischof Wilhelm von Mainz konnte das Amt des Erzkapellans und Kanzlers an sich ziehen. Die alte Rivalität zwischen den beiden Erzbistümern war damit beseitigt, denn Folkmar hatte keine Ambitionen auf diese Reichsämter. Sein bleibendes Verdienst ist, daß er den Kölner Mönch Ruotger beauftragte, die Biographie Bruns niederzuschreiben. Ruotgers Chronik wurde eine bedeutende historische Quelle, obwohl sie der Nachwelt manches Kopfzerbrechen bereitet, da sie keinerlei Jahreszahlen enthält.

Im Jahr 965 – nach einer anderen Version erst 968 – veranlaßte der Kaiser, daß im Harz unweit von Goslar das Silber vom Rammelsberg, das etwa vierzig Jahre vorher erstmals urkundlich genannt worden war, abgebaut wurde. Silber war schon seit einigen Jahrtausenden ein begehrtes Münzmetall. In den deutschen Landen schürfte man im 10. Jahrhundert bereits an verschiedenen Stellen danach, zum Beispiel in der Eifel, im Elsaß, an der Ems und nördlich vom späteren Chemnitz. In Goslar nahm bald eine königliche Münze ihre Arbeit auf und wurde eine der produktivsten Prägestätten des Reiches.
Schon zu Beginn des Jahres 966 mußte sich der Kaiser um Niederlothringen kümmern. Er versuchte dort wie in Franken, Sachsen und im Osten ein Grafschaftssystem einzuführen, bei dem die Grafen als seine Beauftragten die königlichen Hoheitsrechte, also vor allem die Verwaltungs-, Gerichts- und Militärhoheit, ausübten. In Ottos Augen hatte dieses System nicht nur den Vorteil, daß er die kleineren Einheiten leichter direkt beherrschen konnte, sondern daß die örtliche Gewalt von Männern ausgeübt wurde, die der jeweiligen Bevölkerung entstammten. In Lothringen, dem Mittelreich nach dem Teilungsvertrag von Verdun 843, war angesichts der vielfältigen und unterschiedlichen Bevölkerung die stammesgemäße Besetzung der Führungspositionen immer schon besonders problemreich gewesen. Ottos Grafschaftssystem war nach dem Regiment Konrads des Roten und Bruns ein Kompromiß, ein neuer Versuch, dieses Dilemma zu überwinden.
Wie pfleglich der Kaiser das Land an Niederrhein und Maas behandeln wollte, wie sehr er aber auch immer wieder die Fäden der Tradition zu Karl dem Großen spann, zeigte er erneut in diesen Wochen und Monaten. Otto bestätigte zum »göttlichen Andenken« an Karl der von dem großen Karolinger gegründeten Pfalzkapelle zu Aachen unter anderem Anteile an den Einkünften von fünfzig königlichen Dörfern und verlieh der Pfalzkapelle außerdem das Recht, künftig ihren Propst frei zu wählen. Die Pfalz zu Aachen erklärte er, ebenfalls zum Andenken an seinen verehrten Vorgänger, zur ersten Königlichen Residenz nördlich der Alpen. Die Lothringer konnten sich durch

diese Hoheitsakte des Kaisers geschmeichelt fühlen, und Otto hatte einmal mehr seinen westlichen Konkurrenten demonstriert, daß er sich als legitimer Nachfolger der Karolinger verstand.

Im Frühjahr 966 zog Otto mit dem Hof in sein heimatliches Sachsen. Seine alte Mutter Mathilde war dort sehr eifrig für den christlichen Glauben und für die Kirche tätig. Sie hatte mehrere Klöster gegründet, zuletzt bei der Königspfalz zu Nordhausen ein Nonnenkloster, und seit dem Tod ihres Gemahls Heinrich I. im Jahre 936 zahllose fromme Stiftungen errichtet. Für diese Verdienste wurde sie später heiliggesprochen. Jetzt setzte sie sich dafür ein, daß ihre elfjährige Enkelin Mathilde, Ottos Tochter, gelegentlich eines Hoftages zu Quedlinburg im April 966 zur Äbtissin des dortigen Klosters geweiht wurde, das ebenfalls mit ihrer Hilfe noch zu Lebzeiten Heinrichs I. im Schutz des Quedlinburger Königshofes gegründet worden war. Die Frauen spielten bei der Verbreitung des Christentums eine bedeutende Rolle. Das zeigte sich auch östlich der Oder im polnischen Reich des Mieszko. Dieser hat 964 oder 965 die Tochter Dubrawka des Böhmenherzogs Boleslaw I. geheiratet, und mit ihr kam das Christentum in die Gebiete östlich der Oder. Nach einer neueren polnischen Darstellung (O. Halecki) nahm Mieszko das Christentum nicht aus religiöser Überzeugung an, sonder aus der Überlegung heraus, der übermächtige deutsche Kaiser werde sein Land immer wieder unter dem Vorwand der Christianisierung überfallen, solange es »heidnisch« blieb. Später hat der Pole sein Reich sogar dem Heiligen Stuhl »geschenkt«, um der Abhängigkeit von den Deutschen zu entgehen. Mieszko ließ bei der Verbreitung des Christentums seiner Gemahlin nicht nur freie Hand, sondern unterstützte sie aus politischen Motiven und ließ bald die ersten kirchlichen Missionare aus Böhmen in sein Land kommen. Im Jahre 966 – nach einer anderen Version erst 968 – wurde anscheinend durch päpstliche Verfügung in Posen ein Missionsbistum für Polen errichtet.

Diese Entwicklung war für Kaiser Otto in einer Hinsicht durchaus erfreulich, denn die Elbslawen, die sich nach wie vor gegen die christliche Mission sträubten, saßen nun gleichsam auf einer Insel zwischen den Sachsen im Westen, den Böhmen im Süden und den Polen im Osten. Ob der Kaiser das wagrische Bistum Oldenburg – im heutigen Holstein – 948 gleichzeitig mit den Bistümern Brandenburg und Havelberg oder erst jetzt im Jahre 966, vielleicht auch erst 968 gründete, ist umstritten. Oldenburg war damals ein Hauptplatz der Obodriten und das Bistum blieb dort bestehen, bis es im Jahre 1163 von Heinrich dem Löwen nach Lübeck verlegt wurde. Die Gründung des Erzbistums Magdeburg, die sich der Kaiser aus persönlichen, religiösen und politischen Gründen so sehr wünschte, scheiterte nach wie vor am Einspruch des Halberstädter Bischofs.

Otto sorgte seit dem Tode seines Bruders Brun mit großer Energie selbst dafür, daß genügend Nachwuchs für die Bischofsstühle des Reiches herangebildet wurde. Er verstärkte seinen Einfluß auf seine Hofkapläne, sodaß sie immer stärker mit den Erfordernissen und Pflichten der politischen Führung vertraut wurden. Die intime Kenntnis der Aufgaben und Probleme des Herrschers weckte bei den Kaplänen zunehmend das Verständnis für die Entscheidungen des Kaisers, sodaß sie dann auch als Bischöfe im Sinne des Monarchen wirken und ihm die Treue halten konnten. Diese Bemühungen konnten sich natürlich erst auf sehr lange Sicht in den nächsten Generationen richtig auswirken.

Ottos Versuch, eine geradlinige und progressive Weiterentwicklung seines Reiches zu sichern, wurde um diese Zeit durch alarmierende Nachrichten aus Italien jäh unterbrochen: Papst Johannes XIII. war Mitte Dezember 965, nur zehn Wochen nach seiner Inthronisation in Rom gefangengesetzt worden, hatte nach mehrwöchiger Gefangenschaft fliehen und auf der Flucht einen Hilferuf an den Kaiser richten können. Johannes XIII. gehörte der Patrizierfamilie der Crescentier an, die in Rivalitäten zu den Grafen von Tusculum, dem Geschlecht des verstorbenen Johannes XII. stand. Der neue Papst, der als Schützling des Kaisers bei den Römern ohnedies nicht allzuviel Sympathie genoß, hatte sich zudem durch ein forsches Vorgehen gegen den Adel der Stadt unbeliebt gemacht. Außerdem warf man ihm schon nach den wenigen Wochen seines Regimentes krassen Nepotismus vor. Er fand schließlich Schutz bei dem Fürsten Pandulf I. von Capua und Benevent.

Als der Kaiser von diesen Vorgängen erfuhr, beschloß er sofort, einen neuen Zug gegen Rom zu unternehmen. Er war sich offenbar sicher, daß er seine Reichsgebiete nördlich der Alpen nach dem kurzen Aufenthalt von eineinhalb Jahren ohne Gefahr wieder verlassen könne. Otto wollte und konnte es nicht hinnehmen, daß die Römer den von ihm eingesetzten Papst aus dem Lateran vertrieben, denn er mußte dies als einen Angriff auf seine ihm von Gott verliehene Majestät und unbeschränkte Entscheidungsvollmacht werten. Das konnte allzuleicht der Anfang vom Ende seiner Herrschaft in Italien sein. Die Verschwörung der oberitalienischen Adeligen im Frühjahr 965, die Herzog Burchard niedergeschlagen hatte, mochte dem Kaiser wie ein Menetekel in Erinnerung kommen und seine sofortige Gegenaktion auslösen.

Für Mitte August 966 berief der Monarch einen Reichstag nach Worms ein. Hier hatte Otto schon seinen zweiten Italienzug offiziell verkündet, und dasselbe tat er nun für den dritten. Die Stadt war damals ein politisches Zentrum des Reiches, und deshalb traf der Kaiser hier alle Anordnungen für die Zeit seiner neuen Abwesenheit. Otto II. war fünf Jahre zuvor in Worms zum König gewählt worden, nun bestimmte ihn sein Vater hier zu seinem Stellvertreter und stellte ihn unter die Obhut seines Halbbruders Wilhelm von Mainz. Daß Otto bei solchen Gelegenheiten immer wieder auf seinen Sohn Wilhelm zurückgreifen mußte, der doch ursprünglich von politischen Aufgaben gar nichts wissen wollte, erscheint geradezu fatal. Wilhelm hatte seine Einstellung anscheinend in letzter Zeit geändert, denn das Amt des Kanzlers zog er wohl aus eigenem Antrieb an sich. Die militärisch immer noch besonders gefährdeten slawischen Marken vertraute der Kaiser, wie schon früher, der besonderen Aufsicht von Hermann Billung an.

Der Kaiser brach im September 966 von Worms zu seinem dritten Italienzug auf. Er zog rheinaufwärts durch das Elsaß über Chur und den im Mittelalter wichtigen Septimerpaß und gelangte durch das Bergell am Comersee nach Italien. Er schickte umgehend einige Verschwörer des Frühjahrs 965 über die Alpen in die Verbannung, darunter den Bischof von Piacenza. Auf diese Weise machte er aller Welt deutlich, daß das Land nach wie vor seiner Oberherrschaft unterstand.
Er hatte damit durchschlagenden Erfolg, denn die Römer öffneten nun Papst Johannes XIII. nicht nur ihre Tore, sondern holten ihn feierlich in ihre Stadt zurück. Aber ihre Hoffnung, sich damit die Gunst des erzürnten Kaisers erwerben zu können, erwies sich als trügerisch. Als Otto die Ewige Stadt schon kurz vor Weihnachten 966 erreichte, hielt er sofort nach seinem Einzug ein strenges Strafgericht: Er ließ die dreizehn Hauptschuldigen an der Vertreibung des Papstes aufhängen, nur der Stadtpräfekt konnte sich durch Flucht zunächst der Strafe entziehen. Eine Reihe von Adeligen wurde in die deutschen Lande verbannt. Als man kurz darauf des Präfekten habhaft wurde, ließ der Papst ihm zur Entehrung den Bart abschneiden und ihn dann mit den Haaren an der Reiterstatue des Mark Aurel zum Gespött der Römer aufhängen. Schließlich setzte man ihn nackt, mit dem Gesicht nach hinten, auf einen Esel, den man durch die Stadt trieb, während der Präfekt seine Hände unter den Schwanz des Tieres halten mußte. Alle Bewohner sollten den Sturz des Präfekten sehen, der allerdings auch ein Sturz und eine Erniedrigung ihrer Stadt war. Noch drastischer und widerlicher war die Rache, die man an zwei verstorbenen Urhebern der Papstvertreibung nahm, denn man grub ihre Leichen aus und streute die Gebeine in alle Winde. Der gestürzte Präfekt wurde erneut eingekerkert und dann über die Alpen in die Verbannung geschickt.
Da Fürst Pandulf Eisenkopf von Capua und Benevent den exilierten Papst Johannes XIII. aufgenommen hatte, konnte er leicht Beziehungen zu Kaiser Otto knüpfen. Pandulf und

sein Bruder Landulf hatten in ihren unteritalienischen Fürstentümern immer wieder unter Angriffen des byzantinischen Kaisers und der Sarazenen zu leiden, die durch Eroberungen in Unteritalien ihre Mittelmeerherrschaft festigen wollten. Die beiden langobardischen Fürsten strebten daher ein Bündnis oder Schutzverhältnis mit dem abendländischen Kaiser an. Otto nahm sie in seine Huld auf und stellte sie als Lehnsmänner unter seinen Schutz – mehr noch: Otto verlieh Pandulf die beiden mittelitalienischen Markgrafschaften Spoleto und Camerino, denn dieser Fürst machte dem Kaiser offenbar den Eindruck, daß er den Kirchenstaat künftig vor Angriffen von außen wirksam würde schützen können. Im Februar 967 ließ sich der Kaiser bei einem Aufenthalt in den südlichen Fürstentümern auch von Gisulf von Salerno huldigen und dehnte so seine Oberherrschaft auch auf dieses Fürstentum aus. Otto wollte sich damit vorgeschobene Bastionen unter dem Befehl zuverlässiger Männer zum Schutz seiner nördlicher gelegenen Besitzungen schaffen, aber es mußte von den Umständen abhängen, wer letztlich der Beschützer und wer der Beschützte sein würde.

Der mit dem Kaiser gereiste Papst festigte in Benevent die kirchliche Stellung aufs neue.

Otto erwies sich in Italien als ein sehr geschickter und anpassungsfähiger Herrscher. Er hatte bald gemerkt, daß er gegen die starke Position, die die mächtigen Markgrafen hier besaßen, keine zentralistische Herrschaft würde durchdrücken können. Es mochte wohl auch eine Alterseinsicht sein, die ihm sagte, daß für ein solches Unternehmen weder seine militärischen Mittel noch die ihm verbleibenden Lebensjahre reichen würden. Der Kaiser fand sich daher mit den bestehenden politischen Verhältnissen ab und bestätigte die Markgrafen in ihren Besitztümern fast ausnahmslos, sogar Hubert von der Toskana, der zusammen mit Papst Johannes XII. versucht hatte, die Ungarn zum Angriff gegen ihn aufzustacheln. Otto gab verschiedenen Bischöfen und Äbten enteignete Güter zurück und konnte sie dadurch für die Interessen des Reiches gewinnen. Die italienischen Bischöfe und Äbte wurden vom

Kaiser allerdings nicht so abhängig wie die Bischöfe und Äbte nördlich der Alpen infolge des Eigenkirchenrechtes. Sie waren relativ autonom, auch gegenüber den Markgrafen.
Soweit nötig, überwachte Otto die weltlichen und geistlichen Granden mit Hilfe von Beauftragten nach Art der karolingischen Königsboten.
Im April 967 berief Otto der Große eine Reichs- und Kirchenversammlung nach Ravenna, der auf die Etrusker zurückgehenden Stadt an der Adria, ein. Neben Papst Johannes XIII. nahmen zahlreiche deutsche und italienische Bischöfe – es sollen nicht weniger als neunundfünfzig gewesen sein – ebenso daran teil wie weltliche Große nicht nur aus Italien, sondern auch König Konrad aus Burgund und Herzog Burchard aus Schwaben. Otto ließ in Ravenna eine neue Kaiserpfalz errichten, denn die Stadt war ihm sympathischer als das oft fieberschwangere Rom oder die alte langobardische Hauptstadt Pavia.
Der Kaiser gab dem Papst nun die letzten noch in seinem Besitz befindlichen Güter des Heiligen Stuhls zurück, die er Berengar und Adalbert abgenommen hatte. Dazu zählte vor allem die Verwaltung der Gebiete um Ravenna. Sorgfältig achtete der Kaiser darauf, daß seine Oberherrschaft nicht eingeschränkt wurde, und praktisch kamen die Rechte hier in Kürze wieder an ihn zurück, da sie der Papst auf Lebenszeit an Kaiserin Adelheid gab.
Bedeutungsvoller waren für den Kaiser jedoch andere Verhandlungen und Beschlüsse der Versammlung. Er berichtete selbst den Anwesenden über seine Bemühungen als Vorkämpfer und Verteidiger der Kirche in den slawischen Gebieten östlich der Elbe. Otto schilderte eindringlich, welche Mühen und Gefahren es gekostet hatte, die Slawen zu besiegen. Er berichtete dem Papst, den Bischöfen und den Fürsten, wie er die Ungläubigen bekehrt hat und wie schwierig es noch sei, diese Völkerschaften von Aufständen abzuhalten oder ausgebrochene Revolten niederzuschlagen. Viele Priester seien nötig, um die Slawen dem christlichen Glauben zu erhalten und einen Rückfall zu ihrem alten Glauben zu verhindern.

Die kaiserlichen Worte beeindruckten die Zuhörer sehr. Nach dem überlieferten Protokoll der Sitzung kam man in Beratungen zu dem Ergebnis, zur anhaltenden Bekehrung der Slawen in ihren Ländern Bistümer und ein Erzbistum zu errichten. Ottos vorbereitende Schenkungen an das Magdeburger Moritzkloster taten nun ihre erwartete Wirkung, denn die Versammlung wünschte, daß das vorgesehene Erzbistum seinen Sitz in Magdeburg erhalten sollte, allerdings nur, wenn der Bischof von Halberstadt, zu dessen Diözese Magdeburg noch gehörte, sowie der Erzbischof von Mainz und Vikar des Papstes für Germanien und Gallien damit einverstanden wären. Wie das Protokoll zeigt, bat man den Kaiser »mit aller Ehrerbietung« um seine Zustimmung.
Otto hat sein Akzept sicher ohne Umschweife gegeben, wenn es ihm auch zweifelhaft erschien, ob die beiden Kirchenfürsten jetzt ihren Widerstand endlich aufgeben würden. Papst Johannes XIII. nahm jedoch die Zustimmung der beiden Prälaten mit der Bulle vom 20. April 967 vorweg und erhob die Magdeburger Kirche kurzerhand zum Erzbistum. Von einer noch einzuholenden Zustimmung Wilhelms von Mainz und Bernhards von Halberstadt war in der päpstlichen Bulle keine Rede mehr. Der Pontifex hat die bisher zu Mainz gehörenden Bistümer Brandenburg und Havelberg der neuen Metropolitankirche zugeordnet – sicher sehr zum Mißvergnügen des Mainzer Erzbischofs, dessen Kirchenprovinz damit auf die Gebiete westlich der Elbe beschränkt wurde. Das war ein Novum und in dem Privileg von 962 noch nicht vorgesehen. Mit diesen Anordnungen wollte der Papst zweifellos die lange gehegten Wünsche des Kaisers erfüllen, dem er nicht nur seine Erhebung auf den Heiligen Stuhl verdankte, sondern auch die Rückkehr aus dem mißlichen Exil, zu dem ihn die Römer gezwungen hatten.
Im weiteren Text der Bulle genehmigte der Papst die Gründung neuer Bistümer im Bereich der Magdeburger Kirchenprovinz an geeigneten Orten. Namentlich wurden Merseburg, Meißen und Zeitz genannt. Damit konnte Otto nun endlich sein Gelübde verwirklichen, das er 955 vor der

Schlacht auf dem Lechfeld für die Gründung eines Bistums in Merseburg gegeben hatte. Aber im Gegensatz zu dem Privileg von Papst Johannes XII. vom 12. Februar 962 verlieh Johannes XIII. das Recht zur Einsetzung der neuen Bischöfe nun nicht dem Kaiser, sondern dem noch zu ernennenden Magdeburger Erzbischof. Das war sicher kein Zufall, keine unüberlegte Formulierung, sondern eine kalkulierte Beschränkung der kaiserlichen Rechte.

Die Synodalen beauftragten den Kaiser, einen geeigneten Mann als Erzbischof in Magdeburg einzusetzen. Sie stellten Otto die Wahl des neuen Metropoliten in Anerkennung seiner Verdienste um die Mission frei. Der Papst pries Otto in seiner Bulle als den dritten erhabensten der erhabenen Kaiser nach Konstantin und Karl dem Großen, der die Kirche erhöht habe. Ob Johannes XIII. damit Otto wirklich ehren oder ob er ihn nur zu weiteren Konzessionen nach Art der »Konstantinischen Schenkung« animieren wollte, läßt sich nicht entscheiden.

Das Einvernehmen zwischen Kaiser und Papst war vordergründig nie so gut wie in diesen Monaten um die Ravennater Synode. Beide Seiten waren ungemein kompromißbereit, wie die päpstliche Förderung der kaiserlichen Wünsche in Magdeburg und das gleichzeitige Nachgeben Ottos gegenüber den päpstlichen Vorstellungen von der Einsetzung der neuen Bischöfe zeigen. Freilich kann man in dieser Abgrenzung der königlichen und kaiserlichen Rechte durch den Papst einen Ausfluß der kirchlichen Fälschungen von Pseudo-Isidor und der Konstantinischen Schenkung sehen. Trotzdem führte das gute persönliche Einvernehmen zwischen Kaiser und Papst dazu, daß Johannes XIII. in Ravenna versprach, den jungen Otto II. in nächster Zeit zum Kaiser zu krönen. Otto der Große übertrug dem Papst während der gemeinsamen Tage in Ravenna das Kloster Quedlinburg, die Familienstiftung der Ottonen, wo ein Jahr zuvor des Kaisers Tochter Mathilde zur Äbtissin geweiht worden war.

Es gab also zahlreiche Beweise des gegenseitigen Vertrauens und Einvernehmens zwischen Kaiser und Papst. Beide Männer wußten nach den zurückliegenden Ereignissen, wie wichtig eine einträchtige Zusammenarbeit für ihre Politik war. Die Versammlung zu Ravenna war eine der glanzvollsten Synoden des Jahrhunderts. Der Kaiser unterzeichnete zum Zeichen der Übereinstimmung zwei päpstliche Bullen, der Papst hingegen wirkte am Erlaß mehrerer Königsurkunden und an einer Entscheidung vor dem Königsgericht mit. Der – nicht selten zu seinem eigenen Nachteil – scharfzüngige Rather, der schon zweimal den Bischofsstuhl zu Verona und einmal den von Lüttich hatte räumen müssen, nannte Johannes XIII. denn auch eine Kreatur des Kaisers.

Der Papst stellte während der Synode zu Ravenna auch Urkunden für die Bistümer Ferrara und Bologna aus. Die päpstliche Kanzlei hatte bisher immer noch Papyrus für ihre Dokumente verwandt, obgleich sonst längst das Pergament gebräuchlich war. Nun ging auch die Kanzlei des Papstes auf dieses neuere Schreibmaterial über, und zur gleichen Zeit begann man, die bisherige Datierung nach den Regierungsjahren der Päpste und Kaiser durch die Jahresangaben nach dem Julianischen Kalender zu ergänzen.

In Ravenna erschien auch eine Delegation des byzantinischen Kaisers. Ottos Allianz mit den unteritalienischen Fürsten von Capua, Benevent und Salerno hatte das Mißtrauen am Hof zu Konstantinopel gegen den abendländischen Kaiser in die Höhe schnellen lassen. Aber man war zu Byzanz andererseits an einem Bündnis mit Kaiser Otto interessiert, mit dem man gemeinsam die Araber bekämpfen wollte. Der seit 963 regierende Kaiser Nikephoros II. hatte es sich zur Hauptaufgabe gemacht, die Araber zurückzudrängen. Byzanz hatte in den vorhergehenden Jahren Kreta, Zypern, Kilikien und Syrien zurückerobert. Aber ein Angriff auf das sarazenische Sizilien endete 964 für Byzanz in einer Katastrophe.

Verständlicherweise wollte und konnte Kaiser Otto in bezug auf die langobardischen Fürstentümer keine Zugeständnisse machen, denn ein Vordringen Konstantinopels auf der Apenninen-Halbinsel hätte Rom an Byzanz ausgeliefert. Aber Otto war ebenso wie der byzantinische Kaiser an einer Vereinbarung zur Erhaltung des Friedens interessiert. Er schickte deshalb seinerseits eine Gesandtschaft unter der Leitung eines Venetianers nach Konstantinopel, um dort eine eheliche Verbindung zwischen seinem Sohn Otto II. und einer byzantinischen Prinzessin vorzuschlagen. Aber es sollte eine Porphyrogenita, eine Purpurgeborene sein (griech. porphyrus = purpurfarbig), die aus der Familie eines regierenden Kaisers stammte und im Palast Porphyra, der angeblich von Konstantin dem Großen erbaut worden war, zur Welt gekommen ist. Für Otto den Großen wäre mit einer solchen ehelichen Verbindung die gleichberechtigte Anerkennung seines Kaisertums durch Byzanz verbunden gewesen. Aber noch nie vorher hatten die Byzantiner eine Purpurgeborene unter ein fremdes Volk gegeben. Würden sie es diesmal tun?

Nördlich der Alpen waren während des Aufenthaltes Ottos in Italien wieder Zwistigkeiten ausgebrochen, die ihre Ursache in einer Erbfeindschaft zwischen den Obodriten und den Wagriern hatten. Herzog Hermann, der Billunger, hatte in einem Urteilsspruch vom Fürsten der Wagrier die Zahlung von fünfzehn Pfund Silber verlangt. Der Wagrier fühlte sich zu Unrecht verurteilt und wollte gegen den Herzog losziehen, wozu er dessen alten Gegner Wichmann um Unterstützung bat. Wichmann war dazu sogleich bereit, denn er ließ sich noch immer keine Gelegenheit zum Kampf gegen seinen Onkel entgehen. Aber der Herzog besiegte beide, und Wichmann floh weiter nach Osten zu den Wollinern an die Oder. Dort nahm man ihn mit Freuden auf, da der Ort an der Odermündung, ein wichtiger Handelsplatz an der Küste, von Mieszko hart bedrängt wurde. Die Wolliner versprachen sich von Wichmanns Unterstützung sicheren Erfolg, da er Mieszko einige Jahre zuvor doch mehrmals besiegt hatte. Jetzt aber erhielt der Pole von seinem böhmischen Schwiegervater Boleslaw I. zwei Abteilungen Reiter zu Hilfe, und mit ihnen besiegte er die Wolliner unter Wichmanns Führung. Der tapfere Kämpfer wollte sich seinen Feinden aber nicht ergeben, nur Mieszko selbst wollte er seine Waffen aushändigen. Aber es standen zu viele Feinde gegen ihn, sodaß er

nach langem Kampf schließlich erschöpft dem vornehmsten unter ihnen sein Schwert mit den von Widukind überlieferten Worten gab: »Nimm dieses Schwert und bringe es deinem Herrn, damit er es zum Zeichen seines Sieges seinem Freund, dem Kaiser übersende, auf daß dieser eines erschlagenen Feindes spotte oder einen Blutsverwandten beweine.« Nach einem kurzen Gebet hauchte Wichmann am 22. September 967 sein Leben aus.
Mit Wichmanns Tod erhielten die örtlichen Kämpfe im Norden eine größere Bedeutung, als ihnen sonst zugekommen wäre. Otto mag in Italien aufgeatmet haben, als er vom Ende dieses hartnäckigen Widersachers erfuhr, der mit seiner ständigen Opposition dem Billunger und ihm selbst viel Kummer bereitet hat.
Der Kaiser versammelte im Oktober zu Verona einen Reichstag um sich. Er hatte seinen Sohn nach Italien gerufen, um ihn vom Papst zum Kaiser krönen zu lassen, wie es in Ravenna vereinbart worden war. Erzbischof Wilhelm von Mainz begleitete seinen Neffen nach Italien, wie Thietmar von Merseburg mitteilt. Es ist bemerkenswert, daß sich der Metropolit trotz seines Auftrages als Vertreter des Königs aus den deutschen Landen entfernte. Sicher gab ihm die päpstliche Bulle über die Gründung des Erzbistums Magdeburg dazu Anlaß, und er wollte seine Ansprüche diesmal vor dem Papst persönlich vertreten. Tatsächlich setzte er sich bei Johannes wie auch bei seinem Vater durch, die die Magdeburger Pläne erneut zurückstellen mußten.
Während des Reichstages zu Verona wurde unter anderem ein Gesetz beschlossen, wonach bei Besitzstreitigkeiten, die durch keinerlei Beweis geklärt werden konnten, künftig keine Eide, sondern ein Zweikampf, also ein Gottesurteil, die Entscheidung bringen sollte. Otto brachte damit einen alten germanischen Brauch – der bei den Sachsen noch lebendig war – nach Italien, nachdem sich gezeigt hatte, daß infolge bedenkenloser Meineide gerechte Entscheidungen vielfach unmöglich waren. Die Zweikämpfe sollten keineswegs mit dem Tod eines der Kontrahenten enden. Otto hatte schon 938, vor et-

wa dreißig Jahren, auf einem Reichstag zu Steele eine Frage zur Gestaltung des Erbrechtes durch einen Zweikampf klären lassen, 950 wurde in Anwesenheit des Königs zu Worms die Unbescholtenheit einer Frau durch einen Zweikampf »bewiesen« und 963 hatte der Kaiser sogar Papst Johannes XII. den Zweikampf einiger Ritter vorgeschlagen, um so mit Gottes Hilfe die Wahrhaftigkeit seiner Behauptungen zu bezeugen.
Mit solchen Neuerungen aus dem Norden löste der Kaiser bei den Italienern größtes Befremden aus – auch die kirchlichen Kreise wollten sich mit derartigen Lösungen nicht befreunden, obgleich bei Otto eine tiefe Gläubigkeit an die Gerechtigkeit und an das Eingreifen Gottes dahinterstand. Für den Kaiser war ein solches Gottesgericht einfach notwendig, weil er keine Möglichkeit sah, durch die widersprüchlichen, beeideten Falschaussagen der Parteien mit anderen Mitteln zu einem gerechten Urteil zu kommen. Dem fünfundfünfzigjährigen Kaiser wird jedoch gerade am Beispiel dieses Gesetzes eine beachtliche Fortschrittlichkeit nachgerühmt, da die dekretierten Zweikämpfe ohne Rücksicht auf Klassenunterschiede praktiziert werden sollten (E. Duprè-Theseider). Ob Otto diesen Schritt bewußt getan hat und damit zum Beispiel die früher nach den Revolten seines Bruders Heinrich und dessen Anhängern bei den Urteilen auf Grund der Autonomie und der Vorrechte des Adels geübten Differenzierungen überwinden wollte, muß bezweifelt werden.
Einen anders gearteten, großen Erfolg konnte Kaiser Otto in diesem Jahr ebenfalls verbuchen: Das stolze und reiche Venedig, die bedeutende Handelsstadt, die von ihren ehemaligen Herren in Byzanz immer noch als ihr Besitz beansprucht wurde – diese Stadt beugte sich nach längeren Verhandlungen unter das Seniorat Kaiser Ottos. Venedig gewann infolge des zunehmend versandenden Hafens von Ravenna immer größere Bedeutung als Umschlagplatz für den Warenverkehr zwischen der Levante, Oberitalien und dem ostfränkischen Reich. Die Stadt bezahlte Otto künftig in Anerkennung seiner Oberhoheit einen jährlichen Tribut von fünfundzwanzig Pfund in langobardischer Währung. Das Ganze war aber

22 *Otto III., umgeben von je zwei Vertretern des geistlichen und weltlichen Standes. Farbige Buchminiatur. Widmungsblatt aus dem Evangeliar des Bamberger Domschatzes, um 1000.*

23 *Heinrich der Zänker, bayer. Herzog. Msc. Lit. 142, fol. 4. Staatsbibliothek Bamberg.*

24 *Memleben. Krypta der Kaiserpfalz.*

25 *Evangeliar Ottos III. Reichenau, Ende 10. Jh. Einband. Bayer Staatsbibliothek München.*

wohl mehr ein Freundschaftspakt, denn die persönlichen Beziehungen zwischen dem Kaiser und dem regierenden Dogen Pietro IV. Candiano waren recht gut.

Im November 967 zog Otto mit seiner Gemahlin und seinem Sohn sowie dem Hofstaat nach Rom. Was er 961 nicht erreicht hatte, sich wie Karl der Große an Weihnachten krönen zu lassen, ermöglichte er nun seinem zwölfjährigen Sohn. Es war das vierte und letzte Mal bei den deutschen Herrschern, daß ein neuer Kaiser noch zu Lebzeiten des alten gekrönt wurde. Die Zeremonie in der Peterskirche zu Rom bekundete erneut das enge Einvernehmen zwischen Otto dem Großen und Papst Johannes XIII.

Die einzige Möglichkeit, für den jungen Kaiser eine ebenbürtige Gemahlin zu finden, bestand in Konstantinopel. Aber die seit dem Frühjahr 967 aufgenommenen Verhandlungen – teilweise unter Vermittlung des Dogen von Venedig – zogen sich in die Länge, weil beide Höfe mit einer ehelichen Verbindung politische Erwartungen verknüpften, die kaum auf einen Nenner zu bringen waren. Otto erwartete als Mitgift der Braut den Verzicht der Byzantiner auf die langobardischen Fürstentümer Capua, Benevent und Salerno sowie auf ihre unteritalienischen Besitzungen Apulien und Kalabrien, während der Basileus anscheinend ganz im Gegenteil nicht nur seine Ansprüche auf jene langobardischen Fürstentümer von Kaiser Otto anerkannt bekommen wollte, sondern darüber hinaus noch seine gegen Rom und Ravenna gerichteten Forderungen. Für Byzanz wäre es wichtig gewesen, Rom wieder in die Hand zu bekommen, um jeden Anspruch auf die Nachfolge des römischen Kaiserreiches von anderer Seite ausschalten zu können.

Als Ottos nach Byzanz entsandte Delegation zurückkam, erfuhr der Kaiser, daß der Basileus im Sommer 967 schon mit Truppen in Mazedonien unterwegs nach Unteritalien gewesen war. Nur mit dem Versprechen, Kaiser Otto würde das byzantinische Reich niemals und nirgends angreifen, falls die vorgeschlagene Heirat zustande käme, konnten die Delegierten Ottos den begonnenen Kriegszug nach Italien aufhalten.

Der Basileus – der damals regierende Nikephoros II. Phokas war nicht aus fürstlichem Geblüt, sondern nur infolge des frühen Todes von Romanos II. auf den Thron gelangt – begriff die Zusicherung der Delegation Ottos als einen Verzicht auf die langobardischen Fürstentümer in Unteritalien, die seiner Meinung nach zum byzantinischen Reich gehörten. Das waren unüberbrückbare Gegensätze.
Der Aufenthalt Kaiser Ottos in Italien dauerte schon länger als ursprünglich geplant, und ein Ende war nicht abzusehen. Otto stand aber trotz der großen Entfernung und der schwierigen Wege ständig mit den deutschen Bischöfen, Herzögen und Grafen in Verbindung. Man hatte ihm auch die Waffen Wichmanns nach Italien gesandt, und er schrieb Mitte Januar 968 von Capua aus folgenden Brief an die sächsischen Befehlshaber, den Widukind in seiner »Sachsengeschichte« wiedergegeben hat:
»Otto, durch Gottes Willen Kaiser, des Reiches Mehrer, entbietet den Herzögen Hermann und Dietrich sowie den übrigen Fürsten des Reiches alles Liebe. Nach Gottes Willen steht es um unser Wohl und alle unsere Angelegenheiten sehr gut und günstig. Es kamen zu uns Gesandte des Königs von Konstantinopel, sehr vornehme Männer, die sich eifrig um die Erhaltung des Friedens bemühen. Mögen sich die Dinge nun entwickeln wie sie wollen, einen Krieg werden sie, so Gott will, bestimmt nicht gegen uns wagen. Die Provinzen Apulien und Kalabrien, die sie bis jetzt besessen haben, werden sie uns geben müssen, wenn wir nicht einig werden. Fügen sie sich aber unserem Willen, so werden wir im Laufe des Sommers die Kaiserin sowie unseren Sohn und Erben nach Franken schicken, selber aber mit Gottes Hilfe die Sarazenen in Fraxinetum vernichten und dann von dort aus den Heimweg zu euch antreten. Ferner wollen wir, daß die Redarier nach ihrer schweren Niederlage, von der wir gehört haben – ihr wißt ja selber, wie oft sie die Treue gebrochen und wieviele Untaten sie verübt haben – keinen Frieden von euch erhalten sollen. Prüft diese Frage gemeinsam mit Herzog Hermann und trachtet mit allen Kräften danach, durch die Vernichtung

der Redarier euer Werk zu vollenden. Sollte es nötig sein, so werden wir selber gegen sie ziehen.
Unser Sohn hat am Geburtsfest des Herrn vom Heiligen Vater die Krone der kaiserlichen Würde empfangen.
Geschrieben am 18. Januar zu Capua in Kampanien.«
Der Brief des Kaisers wurde auf einem Landtag in der Pfalz Werla an der Oker öffentlich verlesen. Mit den Redariern war bereits Frieden geschlossen worden, und man entschied, es dabei zu belassen, weil sonst ein Zweifrontenkrieg gegen Redarier und Dänen zu befürchten gewesen wäre. Dazu hätten die zur Verfügung stehenden Kräfte nicht ausgereicht. Aber schließlich fand auch der erwartete Krieg gegen die Dänen nicht statt.
Es war für den Kaiser nicht leicht, die Geschehnisse im Norden seines Reiches vom äußersten Süden aus zu steuern. In der Geschichtsschreibung wurde sogar schon die Meinung vertreten, daß sich die sächsischen Großen in diesem Fall vorsätzlich über den Willen des Kaisers hinweggesetzt haben (M. Lintzel). Sie hatten sich doch 941 schon einmal geweigert, immer erneut nach Osten zu ziehen. Und 953 hatten die Sachsen bei der allgemeinen oppositionellen Bewegung auch ungehemmt mitgemacht. Die gegen Ottos Italienpolitik gewandten Historiker sprechen von einer Sackgasse, in die sich der Kaiser begeben habe, und verweisen auf die Behinderung wichtiger Entscheidungen im Norden infolge der Bindung wesentlicher Kräfte in Italien.
Trotz allem verfolgte der Kaiser von Italien aus seine Pläne zur Christianisierung der Slawen mit zäher Energie. Da sich die Gründung des Magdeburger Erzbistums infolge des Widerstandes des Mainzer Erzbischofs und des Halberstädter Bischofs trotz der päpstlichen Bulle noch immer nicht hatte verwirklichen lassen, betrieb Otto nun die Gründung des in jener Bulle schon genannten Bistums in der neuen Mark Meißen. Kurz nachdem Papst Johannes XIII. auch dafür eine Bulle ausgestellt hattte, verstarb indes Bischof Bernhard von Halberstadt am 3. Februar 968 und einen Monat später, am 2. März 968, Erzbischof Wilhelm von Mainz. Damit war für

den Kaiser der Weg frei, seine Pläne für die Slawenmission zu verwirklichen.
Aber noch bevor Kaiser Otto von diesen Todesfällen erfuhr, brach er Anfang März in das byzantinische Apulien ein. Er wollte sich ein Faustpfand verschaffen, um die von ihm so sehr gewünschte Heirat und die damit verbundene Anerkennung seines Kaisertums vom Basileus mit möglichst geringen Gegenleistungen erreichen, vielleicht sogar erzwingen zu können. Otto begann mit der Belagerung der befestigten Seestadt Bari. Aber er merkte bald, daß seine Kräfte unzulänglich waren und ihm vor allem eine Flotte fehlte. Er brach die Belagerung nach einem Monat ergebnislos ab. Anfang Mai hat er sich wieder aus Apulien zurückgezogen.
Otto schickte nun den Bischof Liudprand von Cremona, der schon einmal in Konstantinopel gewesen und des Griechischen mächtig war, zum Basileus. Es war ein Bluff, als Otto den Byzantinern nun seinen Verzicht auf Bari und die weiteren griechischen Besitzungen in Unteritalien anbot, wenn der Basileus in die vorgeschlagene eheliche Verbindung einwilligen und damit das fränkische Kaisertum anerkennen würde. Nikephoros behielt den Liudprand vier Monate von Anfang Juni bis Anfang Oktober 968 bei sich und behandelte ihn wie einen Spion und durchschaute das Manöver Ottos natürlich sehr schnell. Der Basileus nahm den alten Standpunkt ein, daß es nur einen einzigen Kaiser geben könne, nämlich den römischen, der er sei. Er stellte Otto vor die Wahl, entweder Capua, Benevent und Salerno wieder der byzantinischen Oberhoheit zu überlassen und mit einer nicht-purpurgeborenen Braut für Otto II. zufrieden zu sein oder Rom und Ravenna mit allen bis Konstantinopel dazwischen liegenden Gebieten dem byzantinischen Reich zu übergeben und dafür eine purpurgeborene Prinzessin für den jungen Otto zu erhalten.
Um seine Position in Unteritalien gegen den deutschen Eindringling zu sichern, schloß Nikephoros II. nicht nur mit seinen arabischen Erzfeinden einen Frieden, sondern er verbündete sich noch dazu mit dem wieder aufgetauchten Sohn Adalbert des inzwischen verstorbenen Berengar, um mit ihm

zusammen gegen Otto offensiv zu werden. Nikephoros mußte freilich vorsichtig sein, denn ein großer Aufstand hatte ihm 967 in Konstantinopel sehr zu schaffen gemacht, und nach dem Bericht Liudprands, der allerdings häufig aufgebauscht ist, herrschte während seiner Anwesenheit in Byzanz eine verheerende Hungersnot.

Die Nachrichten aus den deutschen Landen über die endlich freien Wege zum Erzbistum Magdeburg und zu den Suffraganbistümern mögen dem Kaiser das Scheitern seiner Pläne in Süditalien fürs erste etwas erleichtert haben. Aber trotzdem trauerte er selbstverständlich um seinen Sohn Wilhelm, der völlig überraschend erst vierzigjährig verstorben war und mit dem er seinen Stellvertreter nördlich der Alpen verloren hat. Wilhelm hatte weder sich noch seinem Vater das Leben leicht gemacht. Im Vergleich zu Brun war Wilhelm ein sehr auf Kirche und Papst fixierter Kleriker gewesen. Obwohl er mit seinem Vater oft nicht gleicher Meinung war, so haben sich die beiden Männer in ihren Ansichten und Bestrebungen doch stets respektiert.

Nur zwölf Tage nach Ottos Sohn ist auch seine Mutter, Heinrichs I. Witwe Mathilde am 14. März 968 in Quedlinburg verstorben. Otto hatte mit ihr, besonders zu Beginn seiner Regierungszeit, als sie seinen Bruder Heinrich so deutlich bevorzugte, manche Auseinandersetzung gehabt. Aber das Verhältnis hatte sich im Laufe der Jahre, vor allem nach dem Tod Heinrichs im Jahre 955, wieder gebessert.

Der Kaiser hat nach Erhalt der Todesnachrichten wohl überlegt, ob er über die Alpen in die Heimat zurückkehren solle, vor allem, um einen neuen Verweser an Erzbischof Wilhelms Stelle zu bestimmen. Schließlich gab er die nötigen Anweisungen von Italien aus. Er wollte im Süden noch mehr erreichen, als ihm bisher möglich gewesen war, und deshalb blieb er.

Den Mainzer Domherren schlug der Kaiser als neuen Erzbischof den Abt Hatto von Fulda vor, der ihm 961/62 den Weg zur Kaiserkrönung geebnet hatte. Von ihm hatte er keine Schwierigkeiten für seine Magdeburger Pläne zu befürchten,

im Gegensatz zum Halberstädter Dompropst Hildeward, den der verstorbene Bischof noch als seinen Nachfolger vorgeschlagen hatte, weil er von ihm die Fortsetzung seiner Politik erwartete. Aber Kaiser Otto ließ Hatto und Hildeward nach Ravenna kommen und verlangte von beiden die eindeutige Zustimmung zu seinen Magdeburger Plänen, bevor er bereit war, sie in die Ämter, für die sie gewählt waren, zu investieren. Auf einer Synode zu Ravenna Anfang Oktober 968 wurde dies alles öffentlich verhandelt und durchgeführt. Bischof Adalbert, der 961 nach Kiew gezogen war und den der Kaiser 966 als Abt des Klosters Weißenburg an der Lauter eingesetzt hatte, wurde von Otto in Ravenna zum ersten Erzbischof für die neu eingerichtete Kirchenprovinz Magdeburg investiert.
Adalbert stammte aus Lothringen und trat als junger Mann in das berühmte Kloster St. Maximin zu Trier ein. Nach seiner Rückkehr aus Kiew arbeitete er als Notar in der Kanzlei Ottos II.; Erfahrungen für diese Tätigkeit hatte er früher in den Kanzleien Bruns und Ottos I. gesammelt. Als Abt von Weißenburg hat Adalbert zwischen 966 und 968 seine Fortsetzung der Chronik des Abtes Regino von Prüm für die Jahre 907 bis 967 geschrieben – jedenfalls hat sich die Wissenschaft auf ihn als den möglichen Fortsetzer jener Chronik geeinigt. Er hat dabei zum Teil die *Historia Ottonis* von Liudprand benützt, vieles jedoch stillschweigend korrigiert und objektivere Aspekte berücksichtigt. Adalberts Niederschrift ist deshalb für die sechs Jahrzehnte, die sie umfaßt, eine wertvolle und instruktive Quelle.
Der neue Erzbischof Adalbert zog anschließend an die Synode von Ravenna nach Rom, wo Papst Johannes XIII. ihm das Pallium verlieh und ihn weihte. In der dazu ausgestellten Urkunde vom 18. Oktober 968 hat der Pontifex das neue Erzbistum Magdeburg auf Wunsch des Kaisers besonders reich ausgestattet: Es sollte zwölf Kardinalpriester, sieben Kardinaldiakone und vierundzwanzig Kardinalsubdiakone erhalten und damit gewissermaßen zu einem deutschen Rom werden (R. Holtzmann). Magdeburg war der Primat unter allen Kirchen rechts des Rheins zugedacht. Vom Kaiser ist eine Reihe

von Urkunden überliefert, nach denen er der Magdeburger Kirche Klöster, Höfe und sonstige Besitztümer in reichem Maße schenkte, um ihr eine möglichst breite finanzielle Grundlage für ihre Missionsarbeit zu geben. Vor allem fällt auf, daß unter den Schenkungen auch zahlreiche im Westen, sogar westlich des Rheins lagen, wie zum Beispiel das Kloster Weißenburg an der Lauter sowie Güter im Nahegau, in Oberwesel und um Speyer.

Die Papsturkunde vom 18. Oktober 968 enthielt für Otto eine arge Enttäuschung: Entgegen dem Privilegium Johannes XII. vom 12. Februar 962 war jetzt nicht mehr die Rede davon, daß der Kaiser bei der Gründung neuer Bistümer und deren Abgrenzung im gesamten slawischen Gebiet freie Hand haben würde. Als Ostgrenze der neuen Kirchenprovinz wurde vom Papst die damalige Grenze des Reiches bestimmt. In Böhmen und Polen entwickelte sich zu dieser Zeit mit päpstlicher Unterstützung eine eigene slawische Missionstätigkeit, sodaß die Kurie ein weiteres Vordringen der Deutschen nicht wünschte.

Das Magdeburger Erzbistum, das Otto als größte deutsche Kirchenprovinz geplant hatte, blieb deshalb hinter Mainz und Köln zurück. Die Lobpreisungen des Kaisers durch den Papst und die attraktive Ausstattung Magdeburgs mit einem umfangreichen Kardinalskollegium sollten wohl über die realen Einschränkungen hinwegtäuschen.

Kaiser Otto ließ sich zunächst tatsächlich blenden, denn als er den Bischöfen, Grafen und allen anderen Magnaten nördlich der Alpen in einem Brief die endliche Gründung des Erzbistums Magdeburg mitteilte, ging er noch davon aus, daß damit die kirchliche Organisation für alle Slawen geschaffen sei, die in Zukunft unterworfen und für das Christentum gewonnen werden sollten. Daß Papst Johannes XIII., der 966 und 967 dem Kaiser noch dankbar und ergeben war, nun als eigenwilliger Nachfolger Petri die Interessen und Ansprüche der Kirche gegenüber den Belangen des Reiches mit großem Nachdruck ausspielte und verfocht, hatte der Kaiser über den schönen, glatten Worten noch nicht bemerkt.

Erzbischof Adalbert wurde an Weihnachten 968 zu Magdeburg feierlich inthronisiert. Der Kaiser konnte die Krönung seiner jahrzehntelangen Bemühungen nicht persönlich miterleben. Auf seine Anweisung hin wurden gleichzeitig die neuen Bischöfe für Meißen, Merseburg und Zeitz ordiniert. Den zuständigen Markgrafen gab er die Weisung, daß sie für ausreichenden Unterhalt der neuen Bistümer zu sorgen hatten.
Im November 968 zog Otto erneut mit seinen Streitkräften nach Apulien und Kalabrien. Da sein Gesandter Bischof Liudprand von Cremona ungewöhnlich lange beim Basileus in Konstantinopel blieb, konnte Kaiser Otto nichts Gutes von dieser Mission erwarten. Zu Beginn seines neuen Zuges in den Süden der Apenninen-Halbinsel ereignete sich außerdem eine Sonnenfinsternis, die bei Ottos Kriegern große Angst auslöste. Eine Sonnenfinsternis sollte nach dem *Heliand* den Weltuntergang einleiten. Alle außergewöhnlichen Naturereignisse – Sonnen- und Mondfinsternisse, der Niedergang von Meteoriten, Erdbeben, Überschwemmungen, Mißernten – galten den Menschen jener Zeit, vor allem, wenn sie noch von der alten germanischen Naturreligion beeinflußt und nicht im christlichen Glauben gefestigt waren, als Vorzeichen für das baldige Weltende. Die Zeugen jener Sonnenfinsternis verkrochen sich hinter alle erreichbaren Häuser, Bäume, Wagen, Fässer und dergleichen, um das Schreckliche nicht sehen zu müssen und von ihm nicht gesehen zu werden.
Kurz nach Ottos Einmarsch in die byzantinischen Gebiete kehrte Liudprand von Cremona wieder nach Italien zurück. Er hatte den Nikephoros zu keinerlei Zugeständnissen bewegen können, weder hinsichtlich der Herrschaft auf der Apenninen-Halbinsel noch in bezug auf die Familienverbindung zwischen den beiden Kaiserhöfen. Liudprand kam mit leeren Händen zu Otto zurück. Um so wortreicher schilderte der Italiener seine Erlebnisse in Konstantinopel, wußte von großen Leiden und Demütigungen zu berichten, die er für den Kaiser ertragen hatte, und machte die Griechen in jeder Hinsicht lächerlich: Nikephoros II. schilderte er als einen verlogenen und betrügerischen Zwerg. All dies geht aus einem Reise-

bericht hervor, den Liudprand in Form eines Briefes an die beiden Kaiser und an die Kaiserin Adelheid niedergeschrieben hat. Die Meinungen über diesen Brief sind zwar geteilt, stimmen aber darin überein, daß er mehr sein sollte als ein bloßer Bericht. Einerseits sieht man in ihm ein Pamphlet, das die Abneigung und den Haß gegen Byzanz nach allen Richtungen schüren sowie den Kampf der Waffen mit publizistischen Mitteln unterstützen sollte (M. Lintzel). Andererseits betrachtet man den Brief als Propagandaschrift, die im Auftrag von Papst Johannes XIII. verfaßt wurde. Sie sollte Kaiser Otto von seiner fränkischen Kaiseridee abbringen und ihn für die kurialen Vorstellungen von einem römischen Kaisertum gewinnen, das nach der Weltherrschaft strebte (W. Ohnsorge). Otto hat stets den Titel *Imperator Augustus* geführt, wollte sich aber trotz aller Bemühungen des Papstes den Titel *Imperator Romanorum* nicht zulegen. Nach der fränkischen Kaiseridee waren zwei Kaiser möglich, nach der kurialen, römischen konnte es jedoch nur einen, den römischen Kaiser geben.

Bei seinen Kämpfen in Apulien und Kalabrien zwischen November 968 und Mai 969 wurde Kaiser Otto von Pandulf von Capua unterstützt. Er konnte in diesen sechs Monaten trotzdem in den byzantinischen Gebieten keine festen Plätze erobern, sondern erzielte nur den einen Erfolg, daß er den neuen Verbündeten des Nikephoros, den ruhelosen Adalbert, endgültig aus Italien vertreiben konnte. Nach Ottos Abzug setzten Pandulf von Capua und Gisulf von Salerno den Kampf gegen ihre byzantinischen Bedrücker fort. Der Papst, der aus Dankbarkeit gegenüber Pandulf für das 965 gewährte Exil schon Capua zu einem Erzbistum erhoben hatte, tat nun auf Ottos Vermittlung das gleiche mit Benevent, zumal die byzantinische Kirche vorher Otranto zu ihrer süditalienischen Metropole erhoben hatte.

Aber Pandulf geriet bald in Gefangenschaft und fiel damit als Helfer für Kaiser Otto aus. Nun brachen die byzantinischen Truppen nach Norden auf, und es dauerte nicht lange, bis sie zusammen mit ihren neapolitanischen Freunden Capua einschlossen. Kaiser Otto, der sich im Norden der Halbinsel aufhielt, sandte eiligst ein Entsatzheer aus Franken, Sachsen, Schwaben und Spoletanern. Schon allein deren Anmarsch genügte, um die Byzantiner zum Rückzug zu veranlassen. Aber bald kam es zu einer großen Schlacht zwischen den Verfolgern und den Fliehenden. Der Sieg der Deutschen in der südlichen Sommerhitze wurde sicher mit großen Strapazen errungen. Die Angabe, fünfzehnhundert Griechen seien gefallen, erscheint zweifelhaft. Widukind, der allerdings nicht dabei war, berichtet, man hätte den Gefangenen die Nasen abgeschnitten, bevor man sie wieder laufen ließ. Trotz ihres Sieges kehrten die Deutschen bald wieder um und gaben sich damit zufrieden, von den Byzantinern Tribut einzutreiben sowie die Grenzen von Capua und Benevent zu sichern.

Kaiser Otto hat in dieser Zeit in Pavia den zweiten Nachfolger seines Bruders Brun auf dem Kölner Erzbischofsstuhl, den Sachsen Gero, einen Neffen des Markgrafen Gero, investiert. In Reims starb Erzbischof Odelrich, und es gelang dem Kaiser nochmals, einen Lothringer auf diesen wichtigen Platz im Westreich zu bringen, nämlich Adalbero, einen Neffen des Herzogs Friedrich von Oberlothringen. Der Kaiser war sich sicher, daß auch er Bruns Politik zur Festigung der deutschen Tendenzen unter den lothringischen Geistlichen fortsetzen würde. Anfang Mai 969 starb dann auch Gerberga, die Schwester Kaiser Ottos und Mutter des jetzigen Königs Lothar III. von Frankreich. Mit ihr gingen wesentliche Bindungen zwischen dem deutschen und dem französischen Hof verloren.

In Byzanz ergab sich Ende 969 eine überraschende Wende: Nikephoros II. Phokas wurde auf Betreiben seiner Gemahlin ermordet. Sie wollte damit wohl ihren Kindern aus ihrer ersten Ehe mit Romanos II. die Thronfolge sichern. Auf Grund einer Prophezeiung hatte der Kaiser schon seit einiger Zeit mit einem Anschlag gerechnet, und er wußte doch, daß seine Gemahlin 959 bereits Konstantin VII. beseitigt hatte. Nikephoros' Vetter Johannes Tzimiskes, ein namhafter Feldherr, der die Verschwörung gegen den Ermordeten angeführt hatte, legte sofort die kaiserlichen Purpurschuhe an und bestieg am

11. Dezember 969 den Thron des byzantinischen Reiches. Der Patriarch von Konstantinopel setzte allerdings durch, daß die heimtückische Witwe des Nikephoros in die Verbannung gehen mußte.
So war für die Ambitionen Kaiser Ottos gegenüber Byzanz eine völlig unerwartete Situation eingetreten, die freilich zunächst einmal gänzlich unklar war, denn niemand kannte die Ansichten des neuen Basileus. Otto hatte im Norden Italiens einen dritten Feldzug gegen die byzantinischen Gebiete vorbereitet und trat ihn nun im Frühjahr 970 trotz der veränderten Lage an. Zunächst ging er gegen Neapel, den alten Feind Capuas, vor. Seine Männer zerstörten aus Rache für die Hilfsdienste, die die Neapolitaner den Griechen geleistet hatten, weite Teile ihres Gebietes. Dann zog Otto mit seinen Truppen weiter nach Apulien. Zwar konnten auch jetzt weder Bari noch andere Städte eingenommen werden, aber Otto setzte mit radikalen Verwüstungen den neuen byzantinischen Kaiser offenbar beträchtlich unter Druck. Otto kam dabei sehr zustatten, daß Konstantinopel im Innern von einer Revolte der Familie des ermordeten Nikephoros geschüttelt und von außen von den Russen unter ihrem Fürsten Svjatoslaw bedrängt wurde. Die Russen hatten von Bulgarien kommend den Balkan überschritten und waren in die thrakische Ebene einmarschiert, um sich einen schon lange angestrebten Zugang zum Mittelmeer zu erkämpfen. Bis Adrianopel, dem heutigen Edirne, waren die Russen bereits vorgedrungen, und der Basileus fühlte sich in Konstantinopel schon bedroht, als der Vormarsch der feindlichen Heerscharen doch gestoppt werden konnte.
Die Bedrohung Konstantinopels verschaffte Kaiser Otto einen Vorteil, denn der Basileus ließ den gefangenen Pandulf frei und sandte ihn mit Friedensvorschlägen an den fränkischen Herrscher. Tzimiskes bot für Otto II. eine byzantinische Prinzessin als Gemahlin an, wenn die Deutschen Apulien und die übrigen byzantinischen Gebiete verlassen würden. Byzanz blieb zwar dabei, daß dem westlichen Kaiser keine Purpurgeborene gegeben werden könne, aber man war bereit,

auf die süditalienischen Fürstentümer zu verzichten und – was für Otto den Großen das wichtigste war – das fränkische Kaisertum anzuerkennen. Kaiser Otto sah in dem Vertragsangebot die Grundlagen für eine künftige Zusammenarbeit und nahm deshalb an, obwohl ihm damit nach drei süditalienischen Feldzügen kein Landgewinn blieb. Immerhin war es gelungen, Adalbert endgültig aus Italien zu vertreiben und die von ihm ausgehenden Beunruhigungen zu beenden. Das deutsche Heer verließ Süditalien, und die Männer waren zweifellos froh, nordwärts ziehen zu können. Fürst Pandulf war dem Kaiser ausreichende Gewähr für die Sicherung der Südgrenze seines Reiches, die ja nun, nach dem Vertrag mit Byzanz, nicht mehr so sehr gefährdet war.

Überhaupt hatte sich die Situation um das Mittelmeer geändert, da die mohammedanischen Fatimiden 969 ihre Herrschaft ostwärts bis über Ägypten ausgebreitet hatten. Byzanz mußte um Kilikien, Antiochien und Aleppo fürchten, die es eben erst nach rund dreihundertjähriger muslimischer Herrschaft zurückerobert hatte. Die Bedrohung durch die junge fatimidische Dynastie förderte die Bündnisbereitschaft des neuen Basileus mit den Deutschen.

Weihnachten 970 feierte Kaiser Otto in Rom. Hier wurde ihm Gerbert von Aurillac vorgestellt, der damals zwischen zwanzig und dreißig Jahre alt war. Gerbert wurde einer der größten Naturwissenschaftler und Mathematiker des späten 10. Jahrhunderts, wofür er wichtige Grundlagen aus dem maurischen Spanien erhalten hat. Zum Staunen seiner Zeitgenossen stellte er zahlreiche physikalische Experimente mit selbstkonstruierten Apparaten an. Richer aus Reims, wo Gerbert Lehrer an der Domschule war, berichtet unter anderem von einer Himmelskugel, die Gerbert aus Holz gefertigt und an der er seinen Schülern den Lauf der Gestirne demonstriert habe. Gerbert hat wohl als einer der ersten im Abendland das indisch-arabische Zahlensystem benutzt, und man hat ihm sogar die Einführung der Null zugeschrieben. Er war jedenfalls ein Meister im Gebrauch des Abakus und verfaßte Lehrschriften der Geometrie und über das Teilen von Zahlen. Zu seinen

Schülern gehörte auch Fulbert, der Gründer der Schule von Chartres. Später wurde Gerbert sogar die Erfindung der Räderuhr zugeschrieben. Bei seinen Zeitgenossen galt er bereits als Zauberer, und später behauptete man, er habe sogar mit dem Teufel in Verbindung gestanden; so ist es jedenfalls bei Hans Sachs nachzulesen. Aber die Begegnung mit Kaiser Otto dem Großen im Jahr 970 zu Rom ebnete Gerbert von Aurillac den Weg zu den höchsten kirchlichen Würden, und im Jahre 999 wurde er als Silvester II. Papst.

Der achtundfünfzigjährige Kaiser hat die ruhigeren Wochen und Monate nach der Beendigung der Kämpfe gegen Byzanz sicher sehr genossen. Sein Wirken hatte im ganzen Abendland relativ stabile Verhältnisse geschaffen. Was aber das wichtigste war: auch im Inneren seines Reiches, besonders in den deutschen Landen, denen er nun schon vier Jahre fern war, herrschte Ruhe und Frieden. Nur mit dieser Voraussetzung war es möglich gewesen, daß er sich so lange in Italien aufhalten und die außenpolitischen Probleme lösen konnte. In neuerer Zeit wurde deshalb festgestellt, »daß es keinen anderen deutschen Kaiser, abgesehen von Friedrich II., gegeben hat, der sich so viel, so eingehend und so tatkräftig mit den italienischen Verhältnissen abgegeben hat wie Otto der Große« (E. Duprè-Theseider).

Die bevorstehende Heirat, mit der Byzanz Ottos Kaisertum anerkannte, und die positive Regelung seiner Nachfolge gaben dem alternden Herrscher die Möglichkeit, in Ruhe und Gelassenheit seine und seines Sohnes Herrschaft weiter zu festigen. Während der ersten Monate des Jahres 971 empfing Kaiser Otto zahlreiche Bischöfe und Fürsten an seinem Hof. Unter den Besuchern war auch der regierende Abt Majolus von Cluny, der letzte der vier großen Äbte der cluniazensischen Reformbewegung. Kaiserin Adelheid, die naturgemäß allem Burgundischen besonders aufgeschlossen war, hatte die Verbindung hergestellt. Da ihre Klugheit und Urteilskraft wiederholt gerühmt wurde, war sie zweifellos auch eine interessante Gesprächspartnerin. Die aktive Teilnahme am Wirken Ottos war ihr eine Selbstverständlichkeit.

Auch der über achtzigjährige Augsburger Bischof Ulrich, dem der Kaiser seit der Schlacht auf dem Lechfeld 955 herzlich verbunden war, kam auf seiner Rückreise von Rom nach Ravenna an den Hof. Offenbar war der Kaiser jedoch auf Ulrichs Ankunft nicht genügend vorbereitet und eilte dem Bischof freudig entgegen, ohne zu merken, daß er erst einen Schuh angezogen hatte. An Impulsivität hatte Kaiser Otto offensichtlich nichts verloren.
Zu Ostern 971 versammelten sich in Ravenna fast alle Bischöfe, Fürsten, Grafen und sonstigen Granden Italiens um den Kaiser. Man unterhielt sich, beriet sich und faßte eine Reihe von Beschlüssen mehr lokaler Bedeutung. Einen Zehntstreit zwischen Corvey und Osnabrück wollte man nicht entscheiden und überwies ihn deshalb an den Papst. Schließlich bestimmte der Kaiser seinen sächsischen Landsmann, den Erzbischof Gero von Köln, mit einem großen und festlichen Geleit, dem auch zwei Bischöfe und einige Grafen angehörten, nach Konstantinopel zu reisen, um dort die Braut für seinen Sohn Otto abzuholen. Bischof Liudprand von Cremona zog anscheinend als sprachkundiger Begleiter mit.
Erst Anfang 972 kam Gero mit der byzantinischen Prinzessin in Apulien an und reiste mit ihr weiter nach Benevent. Hier, auf dem Boden des ostfränkischen Reiches, übernahm das Brautgeleit Bischof Dietrich von Metz, ein Vetter Kaiser Ottos und seit einiger Zeit eine der wichtigsten Persönlichkeiten in seiner Umgebung. Prinzessin Theophano war allerdings keine Porphyrogenita, sondern wahrscheinlich eine Nichte des gegenwärtigen Kaisers Johannes Tzimiskes. Daß sie kein unbedarftes, zweitrangiges Mädchen war, sollte sich erst später erweisen. Ihre Herkunft konnte aber bis heute nicht geklärt werden. Manche Historiker glauben, Byzanz habe mit der Entsendung dieser Prinzessin gegen die getroffenen Vereinbarungen verstoßen, und tatsächlich soll Otto vorgeschlagen worden sein, die vertauschte Braut wieder nach Konstantinopel zurückzuschicken. Andere Forscher sehen in Theophano die richtige Braut, mit der Byzanz den ausgehandelten Vertrag erfüllt hat. Der alte Kaiser Otto der Große, der in diesem

Jahr sein sechzigstes Lebensjahr vollendete, hat sie jedenfalls als Symbol für die Anerkennung seines Kaisertums durch den Basileus aufgenommen.

Das junge Paar wurde nach dem feierlichen Einzug der Braut in Rom am 14. April 972 in der Peterskirche festlich getraut. Theophano wurde zur Kaiserin gekrönt und die Ehe vom Papst gesegnet. Am dritten Tag wurde das Beilager gehalten, womit nach mittelalterlicher Auffassung die Ehe erst rechtsgültig wurde. Im Mittelalter wurden nicht selten aus politischen und erbrechtlichen Gründen Kinder verheiratet. Um diesen Kinderehen eine rechtliche Grundlage zu geben, mußte das Ehepaar längere Zeit nach der Hochzeit, gelegentlich sogar vor Zeugen, das Beilager aufsuchen.

Für Papst Johannes XIII. war es eine Schlappe (W. Ohnsorge), daß er auf Anweisung Ottos des Großen eine Prinzessin zur Kaiserin krönen mußte, die keine Porphyrogenita war, nachdem er Otto jahrelang eingeredet hatte, nur eine Porphyrogenita könne dem westlichen Kaisertum die Anerkennung verschaffen. Die Auffassung des Papstes vom westlichen Kaisertum unterschied sich grundlegend von der Ottos. Der Kaiser berief sich als solcher ebensowenig wie Karl der Große auf römische Tradition und römische Vorbilder, sondern überließ dies ohne Schmerz dem Basileus in Konstantinopel. Otto sah sein Kaisertum als ein eigenes, originär fränkisches an und setzte diese Anschauung gegen die päpstliche Auffassung durch.

Der junge Kaiser überließ seiner Gemahlin die bedeutenden Einkünfte großer Güter als Morgengabe: nicht nur der Provinz Istrien und der Grafschaft Pescara in Italien, sondern auch von Besitzungen am Rhein, in den Niederlanden, in Thüringen und in Westfalen. Darüber wurde eine prunkvolle Urkunde auf Purpurpergament ausgestellt.

Heimkehr und Ende

Nachdem Otto der Große seine Pläne in Italien verwirklicht hatte, kehrte er, nach sechsjähriger Abwesenheit, in die Heimat zurück. Er begab sich mit seinem Hof nach Ravenna und im Juli nach Mailand und Pavia. Er wollte ursprünglich auf dem Rückweg den sarazenischen Stützpunkt Fraxinetum in der Provence zerstören, da die Sarazenen immer wieder Raubzüge machten und sogar den Abt Majolus von Cluny auf dem Rückweg aus Italien gefangengenommen und erst gegen hohes Lösegeld freigelassen haben. Aber der Herrscher erhielt Nachrichten über eine bevorstehende große Empörung in Sachsen, die ihn sehr beunruhigten und zu rascher Heimkehr veranlaßten.
In der ersten Augusthälfte 972 überschritt der kaiserliche Hof die Alpen. Dabei erreichte den Herrscher eine Information, daß der Markgraf Hodo aus der sächsischen Ostmark auf eigene Faust Eroberungen im Gebiet des polnischen Herzogs Mieszko machen wollte und dabei Ende Juni bei Zehden eine Niederlage erlitten hatte. Der Kaiser ließ durch Boten den Streitenden befehlen, den Kampf einzustellen, bis er selbst an Ort und Stelle die Sache untersuchen würde.
Otto kam Mitte August mit den Seinen wie Anfang 965 durch das Rheintal nach St. Gallen und kurze Zeit später zur Reichenau im Bodensee. Die *Casus Sancti Galli* berichten, daß der Kaiser einen Stützstock benutzte, als er die beiden Klöster sorgfältig visitierte. In Reichenau entdeckte er Mängel der Verwaltung, die die Wirtschaft des Klosters beeinträchtigten. Er setzte deshalb den bisherigen Abt ab und erhob einen neuen, dem er strenge Anweisungen gab und der die ökonomischen Verhältnisse des berühmten Klosters dann auch wieder in Ordnung brachte.
Der Kaiser zog mit seiner Begleitung rheinabwärts und berief nach Ingelheim eine Synode ein. Die deutschen Erzbischöfe und Bischöfe sowie viele Äbte begrüßten dort den Herrscher im September 972 nach seiner sechsjährigen Abwesenheit wieder in der Heimat. Auch viele weltlicher Fürsten erschienen in Ingelheim, Einzelheiten der Synode sind nicht überliefert.

Für die Ostmark, die in der Folge der Lechfeldschlacht 955 zurückgewonnen worden war, wird nun erstmals ein eigener Markgraf genannt: Burchard, der zugleich Burggraf in Regensburg war. Die Einsetzung eines eigenen Markgrafen der Ostmark kann als ein Schritt zur Verminderung der bayerischen Herzogsmacht angesehen werden, die sich 976, einige Jahre später, fortsetzte, als Otto II. auch das Herzogtum Kärnten abtrennte und unter dem Babenberger Grafen Berthold den Nordgau selbständig machte.

In den ersten siebziger Jahren wurden noch andere Regelungen im Südosten des Reiches getroffen. Schon 971 hatte der Kaiser in Passau den Bischof Pilgrim neu eingesetzt, der sich intensiv um die Mission bei den Ungarn kümmerte. Die Ungarn waren nach ihrer Niederlage auf dem Lechfeld allmählich seßhaft geworden, und da ihr Großfürst Geisa eine Christin heiratete, waren auch die Voraussetzungen für die Christianisierung des ganzen Volkes sehr günstig. Einer der eifrigsten Prediger bei den Ungarn war der später heiliggesprochene Wolfgang, der Ende 972 auf Betreiben Bischof Pilgrims zum Bischof von Regensburg erhoben wurde.

Der Kaiser blieb nach der Ingelheimer Synode die folgenden Monate den Winter über im Rheingau. Er besuchte verschiedene Burgen und Pfalzen und einige Male wohl auch die Gräber seiner Kinder Wilhelm, Liudolf und Liudgard in Mainz. Die meiste Zeit verbrachte der Kaiser jedoch in Frankfurt in seinen umfangreichen Gütern der dortigen Gegend.

Im März 973 kam Otto endlich in das neue Erzbistum Magdeburg. Der Kaiser war bewegt, als er an der Elbe in die von ihm mit viel Energie ausgebaute Stadt einziehen konnte. Er besuchte auch das Grab seiner ersten Gemahlin Edgitha. Nun konnte sich der Herrscher mit eigenen Augen davon überzeugen, wie die von ihm aus Italien für den Magdeburger Dom gesandten Marmorsäulen, sowie das Gold, die Edelsteine und die Reliquien für den Kirchenschatz verwandt worden sind. Am Tag nach Palmsonntag überreichte der Kaiser dem Erzbischof Adalbert vor allem Volk Schenkungsurkunden für mehrere Güter, kostbare Geräte und Bücher für den Gottesdienst.

Otto setzte für Ostern einen Hoftag zu Quedlinburg an. Zunächst besuchte er in der Kirche zu Quedlinburg mit seiner Gemahlin Adelheid, seinem Sohn und seiner Schwiegertochter Theophano das Grab seiner Mutter, die an der Seite seines Vaters Heinrich I. beigesetzt worden war. Otto hat sich in den Gegenden um den Harz, am Kyffhäuser, in der Goldenen Aue usw. immer mit Vorliebe aufgehalten. Sie lagen verkehrsgünstig und zentral für seine vielfältigen Verpflichtungen.
Der Hoftag in den königlichen Besitzungen und Stiftungen zu Quedlinburg wurde zu einer Demonstration des Ansehens und Ruhmes Ottos des Großen. Gesandtschaften aus allen Windrichtungen kamen an die Bode, aus Dänemark, Rußland, Polen, Böhmen, Ungarn, Bulgarien, Byzanz, Rom und Benevent. Nach seinen vielen siegreichen Feldzügen während seiner langen Regierungszeit hatte Otto große Autorität bei allen Fürsten und Völkern, und sein Rat wurde von allen Seiten gesucht.
Der polnische Fürst Mieszko entsandte seinen Sohn, den später berühmt gewordenen König Boleslaw I. Chrobry – den Tapferen –, um den Konflikt mit dem Markgrafen Hodo klären zu lassen. Nach einer anderen Version kam Mieszko selbst nach Quedlinburg und übergab dem Kaiser seinen Sohn als Unterpfand seiner Treue. Um ihn vor Unbill zu schützen, soll Mieszko gleichzeitig dem Papst eine Haarlocke Boleslaws gesandt haben. Die Haare galten als Symbol der Lebenskraft.
Der junge böhmische Herzog Boleslaw II., der 967 seinem verstorbenen Vater gefolgt war, erschien persönlich in Quedlinburg, um die Gründung eines eigenen böhmischen Bistums in Prag zu betreiben. Die Böhmen waren mit ihrer Zugehörigkeit zur Regensburger Diözese nicht zufrieden. Der Hoftag beschloß unter dem Vorsitz des Kaisers, den Böhmen den Wunsch zu erfüllen und in Prag ein eigenes Bistum ins Leben zu rufen. Die Stadt an der Moldau wurde damals bereits wegen ihrer überwiegend steinernen Häuser gerühmt und der Hradschin im 10. Jahrhundert erstmals erwähnt. Aber der schon zitierte Jude Ibrahim-ibn-Jakub nannte Prag den größten Sklavenmarkt zu dieser Zeit, wo sich slawische, warägische, jüdische und ungarische Händler trafen.

Vom Großfürsten Geisa der Ungarn kam eine Gesandtschaft nach Quedlinburg. Ihre Geschenke galten wohl vor allem dem Kaiser als dem Beschützer der christlichen Kirche, der sich die Ungarn nun zugewandt hatten. Die Geschenke und Tributzahlungen der Böhmen, Dänen und Polen waren hingegen für den deutschen König als den Lehnsherrn dieser Gebiete bestimmt. In Quedlinburg erschien auch eine Gesandtschaft des neuen Papstes, Benedikt VI., des Nachfolgers des im September 972 verstorbenen Johannes XIII. Vermutlich gelangte Benedikt VI. erst nach einer Niederlage des späteren Bonifaz VII. auf den Stuhl Petri. Bonifaz rächte sich 974 für seine Schlappe durch Gefangennahme und Erdrosselung seines Rivalen.

Der Triumph des sechzigjährigen Kaisers inmitten der ihn verehrenden und ihm huldigenden zahlreichen Fürsten und Männer wurde Ende März 973 durch den Tod Hermann Billungs gedämpft. Nur auf wenige Weggefährten während seiner langen Regierungszeit konnte sich der Kaiser so in jeder Hinsicht verlassen wie auf Hermann. Wenn Otto trotzdem unwillig darauf reagierte, als er erfuhr, daß Erzbischof Adalbert Herzog Hermann unlängst in Magdeburg mit Glockengeläut und sonstigem Zeremoniell königlich empfangen hatte, so war das nicht aus Mißgunst gegenüber dem hochgeschätzten Billunger. Der Kaiser wollte nur an den Grundsätzen der königlichen Majestät festhalten. Es war jedenfalls ein bitterer Verlust, nun einen solch engen Vertrauten scheiden zu sehen. Etwa Anfang Mai, als sich der Kaiser in Merseburg aufhielt, wohl um das neue Bistum zu inspizieren, kam eine sarazenische Gesandtschaft der Fatimiden aus Afrika und Sizilien zu ihm. Die relativ junge Dynastie hatte erst vier Jahre vorher Ägypten erobert. Es war ein weiteres Zeichen des Ansehens und der Autorität, die Kaiser Otto auch in fernen Ländern genoß, daß der fatimidische Kalif an ihn eine Delegation sandte, die nun über die Verhältnisse in Süditalien verhandelte.

Aber Ottos Lebenszeit war nur noch knapp bemessen, wie sich schon wenige Tage später zeigte. Widukind von Corvey schreibt darüber in seiner »Sachsengeschichte«: »Am Dienstag vor Pfingsten kam der Kaiser an einen Ort, der Memleben heißt. In der folgenden Nacht stand er wie gewöhnlich mit der Dämmerung von seinem Lager auf und wohnte den nächtlichen und morgendlichen Lobgesängen bei. Danach ruhte er ein wenig. Nach der Messe spendete er entsprechend seiner Gewohnheit den Armen, aß ein wenig und ruhte wiederum auf seinem Lager. Zur Mittagsstunde aber kam er fröhlich aus seinem Gemach und setzte sich heiter an den Tisch. Nach Erledigung verschiedener Arbeiten wohnte er der Vesper bei. Als aber das Evangelium gesungen war, begann er bereits zu fiebern und sich matt zu fühlen. Als dies die Fürsten in seiner Nähe bemerkten, setzten sie ihn auf einen Sessel. Da ihm aber das Haupt auf die Brust sank, als wäre er schon verschieden, riefen sie ihn nochmals ins Bewußtsein zurück; er begehrte das Sakrament des Leibes und Blutes Gottes, nahm es und übergab dann ohne Seufzer mit großer Ruhe den letzten Hauch dem barmherzigen Schöpfer aller Dinge unter den Klängen der liturgischen Sterbegesänge. Dann wurde er aus der Kirche in sein Schlafgemach gebracht und, trotz der späten Stunde, sein Tod dem Volke mitgeteilt.«

Otto der Große ist am 7. Mai 973 im einundsechzigsten Lebensjahr zu Memleben an der Unstrut, am gleichen Ort wie sein Vater, verstorben. Am nächsten Tag bestätigten die anwesenden Großen den nun allein herrschenden Otto II. in seinem Amt, indem sie ihm die Hände reichten und als seine Vasallen die Treue gelobten. Noch einige Monate zuvor hatte der Sohn über den Vater in St. Gallen geklagt: »Wie ein Löwe hat er alle Reiche festgehalten, die er erworben, aber mir nicht den geringsten Teil davon abgegeben.« Trotz seiner Krönung zum König und Kaiser und trotzdem er seinen Sohn in Urkunden als *coimperator* bezeichnete – wie übrigens auch umgekehrt Otto II. seinen Vater –, hat Otto der Große seinem Sohn niemals eine selbständige Entscheidung erlaubt. Jetzt mußte der Sohn das ganze Erbe seines ruhmreichen Vaters übernehmen. Seine Vasallen erneuerten und bekräftigten nun Ottos II. Wahl zum König. Der Achtzehnjährige ließ den Leichnam seines Vaters nach Magdeburg bringen, wo Otto der Große einige Tage später begraben wurde.

Otto I. gehört zu den wenigen Herrschern, die schon zu Lebzeiten von ihren Zeitgenossen mit dem Epitheton »der Große« ausgezeichnet wurden und diese Auszeichnung auch über die Jahrhunderte hinweg behielten. Dabei hatte er zunächst gegen eine zähe innere Opposition angehen müssen: Zweimal lehnte sich eine Reihe von Herzögen gegen ihn auf – vor allem aber machte ihm sein eigener Bruder die Thronfolge streitig. Otto hat alle Versuche, seinem Regiment und seinem Leben ein gewaltsames Ende zu setzen, glücklich überstanden. Da er auch gegen die Slawen und Dänen, gegen Polen, Böhmen und Frankreich sowie in Italien erfolgreich war, setzte sich mehr und mehr der alte germanische Glaube durch, dieser König sei mit seinem Glück und Heil von Gott gewollt. Vor allem die Siege des Jahres 955 gegen die Ungarn und Slawen brachten eine Wende und zunehmende Anerkennung für Otto. Seitdem verstärkte die Kirche ihr Engagement für das Reich. Schließlich erlangte Otto die Bestätigung seines Kaisertums durch Byzanz. Sein Reich wurde im ganzen Abendland als führende Kraft anerkannt.

Als Sachse lag Ottos Interesse besonders im Osten, wo er nicht nur als Eroberer, sondern auch als Förderer auftrat. Er versuchte, das Land zwischen Elbe und Oder mit den von ihm gegründeten Bistümern Brandenburg, Havelberg, Merseburg, Zeitz, Meißen und Oldenburg auch kulturell für das Abendland zu gewinnen. Im Osten wie im Westen setzte Otto die Politik seines Vaters Heinrich I. fort und gewann mit Hilfe seines Bruders Brun große Teile Lothringens für sein Reich. Es ist vorstellbar, daß Otto seine Herrschaft auch über das Westreich auszudehnen versucht hätte, wenn ihn dort ebenso wie im Osten die Ausbreitung des Christentums angetrieben hätte. Ottos Wirken war nicht nur für das ganze Mittelalter bedeutsam, sondern es wurde grundlegend für die Entwicklungen bis in unsere Tage.

Charakter und innere Einstellung Ottos des Großen lassen sich aus seinen Taten erschließen: zweifellos kann man ihn als beharrlich bezeichnen, vor allem wenn man an seine Beseitigung des gefährlichen Stammespartikularismus und an sein beinahe lebenslanges Festhalten an seinen Plänen für Magdeburg denkt. Aber sicher wird Otto manchem Betrachter gelegentlich sogar als starrsinnig erscheinen. Seine Härte gegen Empörer und Nicht-Christen ist ebenso hervorstechend wie seine Treue und Zuverlässigkeit gegenüber Freunden und Verwandten. Sein Streben nach Gerechtigkeit wird immer wieder deutlich, besonders bei seinen Anrufungen Gottes. Unbestritten hat Otto als gläubig und fromm zu gelten, aber bigott war er bestimmt nicht. Er war mit der notwendigen Urteils- und Entschlußkraft des Politikers ausgestattet, wie er unter anderem 939 in der Bedrängnis vor Breisach und 952 beim Abbruch seines ersten Italienzuges bewiesen hat. Die erforderliche Wendigkeit des Politikers zeigte Otto bei seinem Taktieren gegenüber den Magnaten des Westreiches. Auch wer manches in der Überlieferung als Beschönigung der königstreuen Chronisten abtun mag, wird Otto doch persönlichen wie politischen Mut zugestehen. Ohne alle diese Eigenschaften hätte er sein Reich nicht siebenunddreißig Jahre führen und hätte er in den tausend Jahren seit seinem Leben mit seinem Werk vor der kritischen Geschichtsforschung nicht bestehen können.

Nach Ottos des Großen Tod

Es ist aller Beachtung wert, daß der sächsische Stamm, der unter Karl dem Großen so viele seiner Führer verloren hatte, schon hundert Jahre später zwei so kraftvolle Könige hat stellen können wie Heinrich I. und Otto I. Beide zusammen haben in rund vierundfünfzigjähriger Tätigkeit das Reich der Ostfranken aus den inneren und äußeren Mißlichkeiten herausgeführt und diesen Staat als Gemeinwesen der deutschen Stämme zu hohem Ansehen gebracht. Es war trotz aller Schwierigkeiten, die die beiden durchzustehen hatten, eine glückliche Zeit, wie sie mit dieser geistigen Kontinuität und Dauer in der deutschen Geschichte einmalig ist.

Aber der nachfolgende Otto II. mußte sofort gegen große Widerstände kämpfen, um das Erbe zu bewahren. Zwar hatte auch Otto der Große seine Herrschaft gegen eine ganze Reihe von Feinden behaupten müssen. Aber wahrscheinlich wäre es besser gewesen, wenn Otto II. noch zu Lebzeiten des Vaters Teile der Verantwortung übertragen bekommen hätte, wie er es sich in St. Gallen gewünscht hatte. Vielleicht hätte ihm das mehr Festigkeit gegeben und die Gegner seiner Thronfolge von manchem Übergriff abgehalten.

Die Animositäten, die ursprünglich zwischen Otto I. und seinem Bruder Heinrich geherrscht hatten, brachen zwischen deren Söhnen wieder hervor. Der junge Heinrich der Zänker versuchte zusammen mit seiner Schwester, der schwäbischen Herzogin Hadwig, die Macht des Königs in Süddeutschland zu reduzieren. Da sowohl der Schwabenherzog Burchard III. als auch der Augsburger Bischof Ulrich noch 973 starben, konnten die Geschwister sogleich aktiv werden. Es gelang ihnen aber nur, einen der Ihren auf den Augsburger Bischofsstuhl zu setzen. Zum neuen Schwabenherzog machte Otto II. seinen Neffen Otto, den Sohn Liudolfs.

Damit trat die Frontstellung natürlich in aller Schärfe zutage, denn nun wurde auch die Feindschaft zwischen Liudolf und dem 955 verstorbenen Heinrich wieder aufgewärmt. Der Zänker verband sich mit den Herzögen von Böhmen und Polen,

um seinen Vetter zu stürzen. Die Gelüste des Großvaters, Arnulf von Bayern, und des Vaters auf den Königsthron wurden beim Enkel bzw. Sohn wieder wach. Nur, zwischen den Vettern waren die Konsequenzen härter als ehedem zwischen den Brüdern: Otto II. ließ den aufständischen Zänker nach einer Gerichtsverhandlung zu Ingelheim hinter Schloß und Riegel bringen. Als Heinrich Anfang 976 fliehen konnte und einen neuen Aufstand anzettelte, entzog ihm Otto das Herzogtum Bayern. Er belehnte den Schwabenherzog Otto damit, allerdings erst nach einer Verkleinerung: Kärnten wurde ein eigenes Herzogtum, und auch der Nordgau – nördlich von Regensburg – wurde unter einem Babenberger selbständig.
Aber schon 974, während der ersten Auseinandersetzungen um die süddeutschen Herzogtümer, versuchte auch der Däne Harald Blauzahn die Gunst der Stunde, um sich das Land nördlich der Elbe anzueignen. Wie im Süden konnte der Kaiser auch hier die Dinge für sich entscheiden und den Dänen im Herbst 974 wieder über die Schlei zurücktreiben und die bisherige Grenze bewahren.
In Lothringen versuchten die von Otto I. ausgeschalteten Reginare so lange, mit Kämpfen ihre Besitztümer wiederzuerlangen, bis Otto ihnen 977 ihre früheren Güter zurückgab, um endlich Ruhe zu bekommen. Durch die merkwürdige Einsetzung des Karolingers Karl – eines Sohnes der Gerberga – als Herzog von Niederlothringen schuf sich Otto unnötige Schwierigkeiten. Karl war mit seinem Bruder, dem französischen König Lothar III., verfeindet und aus Frankreich verbannt. Der französische König fiel dann auch prompt im Juni 978 in Niederlothringen ein und besetzte die Pfalz zu Aachen. Bei dieser Aktion wäre ihm beinahe der Kaiser in die Hände gefallen, denn Otto wurde völlig überrascht und konnte seinem Vetter nur knapp entfliehen. Lothar fehlte allerdings die Kraft, um Aachen längere Zeit besetzt zu halten, und so zog er weiter nach Süden, um in Oberlothringen Metz zu attackieren. Aber hier wurde ihm mehr Widerstand geleistet, sodaß Lothar schließlich ohne große Ergebnisse wieder nach Frankreich zurückkehrte.

Mit einem rasch inszenierten Vergeltungszug kam der Kaiser zwar noch im November des gleichen Jahres bis vor Paris, aber die Stadt selbst blieb ihm verschlossen. Der Montmartre, der Berg der Märtyrer, lag damals noch außerhalb der Stadtmauer, und auf ihm ließ Otto alle Geistlichen seiner Begleitung aufstellen und das Halleluja *Te martyrum* in die Stadt schmettern. Im Mai 980 einigten sich der deutsche und der französische Herrscher bei einem Treffen auf lothringischem Gebiet über die Beibehaltung der bestehenden Grenzen, also auch über den Verbleib Lothringens beim Ostreich.
Heinrich der Zänker wollte sein Leben nicht als enteigneter Fürst weiterführen. Otto II. zog zweimal vergeblich nach Böhmen, um seinen Vetter zu fangen. 977 griff Heinrich wieder mit einigen Bundesgenossen an, und nur mit großer Kraftanstrengung gelang es dem Kaiser 978, den neuen Aufstand niederzuschlagen. Unter den Empörern, die verhaftet wurden, befand sich der Herzog von Kärnten, gleichfalls ein Enkel Arnulfs von Bayern, der erst 976 ernannt worden war. Die Herrschaft über Kärnten gab der König jetzt Otto, einem Sohn Konrads des Roten und Liudgards, sodaß nun in Süddeutschland zwei Enkel Ottos des Großen wirkten. Mit der bayerischen Ostmark belehnte Otto II. 976 die Babenberger.
Boleslaw II. von Böhmen unterwarf sich nach mehreren Feldzügen dem Kaiser erneut, und 979 konnte Otto durch einen Sieg auch die Abhängigkeit der Slawen zwischen Elbe und Oder festigen. Damit wurde die Verbindung zum Polenfürsten Mieszko auch wieder enger.
Mit Geschick und schneller Reaktion hat Otto II. – zunächst oft unter dem Einfluß seiner Mutter Adelheid, dann mehr und mehr unter dem seiner Gemahlin Theophano – die vielen Angriffe abgewehrt, die ihm die ersten sieben Jahre seiner Regierungszeit brachten. Damit hatte er aber die Hälfte seiner Regierungszeit bereits weit überschritten.
Wie sein Vater zog Otto II. auf einen Hilferuf des Papstes hin nach Italien. Das war im Oktober 980. Seit 974 war Benedikt VII. aus der Familie des 954 verstorbenen Patricius Alberich Papst. Er war im Einvernehmen mit dem Kaiser erhoben, jetzt

aber von der Adelspartei der Crescentier vertrieben worden. Otto wollte den schon länger geplanten Zug über die Alpen endlich durchführen, denn die Langobarden sollten nach acht Jahren wieder einmal ihren Oberherrn zu sehen bekommen.

Auf dem Weg nach Rom machte Otto in Ravenna in der Pfalz seines Vaters Station. Er hatte in seiner Begleitung Gerbert von Aurillac, mit dem Otto der Große bereits Kontakt gehabt hatte. In Ravenna leitete Otto II. ein Streitgespräch zwischen Gerbert und dem Kapellan Ohtric von der Magdeburger Domschule. In der Disputation ging es um die Einteilung der Philosophie, also um die Ordnung der damals bekannten Wissenschaften.
Papst Benedikt traf den Kaiser in Ravenna, und Otto brachte ihn im Februar 981 in die Ewige Stadt zurück. Rom, Italien und das römische Kaisertum bewegten den jungen, hochgebildeten Otto II. ungleich mehr als seinen Vater, der noch viel stärker in den germanischen Traditionen verhaftet war. Otto II. war dagegen von den Einflüssen seiner burgundischen Mutter und seiner byzantinischen Gemahlin geprägt. Seine Einstellung drückte sich zum Beispiel im Gebrauch des Titels *Romanorum Imperator Augustus* aus, den Otto der Große in dieser römischen Form niemals für sich akzeptiert hatte. Die Entwicklung muß auch vor dem Hintergrund eines 976 erfolgten Thronwechsels in Byzanz gesehen werden, nach dem die Verwandten von Ottos Gemahlin Theophano vom Hof vertrieben worden waren.
Da die Sarazenen von Sizilien aus in Süditalien eingedrungen waren, wollte Otto einen Feldzug nach Süden unternehmen. Pandulf Eisenkopf von Capua, der Otto helfen sollte, starb im März 981. Die Pläne mußten deshalb verschoben werden, und schließlich konnte man erst Anfang 982 zum Angriff schreiten. Das byzantinische Apulien wurde erobert, und im Juli konnte Ottos Heer in Kalabrien eindringen. Cap Colonne südlich von Cotrone sollte Otto zum Schicksal werden. Es gelang ihm, das Hauptheer der Sarazenen zu besiegen und seinen Führer, den Emir Abul Kassim zu töten. Die kaiserlichen Truppen freuten sich aber zu früh über den Sieg, denn plötzlich brach noch eine

*Otto II.
Miniatur aus der anonymen Kaiserchronik.
Handschrift vom Anfang des 12. Jahrhunderts
(Corpus Christi College, Cambridge).*

starke Abteilung der Sarezenen hervor und schlug die christlichen Scharen vernichtend. Der Kaiser konnte sich nur knapp auf ein Schiff retten, mit dem er unerkannt entkam.
Otto gab seine Pläne, das ganze Italien unter seine Herrschaft zu bringen, nicht auf. Die Sarazenen zogen sich trotz ihres Sieges nach Sizilien zurück, da die Antriebskraft ihres gefallenen Führers fehlte. Zur Beseitigung des byzantinischen Kommandos sammelte der Kaiser neue Streitkräfte.
Zunächst rief er für Mai 983 einen Reichstag nach Verona ein. Viele deutsche Fürsten kamen in die Stadt an der Etsch, die Otto sieben Jahre vorher dem Herzogtum Kärnten zugeschlagen hatte. Herzog Otto von Schwaben und Bayern war 982 gestorben, und man mußte über die Neubesetzung seiner Herzogtümer beraten. Aber der Kaiser wollte auch seinen dreijährigen Sohn Otto als deutschen König zur Wahl stellen.
Das schwäbische Herzogtum erhielt ein Neffe des 949 verstorbenen Konradiners Hermann, und Bayern bekam erstaunlicherweise der Luitpoldinger Heinrich, den der Kaiser 976 mit

dem Herzogtum Kärnten belehnt und dem er es 978 nach seiner Komplicenschaft mit Heinrich dem Zänker wieder entzogen hatte. Wahrscheinlich mußte der Kaiser mit den beiden Ernennungen den Wünschen der Fürsten nachgeben. Er war nach seiner Niederlage bei Cotrone in einer schwierigen Situation und brauchte die Zustimmung der Magnaten für neue Truppen ebenso wie für die Wahl seines Sohnes, der die Herrschaft der liudolfingischen Dynastie fortführen sollte.
Die Wahl ging nach Ottos Wünschen, aber es wurde vereinbart, daß der junge König dem Kölner Erzbischof Warin übergeben wird. Die Mutter Theophano dürfte darüber nicht glücklich gewesen sein, aber die Fürsten wollten wohl gerade ihren Einfluß auf den jungen Otto beschränken. Sie machten politisch dem Kaiser ohnehin Zugeständnisse, da in Verona zum ersten Mal ein deutscher König südlich der Alpen gewählt und hernach in Aachen auch von einem italienischen Bischof gekrönt wurde. Die römische Reichsidee trat damit deutlich hervor.
Otto der Große hatte sich dank einer klugen Personalpolitik jahrelang in Italien aufhalten können, ohne von seinen östlichen und nördlichen Eroberungen etwas zu verlieren. Sein Sohn hatte offenbar nicht so sorgfältig vorgesorgt, als er sich mit den Fürsten in Verona versammelte, denn jetzt brach der Sturm los: Dänen und Slawen überrannten die Grenzverteidigungen, zerstörten Brandenburg und Havelberg und plünderten Hamburg. Magdeburg konnte mit der alten Elbe-Saale-Grenze nur mühsam gehalten werden, ebenso Transalbingien. Herzog Bernhard von Sachsen, der Sohn des 973 verstorbenen Billungers Hermann, machte sich dabei besonders verdient.
Otto erfuhr von der Katastrophe, als er nach dem Veroneser Reichstag wieder auf dem Weg nach Süden war. Er konnte weder dagegen noch gegen Byzanz Weiteres unternehmen, denn eine Malaria schüttelte ihn heftig, und an ihren Folgen zusammen mit einer Aloevergiftung starb er nach nur zehnjähriger Regierungszeit am 7. Dezember 983. Er wurde als einziger deutscher Kaiser in St. Peter zu Rom begraben.

Noch ohne Kenntnis vom Tod seines Vaters wurde Otto III. an Weihnachten 983 zu Aachen in der Pfalzkapelle Karls des Großen von den Bischöfen von Mainz und Ravenna zum König gesalbt und gekrönt. Es war zunächst unklar, wer die Vormundschaft für den dreijährigen König ausüben würde. Seine Mutter Theophano war noch in Italien. Der Gedanke, daß die Byzantinerin das Heft in die Hand bekommen würde, mag bei vielen Unbehagen ausgelöst haben. Von väterlicher Seite kam als nächster Verwandter, als nächster Schwertmage, unglücklicherweise Heinrich der Zänker in Frage, den der Bischof von Utrecht nach wie vor in Haft hielt.

Man gab den kleinen Monarchen zuerst einmal zu Erzbischof Warin nach Köln, wie es in Verona vereinbart worden war. Heinrich der Zänker konnte jedoch seinen Kerkermeister in Utrecht davon überzeugen, daß er unter den veränderten Verhältnissen freizulassen sei. Aber nicht nur den Utrechter konnte er zu seinen Gunsten beschwätzen, sondern auch den Kölner, dem er die Herausgabe des kleinen Otto abgeluchst hat. Damit hatte er ein einzigartiges Faustpfand, mit dem er alles würde erreichen können, was er wollte.

Tatsächlich zog der Bayer mit seiner Geisel – nichts anderes war der König für Heinrich – nach Quedlinburg. Er konnte unterwegs eine Reihe von Anhängern für sich gewinnen, vor allem unter der hohen Geistlichkeit. Unter den weltlichen Fürsten schlossen sich ihm – zweifellos nach großen Versprechungen – Boleslaw II. von Böhmen, Mieszko von Polen und der Obodrit Mistui an, der einer der Anführer des Slawenaufstandes von 983 gewesen war. Im Westen hat Heinrich dem französischen König Lothar III. die Überlassung Lothringens versprochen, um sich von dieser Seite Rückenfreiheit zu sichern.

Zu Quedlinburg war es soweit, daß Heinrich der Zänker an Ostern 984 zum deutschen König gewählt wurde.

Spätestens nach diesem usurpatorischen Akt riefen die Anhänger des rechtmäßigen liudolfingischen Königshauses, allen voran Erzbischof Willigis von Mainz, die beiden Kaiserinnen Adelheid und Theophano aus Italien zurück. Die Gegner

Heinrichs, zu denen auch die Herzöge Bernhard von Sachsen und Konrad von Schwaben zählten, trieben ihn so in die Enge, daß er bei einem Treffen auf der Ebene zwischen Worms und Lorsch versprach, Otto seiner Mutter zurückzugeben. Das geschah dann während eines Reichstages im Mai 984 in Rohr bei Meiningen in Thüringen. Die Erwartung des Zänkers, dafür wieder in Bayern eingesetzt zu werden, wollte die Versammlung jedoch nicht erfüllen.

Die Regierung des Reiches kam nun in die Hände der beiden Kaiserinnen. Zweifellos waren viele Magnaten mit der »Weiberherrschaft« nicht zufrieden, und manche Verunglimpfung wurde den beiden angehängt. Aber Adelheid wie Theophano waren ihrem ganzen Wesen nach so dominante Persönlichkeiten, daß sie Fürsten und Grafen sicher beherrschten, solange sie unter sich einig waren. Das war allerdings bei den beiden selbstbewußten Frauen nicht immer der Fall.

Theophano ließ ihrem Sohn eine sehr sorgfältige Erziehung zukommen. Sie bestimmte dafür den gelehrten Griechen Johannes Philagatos, der sich freilich wenig später zum antikaiserlichen Gegenpapst aufschwang, und den Kapellan Bernward, der dann als Bischof zu Hildesheim berühmt wurde.

Auch während eines weiteren Reichstages auf der Ebene zwischen Worms und Lorsch erhielt der Zänker das bayerische Herzogtum nicht zurück. Es war noch fest in der Hand seines ehemaligen Verbündeten, des Luitpoldingers Heinrich, der nach dem Verlust von Kärnten nicht noch einmal ein Herzogtum einbüßen wollte. Die beiden Enkel des großen Herzogs Arnulf gerieten sich deshalb in die Haare, ohne damit an den Verhältnissen etwas zu ändern.

Dagegen konnte König Lothar III. von Frankreich mit Streitkräften bis an die Maas vordringen und Verdun in Besitz nehmen. Weiterer Landgewinn gelang ihm jedoch nicht, zumal ihm die Stimmung unter der lothringischen Aristokratie nicht günstig war.

Zur Befriedung im Inneren fand man schließlich 985 doch eine Lösung: Heinrich der Zänker erhielt Bayern nach einer demütigenden neuerlichen Unterwerfung tatsächlich zurück; der luitpoldingische Heinrich »der Jüngere« wurde mit seinem früheren Herzogtum Kärnten abgefunden, und Otto, dem Sohn Konrads des Roten, gab man ein Gebiet westlich des Oberrheins.

Bei diesem Otto erforderte der Handel zweifellos große Kompromißbereitschaft. Aber die angestrebte Ruhe im Reich wurde tatsächlich gewonnen, und nachdem Adelheid 985 wieder nach Italien zurückgekehrt war, konnte die prunkliebende Theophano an Ostern 986 in Quedlinburg eine glanzvolle Festlichkeit mit einer Festkrönung ihres Sohnes arrangieren. Ähnlich wie 936 bei König Otto I., dem vier Herzöge die Hofdienste geleistet hatten, so betätigten sich jetzt für den sechsjährigen Otto III. Heinrich von Bayern als Truchseß, Konrad von Schwaben als Kämmerer, Heinrich von Kärnten als Mundschenk und Bernhard von Sachsen als Marschall. Daß Theophanos vormundschaftliche Regierung gefestigt war, wird daraus deutlich, daß auch Mieszko von Polen und Boleslaw von Böhmen nach Quedlinburg gekommen waren und Otto III. huldigten.

Aber Theophano schmerzte der Verlust der slawischen Gebiete seit 983. Sie versuchte in drei Kriegszügen, 985 bis 987, ihre Rückgewinnung, mußte sich aber mit kleinen Gewinnen begnügen, unter anderem mit einem Teil der Mark Meißen, der noch 984 durch die Schuld des Zänkers an die Böhmen verlorengegangen war. Und sie war froh, gefährdete Gebiete wie die Lausitz halten zu können. Der Elan der wiedergewonnenen Unabhängigkeit war bei den Slawen viel zu groß, als daß diese Kräfte so rasch wieder hätten ausgeschaltet werden können. Aber Theophano ernannte fähige Männer und brachte in den verbliebenen Marken die Obodriten 990 nach zwei Feldzügen wieder in eine lose Abhängigkeit. Sie erneuerte in Dänemark die von Otto dem Großen 965 verfügte Abgabenfreiheit der Bistümer 988, um den Bestand des Christentums weiter zu fördern. Als Polen und Böhmen 990 aneinandergerieten, griff Theophano zugunsten der Polen ein, und Boleslaw versicherte schließlich in einem Abkommen die Fortdauer seiner Freundschaft mit den Deutschen.

In Frankreich brachte der Tod Lothars III. 986 und kurz darauf seines Sohnes Ludwig V. 987 das Ende der Karolinger. Der von Otto II. zum Herzog von Niederlothringen erhobene Karl kam trotz nachdrücklicher Bemühungen nicht an die Regierung. Vielmehr gelangte nun 987 Hugo Capet – interessanterweise ein Enkel des deutschen Königs Heinrich I. – auf den französischen Thron, nicht zuletzt mit Hilfe des Erzbischofs Adalbero von Reims. Im Gegensatz zu Karl, der wohl Lothringen mit nach Frankreich hätte einbringen wollen, erneuerte Hugo den Verzicht auf Lothringen und gab Verdun wieder an das deutsche Reich zurück. Mit Hugo sind die Kapetinger nach den mannigfachen Kämpfen gegen die Karolinger für viele Jahrhunderte auf den französischen Thron gekommen.
Kaiserin Theophano hat die Entwicklung in Frankreich äußerst geschickt beeinflußt, um Lothringen für das deutsche Reich zu erhalten. Südlich der Alpen hatte bisher Adelheid als ehemalige Königin der Langobarden seit ihrer Rückkehr 985 vieles lenken können. Ihrem Wirken war es zu verdanken, daß der plötzliche Tod Ottos II. keine wesentlichen politischen Veränderungen nach sich zog. Im Kirchenstaat wurde Adelheid jedoch nicht tätig. Es kam hier zu schauderhaften Exzessen: Papst Bonifaz VII. hatte nach der Erdrosselung seines Vorgängers Benedikt VI. im Jahre 974 zehn Jahre später auch den kaiserlichen Papst Johannes XIV. verhungern lassen und wurde 985 selbst erschlagen. Seither führte die Adelspartei der Creszentier wieder einmal das Regiment in der Tiberstadt.
989 reiste Theophano nach Rom. Sie hatte schon im Jahr vorher eine Kanzlei für Italien ins Leben gerufen, die am deutschen Hof arbeitete. In Italien und Rom trat Theophano als Kaiser auf und stellte als solcher auch Urkunden aus. Allerdings hat sie sich nicht als »römischer« Kaiser bezeichnet, wie Otto II. in seiner letzten Zeit, demonstrierte aber deutlich die Ansprüche ihres Sohnes auf die Kaiserwürde.
Viel zu früh für ihren erst elfjährigen Sohn und zu früh für das Reich starb die tatkräftige Theophano nach ihrer Rück-

kehr aus Italien und nach einem Reichstag in Quedlinburg zu Ostern 991 am 15. Juni 991 in Nimwegen. Sie ist nur etwa fünfunddreißig Jahre alt geworden. Obgleich sie Schwierigkeiten hatte, sich in ihre neue Heimat einzugewöhnen, erwies sie sich nach dem Tod ihres Gemahls Otto II. als wichtige Stütze des Reiches. Es ist offen, wie die Entwicklung weitergegangen wäre, hätte Heinrich der Zänker seine Absichten fortführen und als deutscher König tätig werden können. Aber auch mit ihm wäre nicht wesentlich mehr Kontinuität erreicht worden, denn er starb nur vier Jahre nach Theophano. Jedoch gelangte seine Linie später mit seinem Sohn Heinrich II. im Jahre 1002 noch auf den deutschen Thron.

Zunächst mußte 991 die inzwischen etwa sechzigjährige Adelheid als Vormund für ihren Enkel Otto III. einspringen. Sie hatte sich während der letzten Jahre sehr von der Politik zurückgezogen und sich nur noch kirchlichen Fragen gewidmet. Mehr als zu Theophanos Zeit traten nun die Berater in den Vordergrund, Erzbischof Willigis von Mainz und Bischof Hildebald von Worms. Der junge Otto zog schon 991 und in den folgenden Jahren mit Streitkräften nach Osten gegen die Lutizen, denen zeitweilig Brandenburg wieder genommen, aber doch nicht dauernd gehalten werden konnte, obgleich sich auch Heinrich von Bayern und Boleslaw II. von Böhmen für die deutsche Sache engagierten.

Der alte Mieszko von Polen »schenkte« sein Land dem Papst, um es vor künftigen Zugriffen des deutschen Königs besser zu schützen. Dazu verlegte er auch seinen Sitz von Posen nach Gnesen, das nicht mehr in dem tributpflichtigen Teil seines Landes lag. Als Mieszko 992 starb, übernahm sein Sohn Boleslaw Chrobry seine Nachfolge.

Aus dem Norden fielen nun wieder des öfteren Nordmänner – Dänen und Schweden – in Sachsen ein und plünderten die größeren Orte. Und im Süden riß Creszentius die Herrschaft über Rom an sich, schob die kaiserlichen Rechte beiseite und vertrieb den Papst.

Sosehr sich Adelheid und ihre Ratgeber bemühten, so konnten sie die starke Hand eines Herrschers doch nur unzulänglich ersetzen. Zweifellos war es ihnen sehr willkommen, daß ein Reichstag zu Sohlingen im Solling Otto III. im September 994 für volljährig erklärte.

Als es unmittelbar darauf wieder zu Differenzen mit Bayern wegen der Einsetzung eines neuen Bischofs zu Regensburg kam, konnte Otto sein königliches Recht durchsetzen und einen seiner Kapellane investieren. Im Jahr darauf, dem Todesjahr Heinrichs des Zänkers, zeigte der junge König erneut, wie sehr er nach eigenem Gutdünken über die Herzöge herrschen wollte: Er machte Kärnten, das sechs Jahre vorher noch einmal mit Bayern vereint worden war, wieder selbständig und belehnte den früheren Herzog Otto damit, der sich 985 mit rheinischen Gebieten hatte abfinden lassen.

Im Spätsommer des gleichen Jahres unternahm der König einen Kriegszug gegen die Obodriten, wobei ihm polnische und böhmische Streitkräfte beistanden. Das Havelland östlich der Elbe wurde zwar verwüstet, aber Otto zog sich ohne ernsthaften Versuch, das Land erneut zu unterwerfen, zurück.

So deutlich Otto III. die Aufgabe sah, die Grenze nach Osten zu sichern, zu verteidigen und – mindestens in kirchlichem Auftrag – wieder ostwärts über die Elbe zu verschieben, so drängten ihn seine eigenen Wünsche doch nach Süden über die Alpen. Schon hatte er eine Gesandtschaft nach Byzanz auf den Weg gebracht, die um eine Prinzessin für ihn werben sollte. Im Februar 996 machte er sich selbst von Regensburg aus auf den Weg, um in stattlicher Begleitung vieler Bischöfe und Fürsten über den Brenner nach Italien zu ziehen.

Ein Hilferuf des Papstes, des aus Rom vertriebenen Johannes XV., war ihm so willkommen wie einst seinem Vater und Großvater. Aber unterwegs, in Pavia, erreichte Otto die Nachricht, daß Johannes XV. gestorben war. Die Bitte der Römer, Otto möge einen neuen Papst designieren, zeigt, daß die Kämpfe seines Großvaters um die Durchsetzung der kaiserlichen Rechte nicht vergeblich gewesen waren. Obgleich Otto III. noch nicht zum Kaiser gekrönt war, erkannten ihm die Römer als deutschem König schon die kaiserlichen Rechte zu.

Otto ernannte den Kapellan Brun, einen Sohn Herzog Ottos von Kärnten und Urenkel Ottos des Großen, zum neuen Papst. Brun wurde damit der erste Deutsche auf dem apostolischen Stuhl. Der Mainzer Erzbischof Willigis und Bischof Hildebald von Worms geleiteten ihn nach Rom, wo er bei seiner Inthronisation den Namen Gregor V. annahm.

Der sechzehnjährige Otto setzte seinen Willen nicht nur gegen Herzöge, sondern auch in kirchlichen Fragen frei und um Konventionen unbekümmert durch. Papst und Kaiser aus einer Familie als Vettern konnten ein ersprießliches Zusammenwirken ergeben, sofern die stets kritischen Römer den fremden Pontifex akzeptieren würden.

Otto kam bald nach der Inthronisation des neuen Papstes ebenfalls nach Rom und wurde von Gregor V. am 21. Mai, dem Himmelfahrtstag 996, in der Peterskirche zum Kaiser gekrönt. Eine Synode, die kurz nachher stattfand, leiteten Papst und Kaiser gemeinsam. Den Creszentius verbannte Otto und begnadigte ihn nach einem feierlichen Treueid.

Der neue sechzehnjährige Kaiser beanspruchte trotz der Verwandtschaft mit dem deutschen Papst im Verhältnis zur Kirche offenbar den Vorrang. Deutlichster Ausdruck dafür ist es, daß er das *Ottonianum* seines Großvaters nicht erneuerte, also die darin festgelegten Privilegien des Papstes nicht bestätigte. Das mußte zu Spannungen zwischen Kaiser und Papst führen. Sie lagen allerdings auch an Gregor V., weil er sich auf eine ausgeprägt kuriale Linie begab, obgleich es ihm klar sein mußte, daß er in Rom auf die Unterstützung des Kaisers nicht verzichten könnte.

Otto zog schon im August 996 wieder nach Deutschland zurück. Hier traf er einige Male mit Adalbert von Prag zusammen. Die religiöse Askese Adalberts und die imperialen Ansichten Gerbert von Aurillacs gewannen erheblichen Einfluß auf den Kaiser. Auch Leo von Vercelli, ein Kenner des römischen Rechtes, und der Kapellan Heribert, Kanzler für Italien, hatten stets das Ohr des jungen Monarchen.

Die Ostgrenze beanspruchte wieder die Aufmerksamkeit Ottos, denn die Lutizen kamen immer erneut über die Elbe, um in Sachsen Beute zu machen. Der Kaiser unternahm zwar noch im August einen Zug gegen die Heveller, aber er beschränkte sich wie zwei Jahre zuvor auf Verwüstungen und war an einer dauerhaften Beherrschung der ostelbischen Gebiete offenbar nicht interessiert. Ganz im Gegenteil ließ er zwar zunächst in der Arneburg am linken Elbufer die Befestigungen ausbauen, als die Slawen aber dann die Burg niederbrannten, ließ Otto sie zerstört liegen.

Der Wandel gegenüber Otto dem Großen war vollständig, und die tüchtigen Markgrafen, die seine Mutter noch eingesetzt hatte, waren auf sich allein gestellt – mehr noch: als Otto III. wieder nach Italien zog, entblößte er die Marken an der Elbe von ihren Führern und nahm sie mit über die Alpen. Die Entwicklung von Otto dem Großen zu seinem Enkel ist frappant. Hatte Otto der Große neben der Politik nur gelegentlich Interesse für geistige und künstlerische Dinge erkennen lassen, so standen diese für Otto III. im Vordergrund, während er die Politik mehr mit seinem romantisierenden Intellekt zu meistern versuchte. Otto III. bezeichnete sich mit Vorliebe als *Romanurum Imperator Augustus* und stellte damit seine Ansprüche auf Weltherrschaft – vor allem gegenüber dem Kaiser von Byzanz – heraus, wogegen Otto der Große sich unprätentiös aber realistisch *Imperator Augustus* bezeichnet hat.

In Byzanz ließ man sich von den eitlen Erwartungen des neuen Imperators nicht beeindrucken und schob seine Wünsche nach einer Porphyrogenita erst einmal etwas beiseite. Mit beachtlichem Raffinement brachte es Byzanz dahin, daß der deutsche Papst Rom verlassen mußte und sich der ehemalige Erzieher Ottos III., Johannes Philagatos im Mai 997 als Johannes XVI. zum Gegenpapst weihen ließ. Creszentius war wieder der Beherrscher Roms.

Der halbjährige Aufenthalt in Italien 996 hat in dem jungen Kaiser überspannte und phantastische Ambitionen geweckt. Die Entwicklungen um den Heiligen Stuhl trafen sich daher mit seinem Wunsch, so bald wie möglich wieder über die Alpen zu ziehen.

Im November 997 machte sich Otto auf den Weg, begleitet von den Herzögen Heinrich von Bayern, Otto von Kärnten und Hermann II. von Schwaben, den Markgrafen von Meißen und der Lausitz sowie einer Reihe von Bischöfen. Als der Kaiser im Februar 998 vor Rom ankam, öffnete man ihm und Papst Gregor V. bereitwillig die Tore. Johannes XVI. war geflohen, und Creszentius hatte sich in die Engelsburg zurückgezogen. Aber beide gerieten in die Hände der Deutschen: sie schnitten dem Gegenpapst Nase, Ohren und Zunge ab, überwanden Creszentius nach einer Belagerung der Engelsburg und enthaupteten ihn auf der obersten Zinne vor den Augen des Volkes. Die Leiche knüpften sie an den Füßen auf.

Nun ging der Kaiser daran, Rom zum Zentrum seiner Herrschaft zu machen. Er sprach wohl noch davon, seinem Reich zwei Hauptstädte zu geben, Rom und Aachen, aber Rom hatte für ihn eindeutig Vorrang. Er ist nur noch einmal für wenige Monate nördlich der Alpen erschienen.

In Rom ließ er sich auf dem Palatin einen prunkvollen Palast bauen, um sein Imperium von der gleichen Stelle aus regieren zu können wie einst die römischen Kaiser. Gleichzeitig wollte Otto aber auch das Reich Karls des Großen erneuern und vollenden. Der sehr auf Symbole und Repräsentation bedachte Kaiser verwandte zur Beglaubigung seiner Urkunden Metallbullen, die auf der einen Seite den Kopf des großen Karolingers, auf der anderen eine bewaffnete Roma und die Umschrift *Renovatio Imperii Romanorum* (Erneuerung des Kaiserreichs der Römer) trugen.

Die *Renovatio* war für Otto III. das Programm für die kommenden Jahre. Es mußte für den geistig noch keineswegs gereiften Kaiser naheliegend sein, sich eng an Vorbilder anzulehnen. Dabei schwankte er ständig zwischen den Vorschlägen seiner Berater und eigenen Entschlüssen hin und her.

Der noch nicht Zwanzigjährige verbrachte Tage und Wochen in der Gesellschaft frommer Eremiten und unternahm Bußübungen und Pilgerfahrten. Der Tod seiner Tante Mathilde, der ihm nahestehenden Äbtissin von Quedlinburg, und des Papstes Gregor V. traf ihn in seiner psychischen Labilität tief. Mathilde hatte er vor seiner Abreise aus Deutschland 997 noch zur *Matricia* und damit zu seiner Vertreterin ernannt. Die italienischen Anachoreten verlockten den jungen Schwarmgeist, aus der enttäuschenden Welt in die Reinheit der Askese zu fliehen.

Zum Nachfolger für den verstorbenen Papst Gregor V. bestimmte der Kaiser im April 999 seinen Freund Gerbert von Aurillac. Als Erzbischof von Reims war Gerbert gescheitert. Otto hatte ihn dann in seine Hofkapelle aufgenommen und ihm das Erzbistum Ravenna übertragen. Als Papst nannte sich Gerbert nun Silvester II. Seine Wahl durch Klerus und Volk von Rom war, wie schon bei Gregor V., nur noch eine Formsache.

Die idealistischen Bestrebungen Ottos zur Erneuerung des römischen Weltreiches führten zunächst dazu, daß verschiedene Gebiete südlich von Rom wieder stärker mit dem Reich verbunden wurden. Die gleichen Absichten veranlaßten den Kaiser im Dezember 999 zu seinem berühmten Zug nach Gnesen. Politik und Religion standen hier, wie so oft, eng beieinander. Otto wollte Polen in sein römisches Imperium eingliedern und gleichzeitig das Grab des heiligen Adalbert, der ihn drei Jahre vorher stark beeindruckt hatte, besuchen.

Als Otto im März des Jahres 1000 unter dem Geleit von Boleslaw Chrobry vor Gnesen ankam, zog er barfuß in die Stadt und sank, wie Thietmar von Merseburg schreibt, unter einem Strom von Tränen am Grab des 997 von Pruzzen im Samland ermordeten Adalbert nieder.

Er errichtete in den folgenden Tagen im Einvernehmen mit dem Papst das Erzbistum Gnesen und erhob Gaudentius, einen Bruder Adalberts, zum ersten Erzbischof. Boleslaw wurde zum »Freund und Bundesgenossen des römischen Volkes« und zum *Patricius*, also zum Stellvertreter des Kaisers, ernannt. Otto glaubte in seinem Idealismus zweifellos, die Polen damit enger an sein Regiment binden zu können; aber seine Rechnung ging nicht auf, denn er förderte mit seinen Maßnahmen – die polnische Kirche wurde vom Magdebur-

ger Erzbistum gelöst – ganz im Gegenteil die Tendenzen der Polen zur Selbständigkeit.
Auch in Ungarn wurde im Einvernehmen zwischen Kaiser und Papst in Gran ein Erzbistum errichtet. Der Sohn des 997 verstorbenen Geisa hatte bereits den christlichen Namen Stephan angenommen, und Otto übersandte ihm eine Krone, mit der Stephan zum König von Ungarn gekrönt wurde.
Von Gnesen ist der Kaiser über Magdeburg und Quedlinburg nach Aachen gezogen. Hier ließ er im Mai 1000 in übermächtiger Verehrung das Grab Karls des Großen öffnen, um dort zu beten. Otto nahm, Berichten zufolge, ein goldenes Kreuz oder einen Zahn von der Leiche als Reliquie an sich.
Der Tod seiner Großmutter, der Kaiserin Adelheid, die am 16. Dezember 999 gestorben war, scheint Otto III. nicht sehr berührt zu haben. Er hatte die Witwe Ottos I., nachdem er 994 die Regierung übernommen hatte, vom Hof verwiesen und damit die Aversionen seiner Mutter Theophano fortgesetzt. Adelheid hatte seitdem in dem von ihr gegründeten Kloster Selz im unteren Elsaß gelebt.
Im Juli 1000 kam Otto bereits wieder nach Pavia. Der Aufenthalt im Norden seines Reiches hatte nur ein halbes Jahr gedauert. Diese Zurücksetzung der nördlichen Reichsteile konnte nicht ohne Folgen bleiben.
Aber auch die italienische Aristokratie war mit dem Wandel der Dinge nicht einverstanden, denn die fast ständige Anwesenheit des Kaisers stärkte die imperiale Herrschaft und reduzierten die Freiheiten des Adels. Die Herren von Neapel, Gaëta, Salerno, Amalfi und Capua hatten Ottos Abwesenheit benutzt, sich der kaiserlichen Herrschaft zu entledigen.
Otto begab sich aus gesundheitlichen Gründen erst im Herbst wieder nach Rom. Dort führte er ein sehr zurückgezogenes, mönchisches Leben, was ihn so wenig wie sein glänzendes Verhältnis zum Papst hinderte, in seiner berühmt gewordenen Urkunde von Anfang 1001 die Pippinsche Schenkung an die Päpste als erschlichen und die Konstantinische Schenkung als eine Fälschung zu bezeichnen. Otto irrte sich in der Annahme, daß die Konstantinische Schenkung 962,

kurz vor der Kaiserkrönung Ottos des Großen, hergestellt worden sei. Man hatte damals nur eine Prunkausfertigung der älteren Urkunde aus dem 8. Jahrhundert abgeschrieben, und diese wurde erst im 15. Jahrhundert als Fälschung entlarvt.

In den ersten Tagen des Jahres 1001 kam es in Tivoli in der römischen Campagna zu einem Aufstand gegen den Kaiser. Er belagerte die Stadt und konnte sie nur mühsam bezwingen. Dann wurde er selbst in seinem Palast auf dem Palatin von den Römern belagert. Die Situation war für die Kaiserlichen äußerst gefährlich, und sie wagten deshalb einen Durchbruch in die besser zu verteidigende Engelsburg. Er gelang. Von hier aus hielt der Kaiser eine Rede an die Römer, in der er ihnen vorhielt, daß er sie mit Wohlwollen überschüttet habe und daß sie es ihm nur mit Undank und Treulosigkeit vergelten.

Fünf Wochen nach der ersten Revolte in Tivoli fühlte sich Otto in Rom so unsicher, daß er die Stadt mit seinem Gefolge verließ. In einem Kloster unterzog er sich dreiwöchigen Bußübungen.

Im Frühjahr sammelte der Kaiser neue Streitkräfte, mit denen er Rom und die abgefallenen Fürstentümer in Unteritalien wieder erobern wollte. Er besuchte heimlich den Dogen Pietro Orseolo in Venedig, das er auch in sein Reich einzugliedern hoffte. Als Otto mit seinen Streitkräften im Juni vor Rom ankam, wagte er nicht, die Stadt zu stürmen, und Verhandlungen brachten ihm nichts ein.

Otto sollte sein geliebtes Rom nicht mehr betreten. Ein Aufgebot, das er in Deutschland erließ, traf die Fürsten und Grafen in oppositioneller Stimmung. Die wenigsten waren bereit, neue Truppen über die Alpen zu entsenden. Der Kaiser hatte zwar die Römer von der Richtigkeit seiner Politik zu überzeugen versucht, aber bei seinen deutschen Landsleuten hatte er es versäumt, sie für sein Vorgehen zu gewinnen.

Trotzdem unternahm er mit unzulänglichen Streitkräften Anfang des Jahres 1002 einen neuen Marsch gegen die Ewige Stadt. Er erkrankte in der Burg Paterno, etwa vierzig Kilo-

meter nördlich von Rom, an Malaria und starb am 23. Januar 1002, wie sein Vater, an dieser Seuche.
Seine Gefolgsleute, zu denen kurz vor dem Tod auch Erzbischof Heribert aus Köln gestoßen war, mußten dem Leichnam mit Waffengewalt den Weg in die Heimat bahnen. Otto hatte gewünscht, neben Karl dem Großen begraben zu werden.
Für den noch nicht der Pubertät und dem jugendlichen Schwarmalter Entwachsenen war die Aufgabe zu schwer gewesen, das Erbe seines Großvaters und Vaters zu bewahren. Er schwankte ständig zwischen übersteigertem Selbstbewußtsein und verzweifelten Depressionen. Wie sollte er einen realistischen eigenen Weg finden, da er von Beratern in verschiedene Richtungen gewiesen wurde und oft aus Trotz, oft aus Ratlosigkeit eigene Entschlüsse erzwang? Es war sein Unglück, dieses Erbe übernehmen zu müssen, wie es das Unglück Ottos des Großen war, daß sein Werk schon bei Otto II. und noch mehr bei Otto III. in Hände kam, die dafür noch viel zu jugendlich und unvorbereitet waren.
Romantisierende Darstellungen haben das Wirken Ottos III. – des »Jünglings im Sternenmantel« (G. Bäumer) – gerühmt und überhöht. Er wurde schon ein knappes Vierteljahrhundert nach seinem Tod zu den *Mirabilia mundi*, den Wundern der Welt, gezählt. Wie auch andere »Unvollendete« reizt Otto III. die Dichter und andere Interpreten immer aufs neue zu verklärenden Ausdeutungen seines Lebens.
Mit Otto III. war die Linie Ottos des Großen erloschen, denn der Einundzwanzigjährige hinterließ keinen Erben. Als der Zug mit seinem Leichnam die Alpen überschritten hatte und nach Polling südlich des Ammersees kam, trat ihm Herzog Heinrich von Bayern entgegen und bemächtigte sich der kaiserlichen Insignien mit der Heiligen Lanze. Erzbischof Heribert von Köln versuchte vergeblich, Heinrich davon abzuhalten. Otto wurde am 3. April 1002 in Aachen begraben, und Heinrich, der neunundzwanzigjährige Sohn Heinrichs des Zänkers und Enkel des gleichnamigen Bruders Ottos des Großen, wurde nach mancherlei Auseinandersetzungen am

6. Juni 1002 in Mainz zum deutschen König Heinrich II. gesalbt und gekrönt. Damit hat diese Linie der Liudolfinger das von ihr jahrzehntelang so hartnäckig verfolgte Ziel erreicht. Aber Heinrich II. wurde doch der letzte deutsche Kaiser aus dem sächsischen Haus, denn mit ihm starben die Liudolfinger 1024 im Mannesstamm aus. Es folgten Könige und Kaiser aus salischem Geschlecht, womit die Franken wieder auf den Thron kamen.

Stammbaum der Ottonen (Liudolfinger)

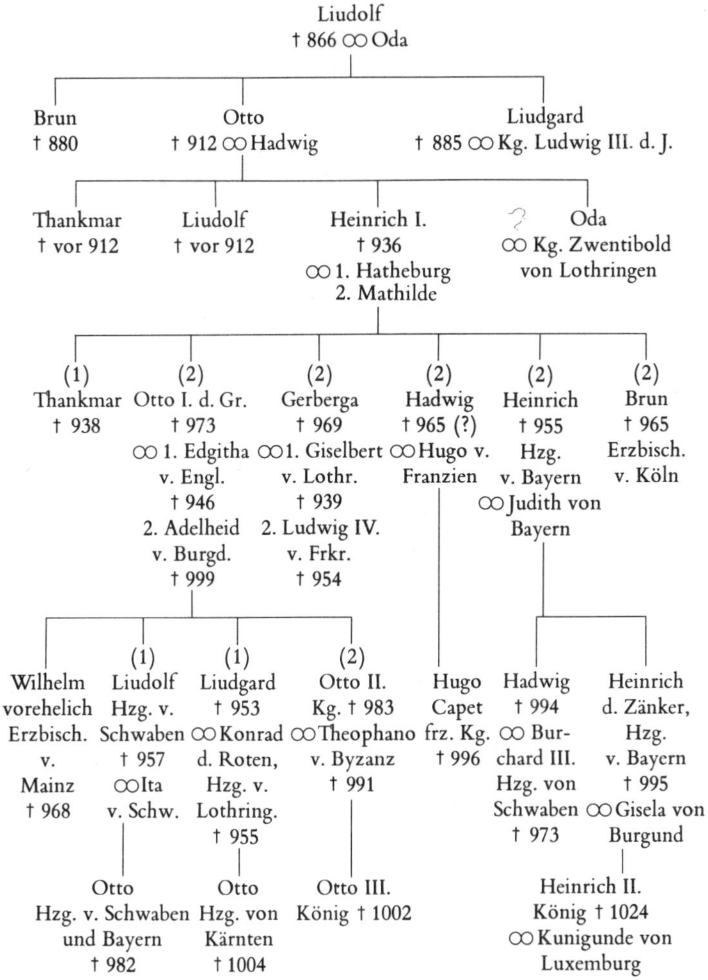

Aus Platzgründen konnte die französische karolingische Linie über Ludwig IV. hinaus mit Lothar III. († 986) und Ludwig V. († 987) sowie Lothars III. Bruder Karl († nach 991) nicht eingezeichnet werden.

Bibliographie

Abkürzungen: DA Deutsches Archiv für Erforschung des Mittelalters
HZ Historische Zeitschrift

Abel W.: Geschichte der deutschen Landwirtschaft vom frühen Mittelalter bis zum 19. Jahrhundert. 2. Aufl. 1967.

Adalbert von Magdeburg (Weißenburg): Fortsetzung der Chronik Reginos. In: Quellen zur Geschichte der sächsischen Kaiserzeit. 1971.

Adam von Bremen: Hamburgische Kirchengeschichte. 3. Aufl. 1926.

Aubin H. und Zorn W. (Hrsg.): Handbuch der deutschen Wirtschafts- und Sozialgeschichte. Band 1. 1971.

Ay K.-L.: Altbayern vom Frühmittelalter bis 1800. 1974.

Barraclough G.: Die mittelalterlichen Grundlagen des modernen Deutschland. 1953.

Beumann H.: Widukind von Corvey. 1950.

Beumann H.: Das Kaisertum Ottos d. Gr. In: HZ 1962.

Beumann H. (Hrsg.): Heidenmission und Kreuzzugsgedanke in der deutschen Ostpolitik des Mittelalters. 1963.

Boehm L.: Geschichte Burgunds. 1971.

Böhmer J. F.: Die Regesten des Kaiserreichs unter Heinrich I. und Otto I. 919–973. Neu bearbeitet von E. von Ottenthal, mit Ergänzungen von H. H. Kaminsky. 1967.

Böhmer J. F.: Papstregesten 911–1024. Bearbeitet von H. Zimmermann.

Borst A.: Lebensformen im Mittelalter. 1973.

Borst A. (Hrsg.): Das Rittertum im Mittelalter. 1976.

Bosl K.: Die wirtschaftliche und gesellschaftliche Entwicklung des Augsburger Bürgertums vom 10. – 14. Jahrhundert. 1969.

Bosl K.: Staat, Gesellschaft, Wirtschaft im deutschen Mittelalter. In: Gebhardt, Handbuch der deutschen Geschichte. 1. Band. 9. Aufl. 1973.

Brackmann A.: Die Ostpolitik Ottos d. Gr. In: HZ 1926.

Büttner H.: Der Weg Ottos d. Gr. zum Kaisertum. In: Archiv für mittelrheinische Kirchengeschichte. 1962.

Büttner H.: Die Ungarn, das Reich und Europa bis zur Lechfeldschlacht des Jahres 955. In: Zeitschrift für bayerische Landesgeschichte. 1956.

Büttner H.: Die Mainzer Erzbischöfe Friedrich und Wilhelm und das Papsttum des 10. Jahrhunderts. In: Festschrift für J. Bärmann. 1966.

Büttner H.: Ingelheim und die Synode von 948. In: Festschrift zur Jahrtausendfeier der Synode von Ingelheim 948/1948.

Büttner H.: Graf Guntram am Oberrhein. In: Oberrheinische Heimat. 1941.

Büttner H.: Geschichte des Elsaß. 1939.

Cartellieri A.: Die Weltstellung des deutschen Reiches 911–1047. 1932.

Crombie A. C.: Von Augustinus bis Galilei. 1964.

Deeters W.: Zur Heiratsurkunde der Kaiserin Theophanu. In: Braunschweigisches Jahrbuch 1973.
Dölger F.: Die Regesten der Kaiserurkunden des oströmischen Reiches. Band 1. 1924.
Duby G.: Krieger und Bauern. 1977.
Eberl B.: Die Ungarnschlacht auf dem Lechfeld im Jahre 955. 1955.
Ekkehard IV.: Die Geschichten des Klosters St. Gallen. Übersetzt und erläutert von H. Helbling. 1958.
Epperlein S.: Der Bauer im Bild des Mittelalters. 1975.
Erben W.: Kriegsgeschichte des Mittelalters. 1929.
Erdmann G.: Die Burgenordnung Heinrichs I. In: DA 1943.
Erler A.: Die Synode von Ingelheim und die Kirchengeschichte. In: Festschrift zur Jahrtausendfeier der Synode von Ingelheim 948/1948.
Falck L.: Mainz im frühen und hohen Mittelalter. 1972.
Fasoli G.: Grundzüge einer Geschichte des Mittelalters. In: Borst A. (Hrsg.), Das Rittertum im Mittelalter. 1976.
Festschrift zur Jahrtausendfeier der Kaiserkrönung Ottos d. Gr. Mitteilungen des Instituts für österreichische Geschichtsforschung. Mit Beiträgen von L. Santifaller, P. E. Schramm, E. Duprè-Theseider, H. F. Schmid, W. Ohnsorge und H. Zimmermann. 1962/63.
Fischer F. M.: Politiker um Otto d. Gr. 1938.
Fleckenstein J.: Das Reich der Ottonen im 10. Jahrhundert. In: Gebhard, Handbuch der deutschen Geschichte. 1. Band. 9. Aufl. 1973.
Fleckenstein J.: Die Hofkapelle der deutschen Könige. 2. Teil. 1966.
Flodoard: Annales 919–966. In: Monumenta Germaniae Historica, Scriptores, Tom. III. 1839.
Franz G. (Hrsg.): Deutsches Bauerntum im Mittelalter. 1976.
Fuhrmann H.: Einfluß und Verbreitung der pseudoisidorischen Fälschungen. Teil 2. 1973.
Gemeiner C. Th.: Regensburgische Chronik. 1800. Neudruck hrsg. von H. Angermeier. 1971.
Gensicke H.: Beiträge zur Wormser Stadtbeschreibung des Hochmittelalters. In: Der Wormsgau. 1952.
Giesebrecht W. von: Geschichte der deutschen Kaiserzeit. Herausgegeben und fortgesetzt von W. Schild. 1929/30.
Halecki O.: Geschichte Polens. 2. Aufl. 1970.
Hampe K.: Herrschergestalten des deutschen Mittelalters. 6. Aufl. 1954.
Handbuch der historischen Stätten Deutschlands. Verschiedene Bände.
Hauck A.: Kirchengeschichte Deutschlands. 3. und 4. Aufl. 1904–1920.
Herzog E.: Die Ottonische Stadt. 1964.
Heusinger B.: Servitium regis in der deutschen Kaiserzeit. In: Archiv für Urkundenforschung. 1922.
Hiestand R.: Byzanz und das Regnum italicum im 10. Jahrhundert. 1964.

Hlawitschka E. (Hrsg.): Königswahl und Thronfolge in ottonisch-frühdeutscher Zeit. 1971.
Hoffmann H.: Zur Geschichte Ottos d. Gr. In: DA 1972.
Hoffmann P. Th.: Der mittelalterliche Mensch. 1922. 2. Aufl. 1937.
Hofmeister A.: Deutschland und Burgund im frühen Mittelalter. 1914. Neudruck 1963.
Holtzmann R.: Geschichte der sächsischen Kaiserzeit. 6. Aufl. 1979.
Hostenkamp H.: Die mittelalterliche Kaiserpolitik in der deutschen Historiographie. 1934.
Hrosvitha von Gandersheim. Hrsgeg. von H. Homeyer. 1973.
Kämpf H. (Hrsg.): Die Entstehung des deutschen Reiches. 1956.
Keller H.: Das Kaisertum Ottos d. Gr. im Verständnis seiner Zeit. In: DA 1964.
Keyser E. (Hrsg.): Deutsches Städtebuch. 1939 ff.
Kienast W.: Deutschland und Frankreich in der Kaiserzeit. 2. Aufl. 1974.
Köpke R. und Dümmler E.: Kaiser Otto der Große. 1876.
Kupisch K.: Kirchengeschichte. Band 2. 1974.
Langosch K.: Profile des lateinischen Mittelalters. 1965.
Lintzel M.: Die Kaiserpolitik Ottos d. Gr. 1943.
Liudprand von Cremona: Werke. In: Quellen zur Geschichte der sächsischen Kaiserzeit. 1971.
Magdeburg in der Politik der deutschen Kaiser. Sammelband. 1936.
Martin P.: Waffen und Rüstungen von Karl dem Großen bis zu Ludwig XIV. 1967.
Maurer H.: Der Herzog in Schwaben. 1978.
Mitteis H.: Die Krise des deutschen Königswahlrechtes. 1950.
Mitteis H.: Die deutsche Königswahl. 1944.
Monumenta Germaniae Historica: Die Urkunden der deutschen Könige und Kaiser. Band 1: Die Urkunden Konrad I., Heinrich I. und Otto I. 1879–1884.
Mohr W.: Geschichte des Herzogtums Lothringen. 1974/76.
Naumann H.: Rätsel des letzten Aufstandes gegen Otto I. In: Archiv für Kulturgeschichte. 1964.
Nitschke A.: Naturerkenntnis und politisches Handeln im Mittelalter. 1967.
Nitschke A.: Die Einstimmigkeit der Wahlen im Reiche Ottos des Großen. In: Mitteilungen des Instituts für österreichische Geschichte. 1962.
Ohnsorge W.: Abendland und Byzanz. Neudruck 1979.
Ohnsorge W.: Das Zweikaiserproblem im frühen Mittelalter. 1947.
Ohnsorge W.: Die Anerkennung Ottos I. durch Byzanz. In: Byzantinische Zeitschrift. 1961.
Ohnsorge W.: Konstantinopel im politischen Denken der Ottonenzeit. In: Festschrift für F. Dölger. 1966.
Ohnsorge W.: Die Heirat Kaiser Ottos II. mit der Byzantinerin Theophano. In: Braunschweigisches Jahrbuch 1973.

Ostrogorsky G.: Geschichte des byzantinischen Staates. 3. Aufl. 1963.
Pirenne H.: Geschichte Europas. 1956.
Ramackers J.: Zur ersten deutschen Königskrönung in Aachen. In: Zeitschrift des Aachener Geschichtsvereins. 1949.
Reindel K.: Die bayerischen Luitpoldinger. 1953.
Richer: Vier Bücher Geschichte. Übersetzt von Freiherr K. von der Osten-Sacken und W. Wattenbach. 2. Aufl. 1891.
Rieckenberg H. J.: Königstraße und Königsgut in liudolfingischer und frühsalischer Zeit. In: Archiv für Urkundenforschung. 1942.
Roth K.: Geschichte des byzantinischen Reiches. 2. Aufl. 1919.
Ruotger: Lebensbeschreibung des heiligen Erzbischofs Bruno von Köln. Übersetzt und erläutert von J. Schmale-Ott. 1954.
Santifaller L.: Zur Geschichte des ottonisch-salischen Reichskirchensystems. 2. Aufl. 1964.
Schlesinger W.: Kirchengeschichte Sachsens im Mittelalter. 1962.
Schmid K.: Neue Quellen zum Verständnis des Adels im 10. Jahrhundert. In: Zeitschrift für die Geschichte des Oberrheins. 1960.
Schmid K.: Die Thronfolge Ottos d. Gr. In: Zeitschrift der Savigny-Stiftung für Rechtsgeschichte, Germanistische Abteilung. 1964.
Schmid P.: Regensburg. 1977.
Schneider F. (Hrsg.): Universalstaat oder Nationalstaat. 1941.
Schramm P. E.: Herrschaftszeichen und Staatssymbolik. Mit Beiträgen von H. Decker-Hauff u. a. 1951–1954.
Schramm P. E.: Die Kaiser aus dem sächsischen Hause im Lichte der Staatssymbolik. In: Festschrift zur Jahrtausendfeier der Kaiserkrönung Ottos d. Gr. 1962/63.
Smidt W.: Deutsches Königtum und deutscher Staat des Hochmittelalters während und unter dem Einfluß der italienischen Heerfahrten. 1964.
Sproemberg H.: Die lothringische Politik Ottos d. Gr. In: Rheinische Vierteljahresblätter 1941.
Stengel E. E.: Abhandlungen und Untersuchungen zur Geschichte des Kaisergedankens im Mittelalter. 1965.
Tellenbach G.: Otto d. Gr. In: Die großen Deutschen. Band 1. 2. Aufl. 1956.
Tellenbach G.: Die Unteilbarkeit des Reiches. In: HZ 1941.
Uhlirz M.: Zu dem Mitkaisertum der Ottonen. In: Byzantinische Zeitschrift 1957.
Thietmar von Merseburg: Chronik. Übertragen und erläutert von W. Trillmich. 1962.
Uhlirz M.: Studien über Theophano. In: DA 1957.
Waas A.: Der Mensch im deutschen Mittelalter. 1964.
Waitz G.: Jahrbücher des deutschen Reiches unter König Heinrich I. 1885.
Weinrich L. (Hrsg.): Quellen zur deutschen Verfassungs-, Wirtschafts- und Sozialgeschichte bis 1250. 1977.

Weinrich L.: Tradition und Individualität in den Quellen zur Lechfeldschlacht. In: DA 1971.
White L.: Die mittelalterliche Technik und der Wandel der Gesellschaft 1968.
Widukind von Corvey: Sachsengeschichte. In: Quellen zur Geschichte der sächsischen Kaiserzeit. Hrsgeg. von A. Bauer und R. Rau. 1971; auch in: Chroniken des Mittelalters. Übertragen von E. Metelmann. 1964.
Wolf G.: Über die Hintergründe der Erhebung Liudolfs von Schwaben. In: Zeitschrift der Savigny-Stiftung für Rechtsgeschichte, Germanistische Abteilung 1963.
Zankl H. L.: Eine Stadt spiegelt Weltgeschichte. 1972.
Zimmermann H. (Hrsg.): Otto d. Gr. 1976.
Zimmermann H.: Das dunkle Jahrhundert. 1971.
Zorn W.: Augsburg. 2. Aufl. 1972.

Register

Das Register enthält Personen- und Ortsnamen sowie wichtige Sachbegriffe. Die Verweisungen sind ausgewählt, das heißt, es wird bei häufig vorkommenden Stichwörtern nicht mechanisch auf alle Fundstellen verwiesen, um das Nachsuchen zu vereinfachen. Ausgelassen wurden vor allem Hinweise auf Stellen, die nur Bezüge herstellen oder früher behandelte Sachverhalte in Erinnerung rufen. Für Otto d. Gr. sollen die Zeittafel (S. 9/10) mit ihren Seitenhinweisen sowie die Namen seiner Partner usw. im Register als Nachschlage-Grundlage dienen.

Bildquellenverzeichnis

Archiv für Kunst und Geschichte, Berlin, 6, 7, 13, 14, 19, 22,
Strichzeichnung auf Seite 73

Bayer. Armeemuseum, Ingolstadt, 21

Klaus G. Beyer, Weimar, 3, 5, 10, 11, 17, 24

Bildarchiv Foto Marburg, Marburg, 18

Fotoarchiv Hirmer, München, 9, 12, 15, 16, 25

Kunsthistorisches Museum Wien, 4, 4a

Foto Ann Münchow, Aachen, 1

Historisches Museum der Pfalz, Speyer, 20

Rheinisches Bildarchiv Köln, 8

Staatsbibliothek Bamberg (Foto Alfons Steber) 23

Universitätsbibliothek Jena, 2

Der auf Seite 127 abgebildete Holzschnitt von Dürer ist der 1966 im Winkler Verlag München erschienenen Ausgabe der »Sämtlichen Dichtungen« der Hrotsvit von Gandersheim entnommen.